Eckart Meyners

Bewegungsgefühl und Reitersitz

Reitfehler vermeiden – Sitzprobleme lösen

KOSMOS

Wie dieses Buch entstand 6

Der Reiterkörper, das unbekannte Wesen 7

Bewegungsgefühl – was ist das? 9
Zur Vielschichtigkeit des Bewegungsgefühls 10
Bewegungsgefühl wird mit Kinästhesie gleichgesetzt 10
Bewegungsgefühl hat einen engen Bezug zu Körpergefühl und Körperbewusstsein 11
Bewegungsgefühl hat einen engen Bezug zu psychischen Zuständen 12
Bewegungsgefühl ist als Einheit von Wahrnehmen und Bewegen zu verstehen 12
Bewegungsgefühl bezieht sich auf die Qualität einer Bewegung 14
Bewegungsgefühl kann auch als Reitvermögen bezeichnet werden 14
Bewegungsgefühl als kinästhetische Differenzierungsfähigkeit 15

Wie erwirbt man Bewegungsgefühl? 16
Methodische Prinzipien für wahrnehmungsorientiertes Reiten 17
Methodische Prinzipien zur Entwicklung der Körperwahrnehmung 22
Prinzipien beim funktionellen Bewegungstraining 24

Grundlegende Hindernisse für einen gefühlvollen Sitz 27
Ernstes Reiten 28
Verbissenes Reiten 28
Negative Gedanken 28
Fokussierung 29
Reitlehrerverhalten 29
Kampf des Kopfes (Bestimmer) gegen den Bauch (Macher) 29
Die Rückenmuskulatur ist nicht bewusst steuerbar 30
Kreuzmusterbewegungen 30
Drehfähigkeit um die Längsachse 34
Gleichgewicht 36

Grundlegende Unterstützer eines gefühlvollen Sitzes 38
Lächeln 39
Positive Gedanken 39
Sprache und Körpersprache des Reitlehrers 39
Stärken betonen 40
Zunge, Thymuspunkt und Summen als unterstützende Mittel 40
Aufgaben für den Körper formulieren 42

Wichtige Voraussetzungen bei Pferd und Ausrüstung 43
Der Schwung des Pferdes ermöglicht gefühlvolles Sitzen 44
Die Proportionen von Pferd und Reiter müssen stimmen 44
Der Sattel ermöglicht den Dialog zwischen Reiter und Pferd 45
Der Sattel zwängt den Reiter ein 46

Sitzprobleme und ihre Lösungen 47
Der Kopf wird seitlich getragen 48
Der Kopf ist nicht ausbalanciert 49
Schulterprobleme 59
Die Wirbelsäule als elastisches System 78
Der Motor des Reiters – das Becken – muss flexibel sein 100
Probleme der Beine 133
Der aufrechte Reiter im Drehsitz 146

Das Kurzprogramm für besseres Reiten 170

Auch das Gehirn benötigt Gymnastik 171
Was ist unter „angewandter Kinesiologie" zu verstehen? 172
Eine schlechte Körperhaltung raubt dem Körper Energie 172
Gymnastik für das Gehirn 173

Warum dieses Buch Reiter und Pferd gut tut 175

Service 176
Quellen 177
Zum Weiterlesen 178
Nützliche Adressen 181
Register 182
Glossar 186

Dieses Buch widme ich unseren Kindern Wiebke, Jane und Malte. Beim gemeinsamen Sporttreiben habe ich viel von ihnen gelernt.
Eckart Meyners

Wie dieses Praxisbuch entstand

Die Idee zu diesem Buch ist während meiner Arbeit auf Lehrgängen entstanden. Viele der Ausbilder und Reiter dort konnten zwar sofort erkennen, wie meine Methode, die ich in meinem Buch „Das Bewegungsgefühl des Reiters“ beschrieben hatte, bei Reitern und Pferden griff. Sie sahen sich aber trotzdem nicht imstande, ähnlich sicher mit ihren Reitern und Pferden zu arbeiten, wie ich es tat. Mein Buch war zwar positiv aufgenommen worden, weil darin das Fundament einer Bewegungslehre des Reiters gelegt wird, doch hatten die Leser Schwierigkeiten mit der Zuordnung der einzelnen Übungen zu entsprechenden Reitschwächen.

Nachdem nun also die Grundlagentheorie geliefert war, sollte das vorliegende Buch die Anwendung auf die einzelnen Reitprobleme in der Praxis aufzeigen. Vor dem Hintergrund zahlreicher Lehrgänge entwickelte ich eine Systematik von Reitschwächen und Lösungsmöglichkeiten, die in diesem Buch dargestellt ist. Auch der weniger geübte Reiter und Ausbilder erhält mit diesem Konzept Praxisvorschläge an die Hand, die er sofort anwenden kann. Dabei greifen die einzelnen Übungen bei jedem Reiter ein wenig anders, sie sind jedoch so zugeordnet, dass der Reiter oder Ausbilder bei der Auswahl keine Fehler machen kann.

Dieses Buch ermöglicht die Zusammenstellung eines speziellen Programms für jeden Reiter, das er zu Hause als festen Bestandteil in seinen Tagesablauf aufnehmen sollte. Werden die entsprechenden Übungen täglich systematisch vollzogen, lassen sich Reitprobleme kurz- oder mittelfristig beheben.

Ebenso kann aufgrund der Struktur dieses Buches ein für jeden Reiter sinnvolles Vorbereitungsprogramm (Aufwärmprogramm) entwickelt werden, das vor jedem Reiten zu Hause oder auf dem Reitgelände durchgeführt werden kann.

Eckart Meyners

Der Reiterkörper, **das unbekannte Wesen**

Der gefühlvolle Sitz ist zu Recht eine zentrale Forderung im Reitsport. Der Reiter muss mit dem Pferd eine Einheit bilden, das heißt, er muss fähig sein, die eigenen Bewegungen vollkommen denen des Pferdes anzupassen. Diese Fähigkeit stellt sich jedoch nicht einfach von selbst ein, sondern muss gezielt entwickelt werden. Es dauert Jahre, bis man in der Lage ist, das Pferd zu fühlen, um danach über die Reiterhilfen auf es einwirken zu können. Auf dem Weg dorthin gibt es vielerlei Störfaktoren zu erkennen und zu beheben. Dieser Ratgeber will zeigen, wie der Ausbilder – oder auch der Reiter selbst – Bewegungsprobleme erkennen und lösen kann.

Der Mensch ist ein hoch komplexes Wesen. Deshalb darf der Reiter nicht nur als bewegter Körper gesehen werden, bei dem an bestimmten Körperteilen Veränderungen vorgenommen werden müssen, um richtig reiten bzw. fühlen zu können. Der Reiter muss auch hinsichtlich seiner gedanklichen und emotionalen Vorgänge verstanden werden.

Und wenn beim Reiter an bestimmten Punkten des Körpers angesetzt wird, so darf man dabei nie die ganzheitlichen körperlichen Zusammenhänge aus dem Auge verlieren. Denn eine wichtige Erkenntnis ist, dass die Ursache eines Fehlers nie dort liegt, wo wir ihn entdecken. Oft wird eine Korrektur da angesetzt, wo die Abweichung von der Norm sichtbar wird – anstatt die tieferen Ursachen zu ergründen, die zum Problem geführt haben.

Diese Aussage ist leicht gemacht, doch lässt sie sich in der Praxis nicht so einfach umsetzen. Deshalb versucht dieser Ratgeber auf eine Vielzahl von Reitproblemen einzugehen, um Reitern zum gefühlvollen Reiten zu verhelfen und die Harmonie mit dem Pferd herzustellen.

Und so ist das Buch aufgebaut:

- Ausgangspunkt ist die Vielschichtigkeit des Bewegungsgefühls.
- Es folgen übergeordnete Gesichtspunkte, die das gefühlvolle Reiten stören können. S. 27 f.
- Diesen werden grundlegende Unterstützer des Bewegungsgefühls gegenübergestellt. S. 38 f.
- Die Bedeutung der Ausrüstung wird deutlich gemacht, weil bereits der Kauf eines Pferdes oder Sattels von vornherein das optimale Sitzen bzw. gefühlvolle Reiten beeinflussen kann. S. 43
- Danach wird das Körpersystem des Reiters systematisch durchforstet, um Detailprobleme und Gesamtzusammenhänge zu erkennen:
  - Kopf, Hals-Nacken-Bereich,
  - Brustwirbelbereich,
  - Wirbelsäule,
  - Becken,
  - Drehsitz,
  - Aufrichtung des Reiters,
  - Beine und Schenkel,
  - Treiben,
  - der aufrechte Reiter im Drehsitz.

Es werden grundlegende Abläufe dargestellt und entsprechende Maßnahmen aufgezeigt – immer auf den ganzen Körper bezogen. S. 47 f.

- Es folgt die Zusammenstellung eines 6-Punkte-Programms, mit dessen Hilfe jeder Ausbilder jeden Reiter – oder auch jeder Reiter sich selbst – optimal für das Reiten vorbereiten kann. S. 170
- Den Abschluss bildet die Gymnastik für das Gehirn. Damit wird ein wichtiges Mittel zur Selbstkontrolle des Reiters einbezogen, der – wie bereits betont – als Wesen, nicht nur als Körper verstanden wird. Viele Reaktionen des Körpers sind von Gedanken und Gefühlen abhängig, die wiederum durch Gehirnfunktionen ermöglicht bzw. be- oder sogar verhindert werden. S. 171 f.
- Wichtige Begriffe werden im Glossar erklärt. S. 186

Bewegungsgefühl – **was ist das?**

10 ZUR VIELSCHICHTIGKEIT DES BEWEGUNGSGEFÜHLS

10 BEWEGUNGSGEFÜHL WIRD MIT KINÄSTHESIE GLEICHGESETZT

11 BEWEGUNGSGEFÜHL HAT EINEN ENGEN BEZUG ZU KÖRPERGEFÜHL UND KÖRPERBEWUSSTSEIN

12 BEWEGUNGSGEFÜHL HAT EINEN ENGEN BEZUG ZU PSYCHISCHEN ZUSTÄNDEN

12 BEWEGUNGSGEFÜHL IST ALS EINHEIT VON WAHRNEHMEN UND BEWEGEN ZU VERSTEHEN

14 BEWEGUNGSGEFÜHL BEZIEHT SICH AUF DIE QUALITÄT EINER BEWEGUNG

14 BEWEGUNGSGEFÜHL KANN AUCH ALS REITVERMÖGEN BEZEICHNET WERDEN

15 BEWEGUNGSGEFÜHL ALS KINÄSTHETISCHE DIFFERENZIERUNGSFÄHIGKEIT

Zur Vielschichtigkeit des Bewegungsgefühls

In der sportwissenschaftlichen Diskussion wird der Begriff Bewegungsgefühl aus unterschiedlichen Positionen betrachtet. Diese Positionen sollen hier in knapper Form dargestellt werden, damit deutlich wird, welche Vielfalt sich hinter dem Begriff verbirgt.

Bewegungsgefühl wird mit Kinästhesie gleichgesetzt

Kinästhesie (griech.): Begriff, der die Wahrnehmung von Bewegungen, Körperverlagerungen und das Raum-Lage-Verhältnis bezeichnet.

Hier geht es zunächst um Wahrnehmungs- und Empfindungsprozesse. In diesem Zusammenhang bedeutet Bewegungsgefühl des Reiters die Wahrnehmung von räumlichen, zeitlichen und Spannungsverhältnissen, in denen die eigenen Bewegungen oder die des Pferdes ablaufen. Dabei kann es sich um die Wahrnehmung von Teilen des eigenen Körpers (Teilen des Pferdekörpers) wie auch des gesamten Körpers oder um die Wahrnehmung von Situationen handeln. Der kinästhetische Analysator wird auch als Bewegungssinn bezeichnet. Wichtig ist, dass möglichst alle Sinne des Reiters (Auge, Ohr, Gleichgewichtssinn im Innenohr, Haut) stets eng mit dem Bewegungssinn zusammenwirken.

Das Ausschalten eines Sinnes hat positive oder negative Auswirkungen auf die anderen Sinne. Schließt der Reiter bei Sitzübungen an der Longe die Augen, so wirkt sich das positiv auf sein „In-sich-Hineinhorchen“ (Fühlen) aus. Wenn andererseits z. B. bei großer Kälte nur wenig Informationen über die Haut vermittelt werden, hat das negative Folgen für das Fühlen des Reiters. Je nach Reitsituation und Anforderung kann ein Sinn auch eine gewisse Führung übernehmen. Bei fliegenden Wechseln ist es z. B. wichtig, den Blick in dem Moment, in dem das Pferd umspringt, in die Richtung zu lenken, in die das Pferd wechseln soll. Dadurch kann sich der Reiter der Pferdebewegung besser anschmiegen, sodass das Pferd in seinen Bewegungen unterstützt wird.

Beim Reiten sind alle Sinne gefragt.

1

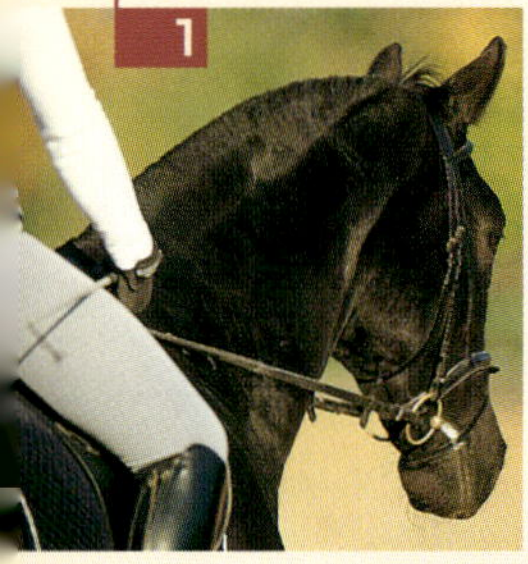

Bei rhythmischer Arbeit kann das Ohr in den Vordergrund rücken, wenn durch Musik oder die Stimme des Ausbilders Bewegungsakzente von außen gesetzt werden. Je höher der Grad der Versammlung ist, desto mehr spielen Informationen über die Haut und den Bewegungssinn eine Rolle. Der Reiter fühlt in sich hinein, betrachtet sich quasi mit dem inneren Auge und lässt sich von seiner inneren Wahrnehmung leiten.

2

Feines Reiten ist erst möglich, wenn der Reiter Umfang und Grenzen seiner Bewegungsmöglichkeiten kennt.

Bewegungsgefühl hat einen engen Bezug zu Körpergefühl und Körperbewusstsein

Grundlage für ein gefühlvolles Sich-Bewegen ist die Fähigkeit, seinen eigenen Körper wahrzunehmen. Der Reiter muss Spannungs- und Entspannungszustände ebenso spüren wie die räumlichen Möglichkeiten seines Körpers. All diese Aspekte werden unter dem Begriff Körperbewusstsein zusammengefasst.

Erst wenn der Reiter sich seines Körpers bewusst ist, ihn in unterschiedlichen Situationen spürt und erkennt, was er mit seinem Körper beim Pferd bewirken kann, ist für Feldenkrais (1996) die Grundlage für einen gefühlvollen Umgang gegeben.

Der Reiter kann die eigenen Bewegungen und die des Pferdes nur kontrollieren, wenn er die Unterschiede zwischen seinen eigenen Bewegungsabläufen und denen des Pferdes spürt. Dieses Empfinden kann er nur über vielfältige Orientierungsaufgaben im Raum entwickeln (Feldenkrais 1996).

Hat der Reiter die Fähigkeit des Sich-Bewegens erreicht, ist er sensibel für unterschiedliche Sinneswahrnehmungen. Er wird die Freude am Bewegungsfluss seines Körpers im Dialog mit dem Pferd erleben und eine „Leichtigkeit des Tuns" (Christian 1963) empfinden. Wenn der Reiter seine Bewegungen und die des Pferdes als leicht empfindet, ist die größte Harmonie und somit das höchste Niveau erreicht.

Bewegungsgefühl hat einen engen Bezug zu psychischen Zuständen

Galoppieren kann ein emotionales Bewegungserlebnis sein.

Bewegungserlebnisse wie Losgelassenheit, Leichtigkeit, Sicherheit, Dynamik und Spannungsrhythmen haben eine direkte Beziehung zum Bewegungsgefühl. Sie begleiten die Handlungsabläufe des Reiters. Bewegungsgefühl ist auch eine Form der Wahrnehmung von hohen Emotionen, wie z. B. Angst oder Freude.

- Der Reiter spürt die Geschwindigkeit bei Verstärkungen im Trab, beim Mittel- oder starken Galopp, beim Überwinden von breit gebauten Oxern. Die Bewegungen werden als weich, leicht, fließend, harmonisch empfunden.
- Er nimmt die Übereinstimmung seiner Bewegungen mit denen des Pferdes wahr.
- In Dressursituationen, die viel Schwung in sich bergen, oder beim Springen kann er ein Gefühl des Emporgetragenwerdens haben.
- Er kann Lust verspüren, wenn er das Glück ein wenig aufs Spiel gesetzt und eine Risikosituation gut überstanden hat.
- Eventuell empfindet er auch Angst, wenn er sich mit unbekannten Situationen konfrontiert sieht. Jeder Springreiter wird dieses Gefühl kennen, wenn er mit seinem Pferd nie zuvor gesprungene Hindernisse überwinden muss, die das Pferd zusätzlich durch unangenehme Farben verunsichern.

Diese Seite des Bewegungsgefühls umfasst also emotionale Erlebnisse, die zwischen höchster Freude und bedrohlicher Angst liegen können. Diese Gefühle machen das Reiten attraktiv, gerade deshalb lassen sich viele Menschen darauf ein.

Bewegungsgefühl ist als Einheit von Wahrnehmen und Bewegen zu verstehen

In diesem Zusammenhang ist Bewegungsgefühl ein harmonischer „Dialog“ des Reiters mit dem Pferd. Es geht um den Prozess des „einfühlsamen Aufnehmens, einschmiegsamen Eingehens und gefühlvollen Umgehens“ (Leist/Loibl 1993, 282) zwischen Reiter und Pferd, um eine Verzahnung von Wahrnehmung und Bewegung.

Bewegen und Wahrnehmen (Hilfen geben und die Antwort des Pferdes erfühlen) müssen sich wechselseitig durchdringen, es geht also um den Zusammenhang zwischen Spüren und Bewirken. Wenn

Sie in diesem Augenblick Ihre Rolle als Leser betrachten, dann ist es nicht so, dass Sie bloß optische Reize über das Auge aufnehmen, diese irgendwie verarbeiten und später darauf motorisch oder sprachlich (gedanklich) reagieren.

Eine Bewegung folgt nicht erst der Wahrnehmung, sie ist immer schon im Wahrnehmungsaspekt vorhanden. Auch wenn Sie jetzt relativ ruhig zu sitzen meinen, so bewegen Sie sich doch, richten Ihre Körperhaltung aus, verändern sie, rutschen auf dem Stuhl hin und her oder sacken ein wenig in sich zusammen. Obwohl Sie es nicht bemerken, vollführen Ihre Augen, während sie den Text fixieren, fortlaufend kleinste unwillkürliche Zitterbewegungen. Diese 50 Bewegungen in der Sekunde reizen unterschiedliche Rezeptoren, um die Sinneszellen nicht einseitig erschlaffen zu lassen.

Die unmittelbare Einheit von Wahrnehmung und Bewegung würde uns noch deutlicher werden, wenn wir nicht in starrer Sitzhaltung verharren, sondern uns mit dem Pferd rhythmisch bewegen, mit anderen Menschen tanzen oder ein Ballspiel beginnen würden.

Wenn der Reiter auf dem Pferd sitzt, reagiert er nicht nur auf die wahrgenommene Bewegung des Pferdes, sondern macht auch aktiv eigene Bewegungen. Er nimmt die erwartete Bewegung des Pferdes vorweg, stellt sich darauf ein, plant etwas anderes, „trickst" sein Pferd auch einmal aus, wenn er das Gefühl hat, dass es ihn überlisten will. In solchen Situationen sind Wahrnehmung (Erspüren des Pferdes) und Einwirkung als wiederkehrende Einheit zu verstehen und folgen nicht nacheinander. Es wird deutlich, dass Reitbewegungen nicht nur als Reaktion zu verstehen sind, sondern selbst eingeleitete Handlung (Einwirkung) darstellen, denn die Wahrnehmung des Pferdes enthält immer schon Reiterbewegung und die Reiterbewegung bedarf der Wahrnehmung des Pferdes.

Ein „Gespräch" zwischen Reiter und Pferd

4 5 6

Bewegungsgefühl bezieht sich auf die Qualität einer Bewegung

Wenn eine Reitbewegung besonders gut ausgeführt wird, sagt der Reitausbilder über seinen Schüler, er habe Gefühl. Umgekehrt hört man Aussagen wie: „Der wird es nie fühlen", wenn der Ausbilder nach einer Vielzahl von Versuchen des Reiters erkennt, dass der Erfolg der Reitbewegung nicht erreicht wird. Zentrale Kriterien für gefühlvolles Reiten sind Losgelassenheit, Harmonie des Reiters mit dem Pferd und die Einheit ihrer Rhythmen. Für den Ausbilder zeichnet sich qualitativ gutes Reiten dadurch aus, dass die Bewegungen von Reiter und Pferd als „stimmig, harmonisch und zweckmäßig, schlechthin als schön" (Trebels 1993, 12) wahrgenommen werden.

So sehen harmonische Bewegungen aus.

7

Nach Neumaier (1999, 197) lauten die subjektiven Beschreibungen eines gefühlvollen Bewegungsablaufs z. B.

- „mental anstrengungslos",
- die Reitbewegungen „gehen wie von selbst", „ohne eigenes Zutun",
- man hat das „Gefühl des Fließens".

Bewegungsgefühl kann auch als Reitvermögen bezeichnet werden

Gemeint ist, dass der Reiter sich selbst und das Pferd bewusst steuern bzw. koordinieren kann, ohne dass ein Ausbilder ihm ständig Anweisungen gibt. Der Reiter ist selbstständig geworden und kann sich problemlos auf Reitaufgaben einstellen.

Leist spricht in diesem Zusammenhang von Bewegungsgefühl als „eigene Erfahrungs- und Vollzugsart von Bewegung" (Leist 1993, 284). „Bewegungsgefühl ist demnach am ehesten das, was sich als abgelagerte Erfahrung im Umgang des Individuums mit einer bestimmten Bewegungssituation schrittweise entwickelt hat und das – paradoxerweise – als ein besonderes Gefühl für eine bestimmte Bewegung, nicht als ein Können oder gar Wissen bezeichnet wird" (Trebels 1993, 12). Bezogen auf das Reiten bedeuten diese Ausführungen, dass der Reiter die Fähigkeiten und Voraussetzungen besitzt, um sein Pferd ökonomisch (zweckmäßig) und situationsangemessen zu reiten. Er ist imstande, koordinativ schwierige Reitlektionen sicher zu bewältigen.

Bewegungsgefühl als kinästhetische Differenzierungsfähigkeit

In den vergangenen 30 Jahren maßen Forschungen über die koordinativen Fähigkeiten des Menschen und seine motorische Lernfähigkeit der kinästhetischen Differenzierungsfähigkeit eine immer höhere Bedeutung zu. Bereits in den Achtzigerjahren definierte Hirtz: „Unter kinästhetischer Differenzierungsfähigkeit verstehen wir relativ verfestigte und generalisierte Verlaufsqualitäten der Realisierung von genauen und ökonomischen Bewegungshandlungen aufgrund einer fein differenzierten Aufnahme und Verarbeitung vorwiegend kinästhetischer Informationen" (Hirtz 1985, 33). Kinästhetische Informationen werden durch die an den Muskeln, Sehnen und Gelenken ansetzenden Rezeptoren (Propriorezeptoren) weitergeleitet. Sie senden Signale über Spannungs- und Lageempfindungen sowie über die Dynamik des Körpers, die schneller als die Informationen anderer Sinnesorgane zum Gehirn gelangen und den Reiter rasch agieren und reagieren lassen.

8

Zum Bewegungsgefühl zählt auch die Koordination des Körpers.

Die kinästhetische Differenzierungsfähigkeit ist notwendig, damit der Reiter Richtung, Geschwindigkeit und Rhythmus seines Körpers bestimmen und feinfühlig auf das Pferd einwirken kann. Auch beim Lernen neuer Lektionen hat sie zentrale Bedeutung.

Den bisherigen Ausführungen ist zu entnehmen, dass es drei Versionen von Bewegungsgefühl gibt:

1. Bewegungsgefühl als menschliche Eigenschaft, seine eigenen Bewegungen fühlen zu können,
2. Bewegungsgefühl als psychische Begleiterscheinung von Bewegungen,
3. Bewegungsgefühl als Qualität von Bewegungen sowie als dafür verantwortliche Leistungsdisposition bzw. motorische Kompetenz (Hirtz/Hotz/Ludwig 2003, 28).

Wie erwirbt man **Bewegungsgefühl?**

17 METHODISCHE PRINZIPIEN FÜR WAHRNEHMUNGS-ORIENTIERTES REITEN

22 METHODISCHE PRINZIPIEN ZUR ENTWICKLUNG DER KÖRPERWAHRNEHMUNG

24 PRINZIPIEN BEIM FUNKTIONELLEN BEWEGUNGSTRAINING

Anweisungen sollten im Reitunterricht sparsam eingesetzt werden. Sie sprechen nämlich die linke Gehirnhälfte des Reiters an, die eher analytisch und für logische Prozesse zuständig ist. Sie kann Dinge nur nacheinander leisten, ist also für das Reitenlernen schon deshalb nicht vorrangig geeignet, weil beim Reiten viele Teilbewegungen gleichzeitig ablaufen. Die linke Gehirnhälfte muss dazu genutzt werden, mental eine Vorstellung von der Bewegung bei einer Lektion zu entwickeln.

Für das Lösen von Bewegungsaufgaben im weitesten Sinn ist die rechte Gehirnhälfte zuständig, die emotional und ganzheitlich arbeitet. Sie vermag Teilbewegungen zusammenzufügen.

Reitanweisungen schreiben dem Reiter alle Bewegungskriterien vor, während Bewegungsaufgaben offener sind. Der Ausbilder gibt nur den Rahmen der Reitaufgabe vor. In diesem Rahmen muss sich der Reiter selbst mental eine Bewegungsvorstellung schaffen, die er danach ausführt. Er (nicht der Reitlehrer) erstellt sich im Kopf einen Plan und setzt ihn dann motorisch um. Am Bewegungsergebnis können Reiter und Ausbilder erkennen, was bereits gelingt oder noch verbessert werden muss. Dabei kann der Reitlehrer dem Reiter helfen. Entscheidend ist, dass der Reiter darüber entscheidet, wann er die Bewegung auslösen möchte, denn er muss das Gefühl für den Zeitpunkt und die Situation entwickeln.

Methodische Prinzipien für wahrnehmungsorientiertes Reiten

Die idealtypische Reitbewegung wird auf zentrale Kriterien reduziert

Von Anfang an die richtige Bewegung, den so genannten richtigen Sitz, anzustreben, ist für den Reiter eine Überforderung. Deshalb sollte der Ausbilder nicht gleich alle Bewegungskriterien vorgeben, sondern nur diejenigen, die beim Pferd die Reitlektion auslösen. Gelingt die Grundstruktur der Bewegung, können weitere Kriterien hinzugefügt werden. Der Galopp wird z. B. durch die Gewichtsverlagerung und die Schenkelhilfen ausgelöst. Das Rückwärtsrichten stellt nichts anderes dar als ein Anreiten, wobei dem Pferd im Augenblick des Antretens durch die rückwärts weisende Zügelhilfe und die Entlastung der Sitzbeinhöcker deutlich gemacht wird, dass es zurücktreten soll.

Reitausbilder müssen sich Gedanken machen, wie Reiter durch äußere Orientierungshilfen vermehrt ihr Bewegungsgefühl einsetzen können, ohne von einer Vielzahl von Bewegungsvorschriften überschüttet zu werden. Wie oft landen Springpferde in einem falschen Galopp! Vom Ausbilder kommt dann die Anweisung, den Bügel auf der entsprechenden Seite mehr auszutreten. Sensibilisiert der Ausbilder den Reiter jedoch dafür, dass er bereits über dem Sprung in die Richtung der weiteren Parcourslinie schaut, landet das Pferd eher korrekt. Feldenkrais sagt in diesem Zusammenhang, dass die Augen die Bewegungen des Menschen leiten. F. M. Alexander spricht von der Primärkontrolle des Kopfes, das heißt, der Kopf führt die Bewegungen und der Körper folgt. Meinel/Schnabel (1999) sprechen von Steuerungsfunktionen des Kopfes bei allen menschlichen Bewegungen. Es gilt also, die natürlichen Gesetzmäßigkeiten des Reiters zu nutzen, um ihn für gefühlvolle Bewegungen zu sensibilisieren.

Über optische Hilfsmittel wie Kegel kann der Reiter eher „innere Bilder“ für den Bewegungsablauf z. B. der Schlangenlinien entwickeln, als wenn alle Hilfen in Form von Bewegungsvorschriften vorgegeben werden. Dann wird mit zu starker Konzentration, also „verkopft“ geritten. Der Reiter spannt mehr Muskeln an als er eigentlich benötigt, um die Lektion zu bewältigen, und kommt somit nicht zum Fühlen. Seine Bewegungen und die Wahrnehmung des Pferdes werden nicht zu einer Einheit.

Die optische Anregung durch Kegel verringert die Komplexität der Reitsituation. Der Reiter gelangt zum Fühlen, kann Abweichungen seiner Bewegungsvorstellung vom Situationsverlauf schneller wahrnehmen und situationsgerecht auf das Pferd einwirken.

9 *Pylonen vereinfachen das Reiten von Schlangenlinien.*

10 *Durch optische Hilfsmittel entsteht ein inneres Bild der Übung.*

Die Situation lehrt fühlen – nicht die Anweisung

Im anweisungsorientierten Reitunterricht wird deutlich, dass nicht jeder Reiter fähig ist, Korrekturen des Ausbilders in gefühlvolle Bewegungen umzusetzen. Sinnvoller ist es deshalb, den Reiter in bestimmte Erfahrungssituationen zu versetzen. So wird er ermuntert, die darin enthaltenen Bewegungsaufgaben selbstständig zu erkunden und auszuloten. Er spürt, was passiert, wenn er entsprechende Hilfen gibt oder nicht gibt. Durch die Auseinandersetzung mit den Bewegungserfahrungen entwickelt er selbstständig Einsichten über die Situation. Fehler erscheinen in diesem Zusammenhang nicht als Zeichen des Misslingens, sondern als Hilfen für das korrekte Lernen bzw. Fühlen. Nicht der Reitlehrer benötigt die Fehler, um den Reiter zu korrigieren, sondern der Reiter selbst braucht sie, um mit ihrer Hilfe den richtigen Weg zu finden (in Kooperation mit dem Ausbilder).

Folgendes Beispiel mag dies verdeutlichen: Die Aufgabe wird dem Reiter nur als pauschales Bild vermittelt – „Reiten eines Zirkels".

In seiner Bewegung mit dem Pferd muss der Reiter seine eigene, persönliche Bewegungsgestalt innerhalb dieser Reitsituation finden. Der Reitlehrer gibt den Weg des Pferdes durch aufgestellte Kegel oder eine auf den Hallenboden gezeichnete Linie vor (eventuell auch durch Vorreiten oder Darstellung im Film). Mit dem Reiter werden die zentralen Kriterien abgesprochen, wie er diese Situation mit dem Pferd bewältigen könnte. Danach erfolgt der erste Versuch, die Aufgabe zu erfüllen.

Die Art, wie der Reiter die Situation bewältigt, bietet dem Ausbilder einen Einstieg, weitere Strategien mit ihm zu besprechen. Es werden neue Kriterien der Lektion „Reiten eines Zirkels" mit dem Reiter geklärt. Ausgehend von den auf die Reiterbewegungen antwortenden Pferdebewegungen soll der Funktionszusammenhang Situation–Reiterbewegungen–Pferdebewegungen erspürt (erfahren) werden. Aus den Bewegungen des Pferdes werden Rückschlüsse auf die Reiterbewegungen gezogen. Dieser Weg wird so lange gegangen, bis der Reitschüler die Aufgabe sachgerecht (gemäß der Reitlehre) und mit einem stimmigen Gefühl bewältigen kann.

Dabei wird z. B. die Zügelführung bezogen auf Stellung und Biegung nicht vorgegeben, sondern soll sich aus der Situation entwickeln. Der Reiter lernt die Lektion nicht durch Anweisungen, sondern soll die sinnvollen Funktionszusammenhänge zwischen seinen Hilfen, seiner Einwirkung und den Reaktionen des Pferdes erfahren, erspüren, also bewusst erleben. Aus den Erfahrungen gewinnt er in

Zusammenarbeit mit dem Reitlehrer Rückschlüsse, die er in der folgenden Wiederholung anwendet. Dieser Weg ist Grundlage und Voraussetzung für ein sinnvolles und gefühlvolles selbstständiges Reiten, auch ohne den Reitlehrer.

Korrekturen der Reiterbewegungen sollen in der gegebenen Situation und aus ihr heraus erfolgen. Bewegung auf dem Pferd ist immer situationsbezogen und kann nicht formalisiert nach Befehlen geschehen. Die enge Verwobenheit von bewegen und wahrnehmen, spüren und bewirken (Bewegungsgefühl) ist durch diese Methode erfahrbar.

Bildliche Instruktionen

Untersuchungen haben ergeben, dass durch Metaphorik (Gestalten, Bilder) eine Bewegungshandlung schneller gelernt und die Körperwahrnehmung rascher gesteigert wird als durch andere Methoden. Die Metapher steckt den Rahmen für mögliche individuelle Variationen der Bewegungsausführung ab. Der Reiter sucht seinen individuellen Zugang, was sich positiv auf den weiteren Lernverlauf auswirkt. Hier einige Beispiele für Metaphern:

- „Halte die Zügel, als hättest du eine Feder in der Hand!"
- „Setz dich so hin, als wärst du eine Fee!"
- „Stell dir vor, du drückst einen Schwamm in der Hand aus!"

Je nach Situation muss sich der Reitausbilder Gestalten und Bilder für den entsprechenden Schüler einfallen lassen. Metaphern erreichen besonders die rechte Gehirnhälfte, die für ganzheitliche Abläufe und das Gefühl zuständig ist.

Kontrastmethode

Die Kontrastmethode ist besonders geeignet, die Wahrnehmung des Reiters zu verbessern und ihn für die eigenen Bewegungen und die Bewegungen des Pferdes zu sensibilisieren. Viele Reiter sind nicht sensibel genug, weil man von ihnen stets dieselben Bewegungen verlangt. Dadurch entsteht im Gehirn ein festes Muster, das der variablen Bewegungsausführung entgegensteht. Man braucht nur von Reitern zu verlangen, die Bügel zwei Loch kürzer zu schnallen, sofort stöhnen viele und empfinden die neuen Bewegungen als unangenehm. Ein häufiger Wechsel z. B. der Bügellänge führt zur Erhöhung des Bewegungsgefühls, weil sich der Reiter auf immer wieder neue Bedingungen sensibel einstellen muss.

Bei der Kontrastmethode werden Bewegungen besonders langsam oder schnell, groß oder klein, kraftvoll oder leicht ausgeführt. Dabei soll der Reiter die Unterschiede in den Bewegungsabläufen erfassen

11

Kontrastübung: Die Reiterin sitzt extrem nach hinten.

und erfühlen. Besonders die unterschiedlichen Reaktionen des Pferdes geben Auskunft darüber, wie diese Bewegungen angenommen werden und wie sich das Pferd dabei fühlt.

Der Reitersitz kann durch Kontrastübungen wie extrem nach rechts, dann ganz nach links sitzen – bzw. weit nach vorne oder nach hinten – verändert werden. Diese Kontraste bieten dem Gehirn Variationen an, aus denen es die individuell beste Lösung herausfindet. Der Reiter wird nach den Variationen spüren, ob es sich für ihn stimmig anfühlt, wenn er sich wieder normal in den Sattel setzt. Das weitverbreitete Verfahren, den Reiter in die Form des korrekten Sitzes zu „pressen", führt häufig in eine Sackgasse: Der Reiter sitzt starr und unbeweglich – und glaubt, den so genannten richtigen Sitz erobert zu haben. Gefühlvoll reiten heißt jedoch, mit den Bewegungen des Pferdes eine bewegte Einheit zu bilden und nicht bewegungslos zu sitzen.

Die Aufmerksamkeit des Reiters lenken

Bewegungsgefühl kann nur entstehen, wenn der Reiter fähig ist, „seinen Blick nach innen zu richten". Wenn er sich ausschließlich an den Anweisungen des Ausbilders orientiert, wird er geradezu davon abgelenkt, in sich hineinzuhorchen. Seine Aufmerksamkeit soll sich auf die eigenen Bewegungsabläufe, die des Pferdes und auf die Situation richten. Aufmerksam reiten bedeutet, ständig im Dialog mit dem Pferd zu sein, wobei der Verstand nicht steuernd eingreift, sondern das gesamte Geschehen überwacht. Dies soll der Reiter auch selbstständig üben.

Bei den Kontrastübungen soll der Reiter darauf achten, wie das Pferd jeweils reagiert, wie sich also die Pferdebewegungen je nach seinen eigenen Bewegungen verändern. Daraus kann er Grundsätze für den Zusammenhang zwischen seinen eigenen Bewegungen und denen des Pferdes entwickeln.

Beim Reiten von Lektionen kann sich der Reiter in einzelne Teilbewegungen einfühlen oder den gesamten Bewegungsablauf erspüren, um danach darüber Auskunft zu geben. Der Ausbilder erkennt auf diese Weise, ob der Reiter die Lektionen bereits korrekt fühlt oder sie nur verstandesmäßig erklären kann.

12

Kontrastübung: Die Reiterin sitzt extrem nach links im Sattel.

Methodische Prinzipien zur Entwicklung der Körperwahrnehmung

Die in diesem Buch zusammengestellten Übungen bzw. Lektionen müssen auf eine ganz bestimmte Weise durchgeführt werden, damit der Reiter seine Körperwahrnehmung schärfen und somit ein Gefühl für den eigenen Körper entwickeln kann. Dieses Gefühl bildet die Grundlage, um danach die entwickelten Fähigkeiten auch auf das Pferd zu übertragen.

Nach Übungen zu den entsprechenden Körperzonen kann sich der Reiter besser an die Bewegungen des Pferdes anpassen. Die Störfaktoren in seinem Körper werden beseitigt. Erst dann kann er zur Einheit mit dem Pferd werden und über seine Hilfen auf das Pferd einwirken. Es gibt eine Vielzahl von methodischen Anregungen u.a. von G. Alexander, Feldenkrais (1996) oder Kolb (1994), die bei allen Übungen beachtet werden müssen. Sie sind hier zusammengefasst und werden bei den einzelnen Lektionen nicht wiederholt.

Das Tempo wechseln

Die Übungen sollen zunächst generell langsam durchgeführt werden, damit das Gehirn die Abläufe begleiten kann, wodurch die Qualität der Bewegungen steigt. Nach langsamem Beginn soll das Tempo der Bewegungsabläufe variiert werden.

Die Haltung wechseln

Der Reiter entwickelt ein besseres Bewegungsgefühl, wenn er eine Bewegung nicht nur in unterschiedlichen Tempi, sondern auch in verschiedenen Körperhaltungen vollziehen kann.

Cross-koordinative Bewegungen im Krabbeln sollen also nicht nur auf den Knien und Händen, sondern auch auf den Knien und Unterarmen und schließlich in Bauchlage (robben) vollzogen werden. (Foto 13,14,15).

Krabbeln in verschiedenen Körperhaltungen

13

14

15

Bewegt werden statt selbst bewegen

Foto rechts: Das Knie wird kreisend mit der Hand geführt.

Verfestigte Bewegungsstrukturen können aufgebrochen und neue entwickelt werden, wenn der Reiter z. B. in Rückenlage auf dem Boden nicht nur sein Knie selbst kreisend bewegt, sondern es mit der Hand führt. Das Knie (Bein) vertraut sich voll der Bewegung der Hand an. Auch ein Außenstehender kann das Knie bewegen. Dabei sollen die Bewegungen in hoher Variationsbreite nach allen Richtungen, geradlinig und kreisend vollzogen werden. (Foto 16).

Durch das Bewegtwerden gewinnt der Körper neue Bewegungsmuster, die Sensibilität des Reiters für den korrekten Einsatz seiner Beine wird erhöht. In diesem Fall werden die Hüftgelenke mobilisiert, sodass der Reiter danach das Bein locker fallen lassen kann. Das Knie kommt in die Tiefe und die Hüfte schwingt stärker mit.

Die Seiten wechseln

Oft führt der Reiter Bewegungen bevorzugt mit einer Körperseite aus (genauso reitet er meistens auf der Seite, auf der es ihm leichter fällt). Der Unterschied zwischen rechts und links wird immer größer und die Koordination zwischen beiden Körperhälften immer schlechter, weil eine Seitendominanz entsteht. Alle Bewegungen sollen – wenn möglich – immer mit links und rechts ausgeführt werden, damit eine Balance des gesamten Körpers entsteht. Der Reiter wird ganzkörperlich sensibler; er koordiniert ganzkörperlich harmonischer.

Die Spannung wechseln

Ein Wechsel im Krafteinsatz kann Verspannungen des Reiters aufbrechen. Die Übungen sollen mit starker Muskelanspannung, danach ganz leicht, mit so wenig Kraft wie möglich ausgeführt werden. Durch den unterschiedlichen Krafteinsatz spürt der Reiter seine Verspannungen und lernt, seine Muskeln sensibler einzusetzen.

Das Gleichgewicht fördern

Bei den Übungen sollen sich die Anforderungen an das Gleichgewicht stetig erhöhen. Wenn der Reiter sein Gleichgewicht verbessert, erhöht sich zugleich die Sensibilität aller anderen Sinne. Auch bei einigen Übungen auf dem Pferd (Reiten im leichten Sitz mit unterschiedlichen Bügellängen) wird eine Steigerung des Bewegungsgefühls erzeugt.

Einzelne Sinne schärfen

Bei einigen Übungen können dominierende Sinne (z. B. Augenkontrolle) ausgeschaltet werden, um das „innere Auge" (Bewegungsgefühl) zu schulen. Auch die Orientierung über das Ohr kann reduziert werden, um stärker in sich hineinhorchen zu können (müssen).

Prinzipien beim funktionellen Bewegungstraining

Mobilisierung

Hier geht es darum, die Gelenke durch langsam ausgeführte leichte Bewegungen ohne Schnellkraftcharakter auf die folgenden Belastungen vorzubereiten. Reiten erfordert immer ganzkörperliche Bewegungsabläufe, auf die der Körper vorbereitet werden muss. Ganzkörperlich bedeutet, dass die Bewegungen vom Kopf bis zu den Füßen übertragen werden und umgekehrt. Bei weichen Bewegungen wird in den Gelenken Flüssigkeit angereichert (Gelenkschmiere), um möglichst reibungslose Abläufe zu ermöglichen. Wenn jedoch ein Gelenksystem blockiert ist, können die Bewegungen nicht optimal durch den Körper fließen. Deshalb ist die Mobilisierungsphase sehr wichtig – besonders bei niedrigen Temperaturen. (Foto 17,18).

Die Übungen werden langsam fließend, ohne schnelle, ruckartige Bewegungen durchgeführt. Jede Bewegung soll mindestens 10- bis 15-mal wiederholt werden. Man beginnt mit dem Kopf, um über Schultern, Arme, Rumpf und Beine alle Gelenke ohne Kraftanstrengung anzuregen. Es dürfen keine unfunktionellen Bewegungen wie schnelles Kopf- oder Hüftkreisen einbezogen werden.

Mobilisierung ersetzt niemals Dehnungsübungen. Sie dient der besseren Durchblutung sowie der psychischen und physischen Einstimmung auf folgende Belastungen und soll die Wahrnehmungsfähigkeit des Reiters steigern.

17

18

Langsames Schulterkreisen ist eine gute Mobilisierungsübung.

Dehntechniken

Stretching bedeutet gehaltene Muskeldehnung. Im Gegensatz zum früher üblichen wippenden Dehnen werden dabei körpereigene Reflexe ausgenutzt, um die Muskulatur schonend zu strecken.

Das ruckartige wippende Dehnen aktiviert einen Schutzmechanismus – den Antistreckreflex –, der den Muskel vor dem Zerreißen schützt. Als Reaktion geschieht das Gegenteil dessen, was man eigentlich erreichen möchte: Der Muskel zieht sich aus Angst vor dem Zerreißen zusammen. Bei ungenügender Vorbereitung und starkem Federn kann er sogar verletzt werden. Vom Rückenmark wird kein Signal zur Entspannung an den Muskel gegeben. Erst wenn das Rückenmark auf die Entspannung eingestellt ist, kann der Muskel optimal gedehnt werden. (Foto 19)

Das statische Stretching ist am weitesten verbreitet und kann auch relativ problemlos eingesetzt werden. Die Dehnung des Muskels wird vorsichtig aufgebaut und gehalten. Nach etwa 10 Sekunden kommt vom Rückenmark der Befehl zur Entspannung. Dieser Augenblick muss genutzt werden, um den Muskel weiter zu dehnen. Man kann die Dehnung bis zu 2 Minuten halten. Darüber hinaus ist die Wirkung kontraproduktiv, weil durch zu intensives Stretching die Gefäße eng gestellt werden, sodass die Durchblutung gestört wird. Zu langes Stretching kann außerdem zu Muskelkater führen, weil durch die lang anhaltende hohe Intensität feinste Faserverletzungen in den Muskeln entstehen können.

Hopserlauf mit oder ohne Verwringung kommt nach dem Dehnen.

Der Mensch wird durch Stretching homolateral, das heißt, seine rechte Gehirnhälfte bedient nicht mehr die linke Körperseite und umgekehrt. Seine Ganzkörperkoordination wird verschlechtert. Deshalb sollten nach dem Stretching stets cross-koordinative Übungen (Überkreuzbewegungen) wie Hopserlauf oder Hopserlauf mit Verwringung (Foto 20, 21) durchgeführt werden. Der Reiter wendet Stretching nicht als Vorbereitung direkt vor dem Reiten an, sondern betrachtet es als allgemeines Beweglichkeitstraining.

Eine Zeit lang hat man das federnde Dehnen völlig infrage gestellt; heute ist bekannt, dass ein hineinfühlendes, langsam dynamisches Dehnen positive Auswirkungen hat. Besonders direkt vor dem Reiten (beim Aufwärmen) hat sich das systematische Stretching als leistungsfördernd erwiesen. Hierbei wird die Dehnung dadurch erzeugt, dass der Reiter vorsichtig bis zur Sperre des Muskels dehnt und diesen Vorgang mehrmals weich wiederholt. Die Dehnfähigkeit des Muskels wird durch mehrere Wiederholungen erhöht. Systematisches Stretching sensibilisiert die Wahrnehmung des Reiters und unterstützt somit das Bewegungsgefühl.

Als Nebeneffekt wird beim systematischen Stretching der dem gedehnten entgegenwirkende Muskel gekräftigt. Das korrekt durchgeführte Dehnen ist somit auch eine ideale Methode zum Aufbau einer natürlichen Muskelbalance.

Es gibt noch weitere Dehnmethoden wie das Antagonisten-Kontraktions-Dehnen oder die C-H-R-S-Methode (contract-hold-relaxstretch), auch PNF-Methode genannt. Sie sollten jedoch erst dann angewendet werden, wenn die hier vorgestellte Methode optimal beherrscht wird. Weitere Methoden werden von Klee (2003) in systematischer Form dargestellt.

Krafttraining

Erst wenn die Muskulatur optimal gedehnt ist, kann mit kräftigenden Übungen begonnen werden. Dabei sind alle Übungen entweder statisch oder langsam dynamisch zu vollziehen. Schnellkraftbewegungen, also mit Schwung eingeleitete Abläufe, erreichen nur einen Teil des Muskels – den Muskelbauch (Mitte des Muskels) –, statt ihn auf seiner vollen Länge zu kräftigen. Je gleichmäßiger ein Muskel jedoch kräftigend aufgebaut ist, desto höher ist seine Funktion.

Beim ruckartigen Kräftigen wird außerdem die Atmung negativ beeinflusst. Jede ruckartige Bewegung führt zu einer Atmungsstörung. Gerade das langsame Einleiten der Kräftigungsübungen ermöglicht es, den Atem zu regulieren und das Bewegungsgefühl zu entwickeln.

Wichtig ist auch die Anzahl der Wiederholungen: Bei langsamen dynamischen Abläufen soll jede Übung 10- bis 15-mal durchgeführt werden. Die Anzahl der Wiederholungen kann je nach Leistungsfähigkeit erhöht werden.

Bei statischen (haltenden) Belastungen sollen 10 Sekunden Haltezeit möglichst nicht unterschritten werden. Der Übende setzt seine Muskeln vorsichtig beginnend ein und führt die Übung bis zu einer bestimmten Haltung aus. Dort verharrt er. Die Haltezeit kann je nach konditionellem Zustand ausgedehnt werden (etwa bis auf 30 Sekunden). Wenn 10 Sekunden Haltezeit (oder mehr) absolviert sind, 10 bis 20 Sekunden Pause einlegen.

19

Nach den Dehnübungen kann man mit dem Krafttraining beginnen.

Grundlegende Hindernisse **für einen gefühlvollen Sitz**

28 ERNSTES REITEN

28 VERBISSENES REITEN

28 NEGATVE GEDANKEN

29 FOKUSSIERUNG

29 REITLEHRERVERHALTEN

29 KAMPF DES KOPFES (BESTIMMER) GEGEN DEN BAUCH (MACHER)

30 DIE RÜCKENMUSKULATUR IST NICHT BEWUSST STEUERBAR

30 KREUZMUSTERBEWEGUNGEN

34 DREHFÄHIGKEIT UM DIE LÄNGSACHSE

36 GLEICHGEWICHT

Ernstes Reiten

„Reiten macht Spaß“, erzählen mir die meisten Reiter. Doch wenn ich im Reitunterricht oder auf Turnieren Reiter beobachte, so zeigen ihre Gesichter keine Freude. Insgesamt wird zu ernst geritten und der Unterricht ist zu starr aufgebaut. Man sollte bedenken, dass ein ernster Reiter in sich nie locker bzw. gelöst sein kann. Deshalb sollte der Reitunterricht so gestaltet werden, dass es trotz aller Ernsthaftigkeit des Lernens auch vergnügt und emotional angenehm zugeht. Auf dieser Grundlage ist gutes Gelingen möglich.

Verbissenes Reiten

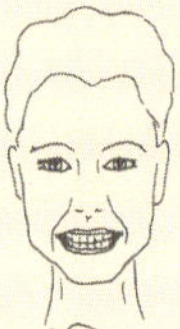

Abb. 3

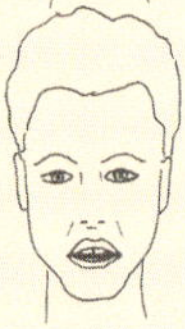

Abb. 4

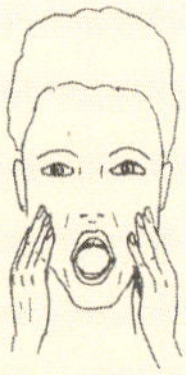

Abb. 5

Viele Menschen reiten mit aufeinander gepressten Zähnen. Ihre angespannte Kaumuskulatur ist deutlich zu sehen. Ist das Kiefergelenk fest, so überträgt sich diese Festigkeit über Muskelschlingen vom Kopf über Hals und Brust bis zum Becken und verhindert ein elastisches Reiten. Da Becken und Kopf bzw. Kopf und Becken immer miteinander korrespondieren, macht sich ein verbissener Reiter ungewollt fest.

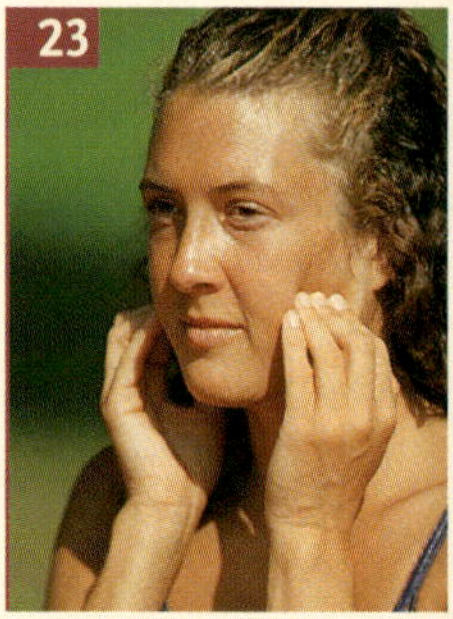

23

Beißen Sie einmal den Ober- und Unterkiefer fest aufeinander (Abb. 3) und schütteln Sie den Kopf; danach öffnen Sie den Mund (Abb. 4) und schütteln den Kopf nochmals. Sie spüren deutlich, dass Ihnen das Kopfschütteln leichter fällt, wenn die Kiefer nicht aufeinander „gepresst“ werden. Durch Massieren können Sie den Kaumuskel (Abb. 5) entspannen, der bei den Menschen schmerzt, die täglich „verbissen“ durchs Leben gehen. (Foto 23)

Negative Gedanken

Das Nachdenken über negative Erlebnisse greift störend in unseren Körper ein. Unser Körper lügt nicht, wie Diamond (2001) festgestellt hat. Denkt der Reiter z. B. über Fehler nach, die ihm gerade unterlaufen sind, oder ärgert sich, so werden seine Bewegungen noch schlechter. Es gilt, aus positiven Gedanken Energie zu schöpfen. Man kann z. B. im Tennis immer wieder sehen, dass Spieler, die sich längere Zeit über eine vermeintliche Fehlentscheidung ärgern, in ihren Leistungen noch schwächer werden. Es kann sogar zu einem so genannten „Einbruch“ kommen; dann „geht nichts mehr“.

Fokussierung

Ein zu stark konzentrierter Reiter kann ebenfalls nicht gefühlvoll sitzen. Bei starker Konzentration schaut der Reiter starr vor sich hin. Dass die Augen (nach Feldenkrais) die Bewegungen des menschlichen Körpers leiten, bewirkt in diesem Fall nichts Positives, vielmehr kehrt sich der Effekt ins Negative um. Die Augen fixieren nämlich den Kopf und dieser wiederum das Becken, sodass der Reiter nicht mehr ganzheitlich (gefühlvoll) mit dem Pferd mitschwingen kann. Außerdem wird die linke Gehirnhälfte, welche die Dinge nur analytisch und nicht gefühlsmäßig angeht, zu stark eingesetzt. Somit findet keine optimale Koordination im Körper statt. (Foto 24)

Reitlehrerverhalten

Der Reitlehrer trägt mit seiner Art des Unterrichts dazu bei, dass Reiten gelingt oder misslingt. Autoritärer Ton und ständige Anweisungen lassen kein positives Unterrichtsklima entstehen, sodass der Reiter schon von daher nicht gefühlvoll schwingen kann. Die äußeren Störfaktoren lassen keine innere (emotionale) Lockerheit zu, womit auch eine äußere Lockerheit des Reiters unmöglich ist.

Durch die Stimme werden in der Reitbahn Schwingungen erzeugt, die sich über das größte Organ – die Haut – negativ auf die inneren Schwingungen des Reiters übertragen.

Kampf des Kopfes (Bestimmer) gegen den Bauch (Macher)

Innerhalb des Menschen leben zwei verschiedene Wesen: „Selbst 1" und „Selbst 2" (Gallwey 1990). Selbst 1 ist der Bestimmer, Selbst 2 der Macher. Ständig mischt sich der Bestimmer in die Aufgaben des Machers ein. So kommentiert Selbst 1 die misslungenen Bewegungen von Selbst 2 – wodurch die folgenden immer noch schlechter werden. Das bedeutet, dass der Reiter das Denken bzw. die ständige Selbstreflexion ausschalten muss, weil gefühlvolles Reiten nicht über unablässiges Nachdenken erreicht werden kann.

Insgesamt muss das Fühlen im Zentrum des Unterrichts stehen, wobei die Aufgabe von Selbst 1 darin besteht, die kommenden Bewegungsabläufe mental zu planen und somit das Gelingen optimal vorzubereiten. In dieser Balance zwischen Selbst 1 und Selbst 2, die nicht so einfach herzustellen ist, liegt der Schlüssel zum Gelingen eines gefühlvollen Reitens.

Die Rückenmuskulatur ist nicht bewusst steuerbar

Die meisten Korrekturen der Ausbilder setzen sicherlich am Oberkörper an. Viele Reiter glauben den Ausbildern nicht, wenn diese sie immer noch aufrechter hinsetzen wollen. Die Reiter beklagen sich, dass sie ihrem Empfinden nach bereits hinter der Bewegung sitzen – dabei ist ihr Oberkörper immer noch leicht nach vorn geneigt.

Hintergrund dieser Situation ist, dass die Rückenmuskulatur nicht dem Bewusstsein unterstellt ist – anders als Hände und Beine, die stark vom Bewusstsein gesteuert sind.

Der aufrechte Sitz ist nur einzunehmen, wenn der Reiter optimal auf den Sitzbein-Schambein-Ästen sitzt. Nur in dieser Position werden die Akupunkturpunkte an den Sitzbeinhöckern, die für die natürliche Tonisierung (Spannung–Entspannung) der Rückenmuskulatur zuständig sind, ständig angeregt. Jeder wird einsehen, dass bereits ein schlechter oder falsch liegender Sattel diesem Sitz entgegenwirken kann. Auch die Proportion zwischen Pferd und Reiter spielt für das Sitzgefühl eine große Rolle.

Kreuzmusterbewegungen

Vielen jungen und älteren Menschen fehlt die Fähigkeit, Kreuzmusterbewegungen zu vollziehen. Wegen mangelhafter Schaltungen im Gehirn bewegen sie sich wie Passgänger.

Reiten hat jedoch immer eine Kreuzmusterstruktur. Deshalb wird der Grundsitz auch als Drehsitz bezeichnet. Das bedeutet, dass die Schulter des Reiters parallel zur Pferdeschulter ausgerichtet sein muss und das Becken des Menschen parallel zu dem des Pferdes. Nur unter diesen Bedingungen sitzt der Reiter in sich geschlossen. Bei heutigen Reitern ist jedoch oft ein so genannter offener Sitz zu beobachten, das heißt, die äußere Schulter des Reiters ist zurückgenommen. Aus einem solchen Sitz ist weder ein optimales Mitschwingen noch eine gezielte Einwirkung möglich. Das Pferd kann nicht gerade gehen, weil es sich den störenden Gewichtsbelastungen anpassen muss, um sein Gleichgewicht zu finden.

Durch Bewegungen wie Hopserlauf und Hopserlauf mit Verwringung (S. 25), die Überkreuzbewegungen in Abb. 7, liegende Achten (Abb. 8), Gehirnknöpfe, Balanceknöpfe, Raumknöpfe (S. 32) und Krabbelbewegungen in unterschiedlichen Lagen (Abb. 12/13/14) können Sie diese Probleme angehen.

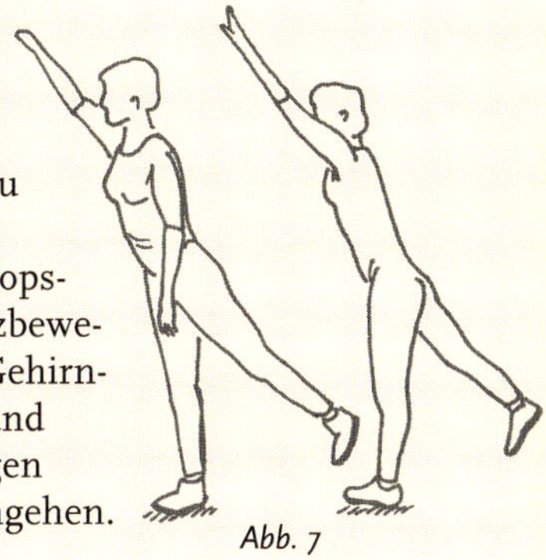
Abb. 7

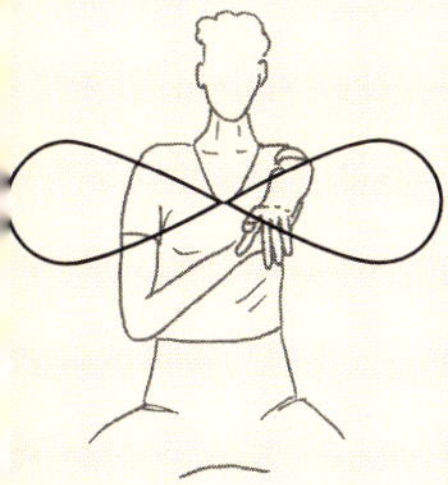
Abb. 8

Kinesiologische Übungen zur Verbesserung der Cross-Koordination

1) Überkreuzbewegungen (Abb. 7)
Diese Übung wird mit entgegengesetztem Drehmoment ausgeführt. Bewegen Sie abwechselnd einen Arm und das entgegengesetzte Bein. Dabei bewegen Sie sich vor, zurück, seitlich. Die Augen gehen in alle Richtungen mit der Bewegung mit. Die Hand soll mehrmals zum gegenüberliegenden Knie geführt werden, um die Körpermittellinie zu überqueren. Ebenso können Sie hinter dem Körper den gegenüberliegenden Fuß berühren.

Ziele:
- Augenbewegungen links und rechts steigern,
- beidäugiges plastisches Sehen, Links-rechts-Koordination, Raumbewusstsein sowie Hören und Sehen verbessern,
- Atmung und allgemeine Kondition unterstützen.

2) Liegende Achten (Abb. 8) Foto 25, 26, 27
Schauen Sie auf einen Punkt direkt vor sich in Augenhöhe. Dieser Punkt bildet den Mittelpunkt einer liegenden Acht. In bequemer

So beginnt man die „Liegenden Achten".

Haltung zeichnen Sie liegende Achten in die Luft. Höhe und Weite der Bewegungen bestimmen Sie selbst. Die beste Wirkung erzielen Sie, wenn Sie die Achten so groß zeichnen, dass Sie das ganze Gesichtsfeld und die volle Reichweite Ihrer Arme nutzen. Damit sofort die rechte Gehirnhälfte angeregt wird, beginnen Sie mit der linken Hand im Mittelpunkt der Acht und führen Ihren Arm zunächst gegen den Uhrzeigersinn hinauf zur linken Seite, dann kreisförmig wieder zurück. Im Mittelpunkt angelangt, geht es im Uhrzeigersinn nach oben und über die rechte Seite kreisförmig zum Ausgangs- und Mittelpunkt zurück. Machen Sie die Übung mindestens 3-mal.

Sie können die Bewegungen auch mit geschlossenen Augen ausführen. Ein Summen kann den Ablauf unterstützen. Der Kopf (die Augen) soll den Bewegungen ein wenig folgen, wobei der Hals jedoch entspannt ist.

3) Gehirnknöpfe (Foto 28)
Als Gehirnknöpfe bezeichnet man das weiche Gewebe unter dem Schlüsselbein, das links und rechts direkt ans Schlüsselbein angrenzt. Sie können die Knöpfe mit einer Hand etwa 20 bis 30 Sekunden intensiv massieren, während Ihre andere Hand den Bauchnabel berührt. Wechseln Sie die Hände, um beide Gehirnhälften zu aktivieren. Das Massieren der Knöpfe kann am Anfang leicht schmerzhaft sein. Diese Empfindlichkeit schwindet nach einigen Tagen.

Sie können die Übung ausweiten, indem Sie Ihren Blick folgendermaßen lenken (ohne den Kopf zu bewegen): nach oben, unten, auf Nasenhöhe; diagonal von oben links nach unten rechts; diagonal von oben rechts nach unten links; Mitte links nach rechts. Man nennt diese Gestalt auch Schmetterlings-Acht.

Gehirnknöpfe — *Balanceknöpfe* — *Raumknöpfe*

Ziele:
- linke und rechte Gehirnhälfte verbinden,
- Mittellinie bei Ganzkörperkoordination kreuzen,
- positive elektrische und chemische Reaktionen erzeugen,
- den Fluss elektromagnetischer Energie verstärken,
- Links-Rechts-Gleichgewicht verbessern,
- Nackenmuskulatur entspannen,
- Muskelspannung im gesamten Körper verbessern.

4) Balanceknöpfe (Foto 29)

Die Balanceknöpfe befinden sich direkt über der Einbuchtung, an der der Schädel auf dem Nacken ruht (etwa 2,5 cm beiderseits neben der hinteren Mittellinie und direkt neben dem Warzenfortsatz des Schläfenbeines). Halten oder reiben Sie den linken Knopf und berühren Sie mit der rechten Hand gleichzeitig Ihren Nabel. Dann wechseln Sie die Hände.

Die Übung kann im Stehen, Sitzen oder Liegen vollzogen werden.

Ziele:
- Wohlgefühl steigern,
- Körperhaltung verbessern,
- sich aus einer übermäßig fokussierten Haltung lösen und entspannen,
- Reflexe und Überkreuzbewegungen verbessern.

5) Raumknöpfe (Foto 30)

Beide Hände befinden sich auf der Mittellinie des Körpers – eine vorn, die andere hinten. Zeige- und Mittelfinger der vorderen Hand liegen an der Oberlippe, während die andere Hand das Steißbein berührt. Wechseln Sie die Hände, um beide Gehirnhälften zu aktivieren. Sie können die Knöpfe auch leicht massieren.

Abb. 12

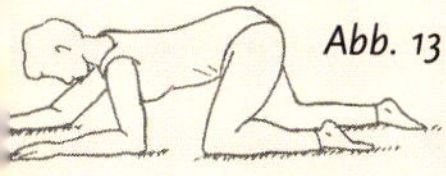

Abb. 13

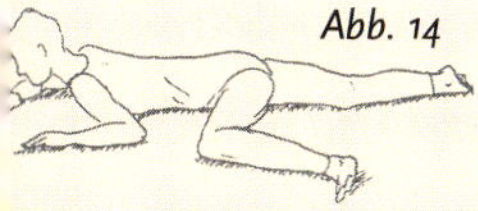

Abb. 14

Ziele:
- die Arbeit im Mittelfeld verbessern,
- Zentrierung, Erdung, Tiefenwahrnehmung sowie visuelle Fern- und Nahübergänge steigern,
- das Zentralnervensystem entspannen,
- Körperhaltung wie folgt verbessern: Hüften symmetrisch, Kopf in Normalposition, aufrechtes Sitzen,
- Aufmerksamkeitsspanne verlängern.

6) Krabbelbewegungen in unterschiedlichen Lagen

Krabbeln Sie zunächst auf Knien und Händen (Abb. 12), danach auf den Unterarmen, Knien (Abb. 13) und in Bauchlage (Abb. 14).

Drehfähigkeit um die Längsachse

Für Feldenkrais ist die Drehbewegung um die eigene Körperachse die elementarste Form der Selbstbewegung, um so schnell wie möglich Gefahrenquellen abzuwenden und ihnen durch sinnvolle Bewegungen begegnen zu können. Außerdem bilden die Bewegungen nach rechts und links die Basis der menschlichen Orientierung, weil es dadurch möglich wird, sich gemäß den eigenen Absichten problemlos in alle Richtungen zu bewegen.

Feldenkrais richtet sein Hauptanliegen auf drei Körperbereiche, die zentral an der Drehbewegung beteiligt sind: Kopf, Augen und Becken. Die optimale Koordination dieser drei Bereiche führt zu hoher Beweglichkeit.

Der Kopf ist der wichtigste Körperteil des Menschen. Hier sitzen die wichtigsten Sinnesorgane, durch die der Mensch die Beziehung zu seiner Umwelt herstellt und lebenswichtige Informationen aus ihr aufnimmt. Außerdem organisiert der Kopf den gesamten Muskeltonus des Körpers, sodass der Mensch fähig ist, sich in die Richtung zu bewegen, in die er seinen Kopf hält.

Bewegt der Mensch seinen Kopf in die Richtung, aus der er über Augen, Ohren und Nase Reize wahrnimmt, so verlagert sich sein Gewicht automatisch auf die entsprechende Körperseite. Andere Körperteile werden in diesem Augenblick entlastet, wodurch Hüftgelenk, Füße und Arme optimal zusammenwirken können.

Da mit den Sinnesorganen Gefahrenquellen rechtzeitig erkannt oder Veränderungen der Umwelt entdeckt werden können, ist die Beweglichkeit des Kopfes lebenswichtig. Durch Veränderungen des Muskeltonus von einer Konfiguration in eine andere kann sich der Mensch effektiv und ökonomisch bewegen. Je größer der Bewegungsspielraum des Kopfes ist, desto leichter fällt die Drehbewegung um die eigene Achse, die dann mit geringem Kraftaufwand vollzogen werden kann. Einschränkungen der Drehbewegungen des Kopfes führen automatisch zu eingeschränkten Bewegungen nach allen Seiten. (Foto 31)

Die Augen begleiten alle Bewegungen. Sind sie fixiert, so verhält sich der Kopf ebenfalls starr. Die Augen sind die Schaltstellen, durch die alle Muskeln des gesamten Körpers koordiniert werden. Dominiert ein Auge, so fallen dem Menschen alle Bewegungen leichter, die in diese Richtung gehen. Er bevorzugt sie, und alle Bewegungen zur anderen Seite sind eingeschränkt.

31

32

33

Je größer der Bewegungsspielraum des Kopfes, desto besser die Drehfähigkeit um die Längsachse.

Die Funktionen von Augen und Kopf sind eng miteinander verwoben. Durch beide Köperteile werden alle Handlungen organisiert und beide bestimmen alle Muskelkräfte. Je fließender die Augen in alle Richtungen bewegt werden können, desto weicher, ökonomischer und harmonischer kann sich der Mensch bewegen. Ganzkörperbewegung hat einen engen Bezug zum Blickwinkel des Menschen.

Das Becken bildet die Körpermitte des Menschen; an ihm sind die größten und kräftigsten Muskeln verankert. Eine Bewegung ist nur dann optimal ausgeführt, wenn überwiegend Gesäß-, Oberschenkel- und Bauchmuskeln dafür beansprucht werden. Durch die zentrale Kraft aus dem Becken werden Bewegungen über die Wirbelsäule bis zum Kopf und über die Oberschenkel bis zu den Füßen übertragen. Das Becken ist also der Motor des Menschen. (Foto 32, 33)

Bewegungen sind für Feldenkrais nur dann sinnvoll, wenn sich alle Knochen auf einer Linie zur Hauptrichtung der Bewegung befinden. Durch diese Konstellation können Kräfte auf direktem Weg auf Arme und Hände, Beine und Füße übertragen werden. Dabei soll gleichzeitig vermieden werden, dass Muskelgruppen aktiviert werden, die nicht primär für die Bewegung zuständig sind und einen überhöhten Kraftaufwand erfordern.

Der Drehwinkel des Körpers kann sich erhöhen, wenn sich Augen, Kopf und Becken nicht in dieselbe Richtung bewegen. Eine Körperdrehung wird erleichtert, wenn sich diese drei Körperbereiche auf unterschiedliche Art bewusst gegeneinander bewegen. Dadurch wird eine größere Beweglichkeit der Wirbelsäule erzielt. Feldenkrais nennt diese differenzierte Ausrichtung der drei Körperteile auch „räumliches Lernen".

Die fein abgestimmten Bewegungen von Augen, Kopf und Becken unterscheiden sich von „primitiven" Bewegungen, wie sie bei vielen Menschen zu beobachten sind. Bei ihnen besitzen die drei Bereiche eine ausschließlich synchrone Ausrichtung, was über die Jahre zu vielen Schmerzsymptomen führt.

Diese vielschichtigen Zusammenhänge sind auch für das Reiten bedeutsam. Man kann die wenig differenzierte Ausrichtung bereits beim Durchreiten einer Ecke erkennen: Während sich das Pferd schon in der neuen Bewegungsrichtung befindet, tendiert der Körper des Reiters durch die Zentrifugalkräfte in Richtung Bande. Ich nenne die Reiter wegen ihres starren Oberkörpers auch „Bus". Sie sitzen so starr auf dem Pferd, dass sie sich der Stellung und Biegung des Pferdes nicht anpassen können.

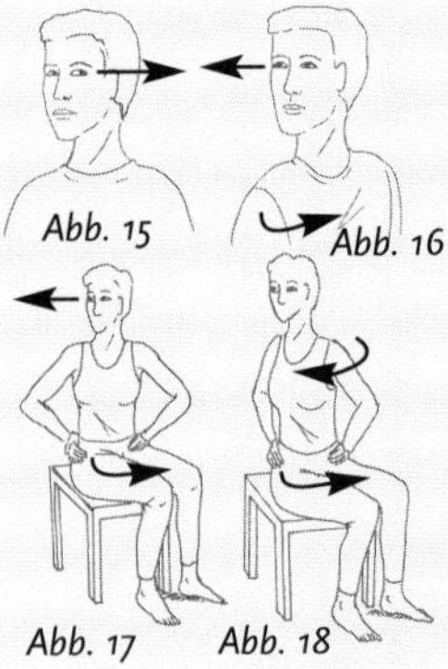

Abb. 15 Abb. 16 Abb. 17 Abb. 18

Folgende Übungen erleichtern Drehbewegungen um die Längsachse:

1) Drehen Sie in aufrechter Sitzposition auf einem Stuhl oder im Stehen den Kopf nach rechts, während Sie die Augen nach links bewegen, und umgekehrt. Viele Reiter haben Schwierigkeiten, die gegengedrehten Bewegungen zu koordinieren (Abb. 15).
2) Drehen Sie Kopf und Augen nach rechts, während Sie die Schultern nach links drehen, und umgekehrt (Abb. 16).
3) Drehen Sie Kopf und Augen nach links, während Sie das Becken nach rechts drehen, und umgekehrt (Abb. 17).
4) Drehen Sie Schultern, Kopf und Augen nach links, während Sie das Becken nach rechts drehen, und umgekehrt (Abb. 18).

Gleichgewicht

Abb. 19

Forschungsergebnisse belegen, dass bereits bei Kindern im Schuleintrittsalter hohe Gleichgewichtsdefizite vorliegen. Da sich Kinder sicherlich mehr bewegen als Jugendliche und Erwachsene, die mit ihren Bewegungen ökonomischer umgehen, werden Gleichgewichtsstörungen bei diesen noch häufiger vorkommen. Wenn aber Störungen im Gleichgewicht vorliegen, sind davon alle Sinne betroffen. Das heißt, der Ausbilder muss sich erst einmal Klarheit darüber verschaffen, ob seine Reiter Defizite im Gleichgewicht haben. Wenn diese nicht abgestellt werden, ist gefühlvolles Reiten unmöglich, denn Gleichgewichtsstörungen werden von den Reitern durch Klemmen oder starke Handeinwirkung ausgeglichen.

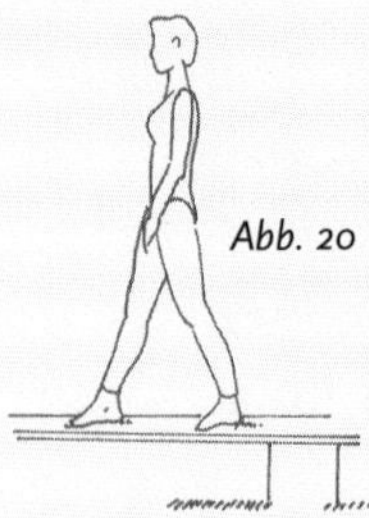

Abb. 20

Mithilfe der folgenden Übungen kann das Gleichgewicht verbessert werden:

1) Balanceübungen auf mobilen Geräten wie Brettern auf Gummireifen (Abb. 19).
2) Über schmale Hölzer balancieren (Abb. 20).
3) Hüpfübungen auf Gummischläuchen (Abb. 21).
4) Balancierübungen auf Walzen (Abb. 22).
5) Balancierübungen auf einem Schlappseil (Abb. 23).
6) Balance halten auf einem Rollbrett (Abb. 24) oder Skateboard (Abb. 25).
7) Balance halten auf einer Rollwippe (Abb. 26).
8) Übungen mit einem Medizinball, z. B.:
   - mit den Beinen auf dem Ball stehen (Abb. 27);
   - auf den Fußspitzen stehen (Abb. 28);
   - in die Hocke gehen und wieder aufrichten (Abb. 29);

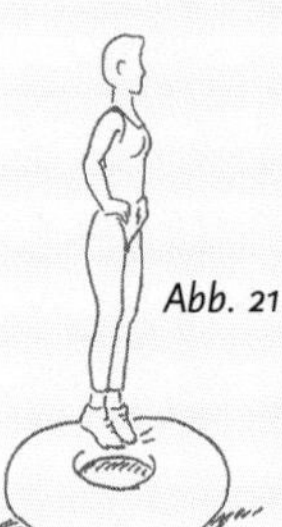

Abb. 21

- bäuchlings auf dem Ball liegen und den Körper strecken (Abb. 30).

9) Übungen mit einem Sportkreisel, z. B.:
   - auf den Kreisel steigen, dabei an der Wand abstützen (Abb. 31);
   - das Gleichgewicht von rechts nach links bzw. vorwärts und rückwärts verlagern (Abb. 32);
   - beidbeinig auf dem Kreisel stehen und mit dem Becken kreisen (Abb. 33), weite Schwankungen mit dem Oberkörper vornehmen (Abb. 34);
   - beidbeinig auf dem Kreisel stehen und ganze Drehungen vornehmen.

10) Pedalo fahren in unterschiedlichen Formen (Abb. 35).

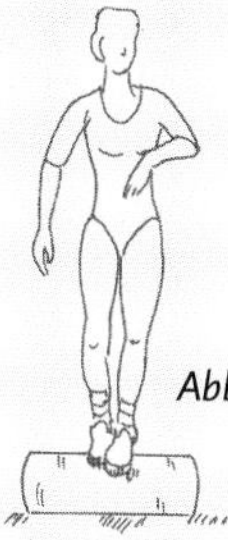
Abb. 22

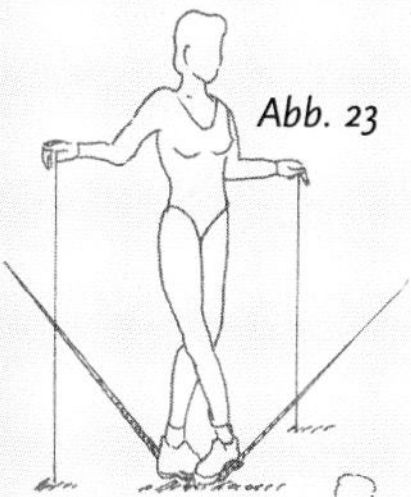
Abb. 23

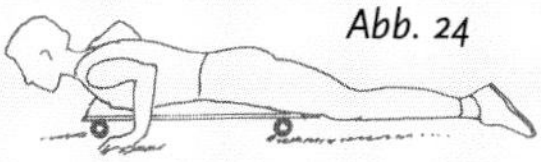
Abb. 24

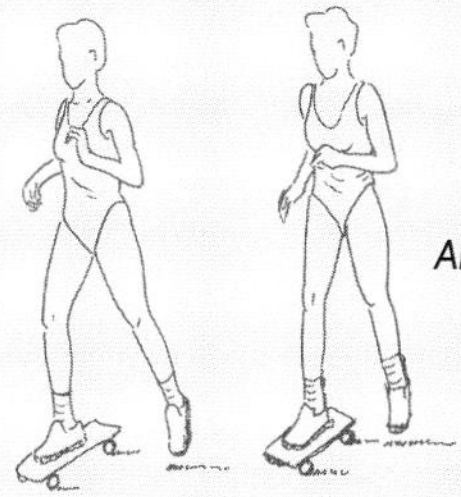
Abb. 25

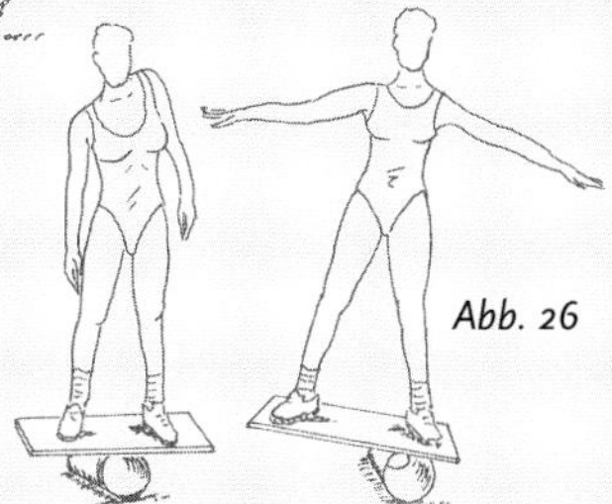
Abb. 26

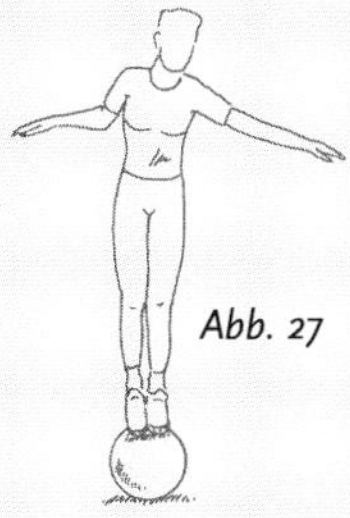
Abb. 27

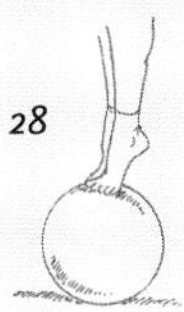
Abb. 28

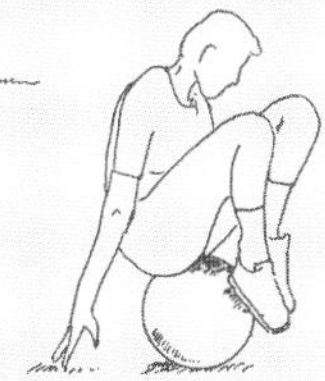
Abb. 29

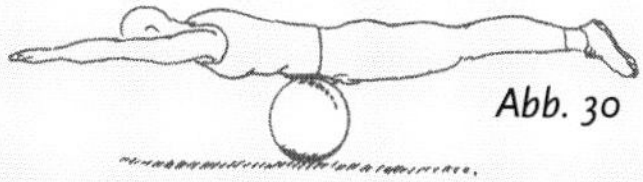
Abb. 30

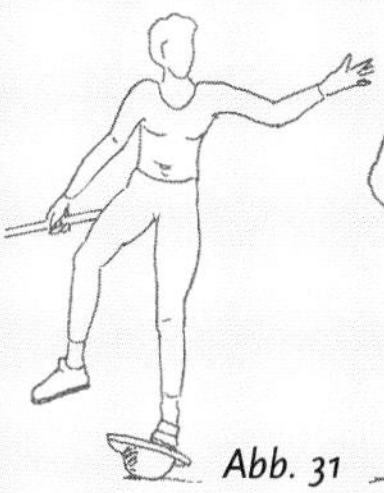
Abb. 31

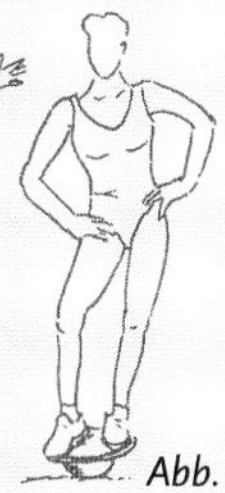
Abb. 32.1

Abb. 32.2

Abb. 32.3

Abb. 32.4

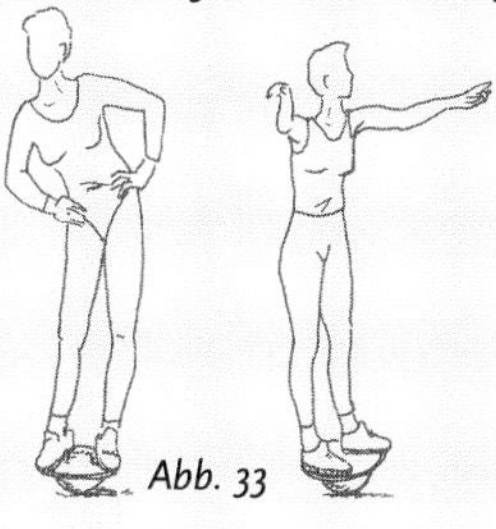
Abb. 33

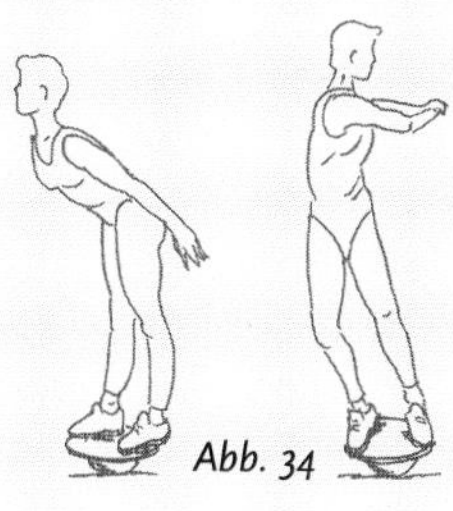
Abb. 34

Abb. 35

Grundlegende Unterstützer **eines gefühlvollen Sitzes**

39 LÄCHELN

39 POSITIVE GEDANKEN

39 SPRACHE UND KÖRPERSPRACHE DES REITLEHRERS

40 STÄRKEN BETONEN

40 ZUNGE, THYMUSPUNKT UND SUMMEN ALS UNTERSTÜTZENDE MITTEL

42 AUFGABEN FÜR DEN KÖRPER FORMULIEREN

Lächeln

Wie bereits beim ernsten Reiten beschrieben, sollte der Reiter guter Laune sein. Der Unterricht muss ihm Spaß machen und er selbst sollte sich durch Lächeln positiv unterstützen. Beim Lächeln werden Muskelschlingen vom Gesicht über den Hals-Nacken-Bereich bis zum Becken aktiviert. Ein lächelnder Reiter ist immer auch in mitschwingender Bewegung (Foto 34).

Positive Gedanken

Neben dem Lächeln wirken sich angenehme Gedanken und Gefühle positiv auf die Lockerheit (Losgelassenheit) des Reitersitzes aus. Und nur ein losgelassener Reiter ist im Gleichgewicht mit dem Pferd. Ausschließlich aus diesem Zustand heraus kann sich gefühlvolles Reiten entwickeln.

Sprache und Körpersprache des Reitlehrers

Bei aller inhaltlichen Ernsthaftigkeit sollte der Reitunterricht von einer angenehmen Atmosphäre gekennzeichnet sein. Die positive emotionale Haltung des Ausbilders zum Reiter und umgekehrt ist Grundlage für erfolgreiches Reiten – gerade auch in Situationen mit hohen Schwierigkeiten. In einem positiven Unterrichtsklima kommen keine negativen Gedanken auf, die störend wirken könnten. Reitausbilder sollten deshalb stets auf ihre Körpersprache achten.

Auch mit Lob und Tadel ist vorsichtig umzugehen. Nach einem Lob versucht der Reiter häufig, es besonders gut zu machen. Er kon-

34

Lächeln macht locker und lässt mitschwingen.

35

Der Reitlehrer sorgt für ein positives Lernklima.

zentriert sich stark, spannt daher zu viele Muskeln an, die für die Aufgabe gar nicht relevant sind – und verfällt in Fehler. Ebenso ist es nach einem Tadel. Kein Mensch wird gern auf seine Fehler aufmerksam gemacht. Geschieht es, möchte er beim nächsten Versuch zu einem positiven Ergebnis kommen. Infolgedessen konzentriert er sich wiederum übermäßig, was zu einem weiteren Misserfolgserlebnis führt.

Die Sprache des Ausbilders soll allein durch den Tonfall signalisieren, dass noch nicht alle Schwächen getilgt bzw. dass die Lektionen gut gelungen sind. Auch Zeichen wie ein Klatschen, Nicken, das Heben eines Armes oder ein deutliches Ja haben unterstützende Wirkung.

Stärken betonen

Unsere Gesellschaft neigt dazu, sich an Schwächen festzubeißen, anstatt die Stärken zu betonen. Aus der Lernpsychologie weiß man jedoch, dass sich Schwächen verringern, wenn Stärken betont werden. Auch beim Reiter sollte man zunächst die Stärken herausfiltern und diese unterstützen. Dadurch wird eine positive innere Stimmung erzeugt, die dann dazu genutzt werden kann, auch Schwachstellen in Angriff zu nehmen. Treten Probleme auf, muss sofort wieder der Weg zum Erfolg über die Stärken gesucht werden.
Beim Pferd ist es dasselbe. Wenn die rechte Seite des Pferdes die stärkere ist, müssen Lektionen auf dieser Hand begonnen werden. Danach wird die andere Seite getestet, die von der stärkeren Seite lernen kann, weil sich im Gehirn beide Seiten beeinflussen. Über ständige kurze Reprisen rechts/links verbessert sich im Lauf der Zeit die schwächere Hand.

Zunge, Thymuspunkt und Summen als unterstützende Mittel

Der Zunge des Menschen kommt wegen des möglichen Stressausgleichs erhöhte Bedeutung beim gefühlvollen Reiten zu. Wenn die Zungenspitze ungefähr einen halben Zentimeter hinter den oberen Schneidezähnen an den Gaumen gedrückt wird, bleibt die Körperenergie intakt; die Energien sind zentriert. In kritischen Lebenssituationen und beim Reiten sollte deshalb stets auf die Funktion der Zunge geachtet werden. Sie sorgt für die Unterstützung des Gleich-

gewichts und kann als Grundlage für einen gefühlvollen Sitz des Reiters mit einbezogen werden.

Testen Sie es selbst: Stellen Sie sich auf ein Bein und bitten Sie jemanden, vorsichtig an Ihrem Arm zu ziehen. Das Gleichgewicht geht schnell verloren. Wenn Sie denselben Test mit am Gaumen anliegender Zunge durchführen, werden Sie sich wundern, wie fest Sie nun zu stehen vermögen. Ihr Gegenüber muss deutlich mehr Kraft aufwenden, um Sie aus dem Gleichgewicht zu bringen.

Thymusklopfen hilft in Stresssituationen.

Auch durch Thymusklopfen kann sich der Mensch in Stresssituationen vor Überforderung schützen und die Basis für ein gefühlvolles Reiten legen. Er braucht nur mehrmals mit den Knöcheln einer Hand auf das Brustbein zu klopfen, wodurch reflexartig der Thymus aktiviert wird. Diese Übung sollte jeder Mensch mehrmals täglich durchführen, um sich vor unbewusstem Stress zu schützen. Auch in besonders stark wahrgenommenen Stresssituationen kann sich der Mensch durch diesen Mechanismus entladen. (Foto 36)

Summen sorgt dafür, dass die körpereigenen Schwingungen funktionieren. Jeder Mensch wird ständig von Schwingungen durchzogen. Unter Stress sind sie zu hoch – der Mensch zittert. Sind die Schwingungen zu gering, neigt er zu apathischem Verhalten und agiert bzw. reagiert nicht mehr. Bei optimalen Schwingungen befindet sich der Reiter im Gleichgewicht.

Jeder kennt Situationen, in denen bereits verinnerlichte Bewegungsabläufe plötzlich nicht mehr funktionieren. In solchen Situationen ist das Summen ebenfalls von Bedeutung. Es macht das Bewegen wieder leichter, denn beim Summen werden die im Unterbewusstsein gespeicherten Muster neu aktiviert. Auch wenn der Reitlehrer brüllt (soll ja mal vorkommen), kann man sich durch Summen schützen. Man frisst die Vorwürfe nicht in sich hinein. Mir sind Reiter auf Grand-Prix-Niveau bekannt, die dieses Mittel als Grundlage für ihren Erfolg nutzen.

Aufgaben für den Körper formulieren

Durch die Rollbewegung des Beckens nach vorne richtet sich der Körper natürlich auf.

Ausbilder müssen lernen, den Körper des Reiters zu thematisieren. Darunter ist zu verstehen, dass sie die Körperfunktionen des Reiters verstehen lernen, um ihm Hilfen zu geben, wie er mit seinem Körper umzugehen hat. Erste Hintergründe sind bereits im Zusammenhang mit der Funktion von Augen, Kopf und Becken dargelegt worden. Das Studium des Buches „Das Bewegungsgefühl des Reiters" (Meyners 2003) bietet eine Fülle von Hinweisen, welche Vorgänge im Körper ablaufen und wie man sie unterstützen kann.

Der Ausbilder sollte vorrangig über das Becken korrigieren, weil sich aus diesem Körperteil viele Fehler ergeben (Abb. 37). Der Kopf wird durch eine Rollbewegung des Beckens nach vorn in die optimale Haltung gebracht. Auch das tiefe Knie ist nur über das Rollen des Beckens nach vorn zu erzeugen. Dabei ergeben sich noch viele positive Nebeneffekte. Der Reiter richtet sich natürlich auf (Brustkorbaufwölbung), die Schultern gehen leicht zurück und der Reiter streckt sich insgesamt im positiven Sinn, ohne sich dabei durch ein Hohlkreuz groß zu machen.

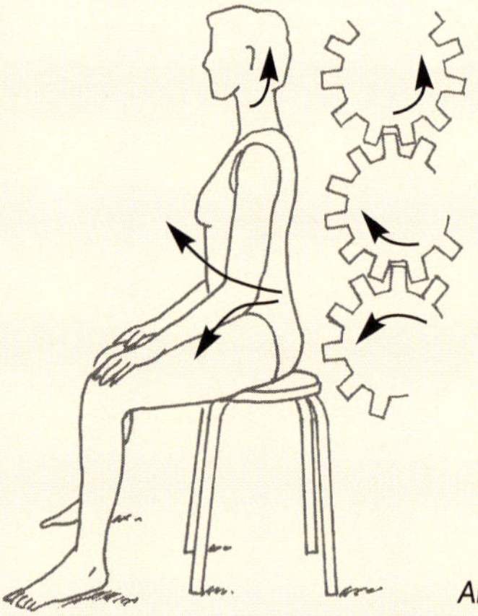

Abb. 37

Wichtige Voraussetzungen **bei Pferd und Ausrüstung**

44 DER SCHWUNG DES PFERDES ERMÖGLICHT GEFÜHLVOLLES SITZEN

44 DIE PROPORTIONEN VON PFERD UND REITER MÜSSEN STIMMEN

45 DER SATTEL ERMÖGLICHT DEN DIALOG ZWISCHEN REITER UND PFERD

46 DER SATTEL ZWÄNGT DEN REITER EIN

Der Schwung des Pferdes ermöglicht gefühlvolles Sitzen

Ein sehr schwungvolles Pferd

Es wäre zu kurz gedacht, würde man nur an der Haltung des Reiters ansetzen, um den richtigen Sitz zu erreichen. Wie in der Mechanik die große Masse immer die kleinere bestimmt, so ist es auch beim Reiten. Der Reiter kann weder richtig sitzen noch gezielt einwirken, wenn das Pferd nicht zu seinem Körpersystem passt.

Als Erstes muss der Schwung des Pferdes dem Reiter angemessen sein. Hat das Pferd zu viel Schwung, so kann der Reiter die spezifischen Unruhebewegungen oft nicht ausgleichen. Die Bewegungsdynamik des Pferdes muss der des Reiters entsprechen, um einen ruhigen und geschmeidigen Sitz zu ermöglichen.

Die Proportionen von Pferd und Reiter müssen stimmen

Abb. 38

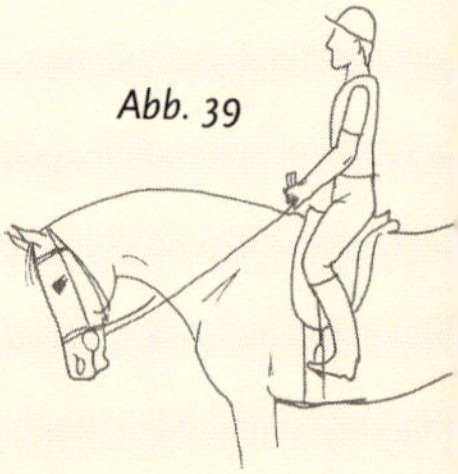

Abb. 39

Wenn die Größe des Pferdes nicht der Reitergröße entspricht, können die Schenkel des Reiters nicht optimal einwirken. Entweder ragen die Reiterbeine weit über den Pferdeleib in Richtung Boden hinaus (Abb. 38) oder ein Reiter mit zu kurzen Beinen gelangt nicht an die Muskelbereiche des Pferdes, die bei bestimmten Lektionen angeregt werden müssen. In diesem Fall sitzt der Reiter nicht im oder am Pferd, sondern relativ beziehungslos darüber (Abb. 39).

Das Pferd ist zu breit für die kleine Reiterin.

Ebenso entscheidend ist die Breite des Pferdes. Ist ein Pferd für einen Reiter zu schmal gebaut, dann geraten die Knie so eng zusammen, dass die Klemmer angespannt werden. Das Mitschwingen in der Mittelpositur wird erschwert.

Dasselbe gilt für einen Reiter, der aufgrund seiner Körpermaße und Oberschenkelstärke so gespreizt auf dem Pferd sitzt, dass das Becken in den Hüftgelenken blockiert wird. Pferd und Reiter müssen individuell sensibel aufeinander abgestimmt werden, damit der Dialog zwischen Pferderücken und Reiterbecken gelingt. Wenn man bedenkt, dass dann auch noch die „Chemie" zwischen Reiter, Pferd und Reitlehrer stimmen muss, wird jedem klar, dass es in der Reiterei erheblich mehr Lernprobleme geben kann als in jeder anderen Sportart.

Der Sattel ermöglicht den Dialog zwischen Reiter und Pferd

Die Frage nach dem optimalen Sattel ist nicht leicht zu beantworten. Belastungen unseres modernen Alltags wie zu viel und zu langes Sitzen in zu enger Beinstellung mit nach hinten gekipptem Becken und Rundrückenhaltung führten zur zunehmenden Verkürzung der Klemmer. Dieser Verkürzungstendenz sind in den vergangenen Jahrzehnten die Sättel angepasst worden, indem sie im Kammerbereich immer enger wurden. Dass dadurch die Übertragung aufs Pferd eingeschränkt wird, ließ man außer Acht.

Darüber hinaus führt psychischer Stress zu Verspannungen des Dreiecks zwischen Schultergelenken und Kopf. Da dieser Bereich neurophysiologisch mit den Klemmern korrespondiert, ergibt sich daraus eine reduzierte Geschmeidigkeit des Reiters. Anstatt die Reiter zum Dehnen dieses Körperbereichs anzuregen, meinte man, es ihnen durch schmalere Sättel leichter zu machen.

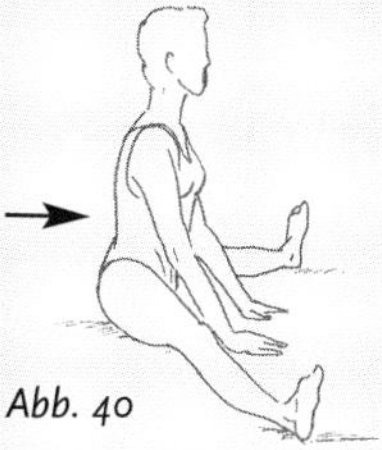

Abb. 40

Abb. 41

Dehnübungen für die inneren Hüftbeuger (Adduktoren, Klemmer oder Beinanzieher):

a) **Ausgangsposition:** Aufrechter Sitz mit weit gespreizten Beinen, Hände vor den Körper auf den Boden stützen.
Ausführung: Oberkörper und Becken nach vorn neigen (Abb. 40).
Achtung: Lassen Sie das Becken nicht nach hinten kippen und machen Sie keinen Rundrücken!

Abb. 42

b) **Ausgangsposition:** Aufrechter Sitz, ein Bein aufstellen, das andere Bein nach außen strecken und am Boden ablegen, Fußspitze anziehen.
Ausführung: Mit gestrecktem Bein Druck in Richtung Boden ausüben (Abb. 41).

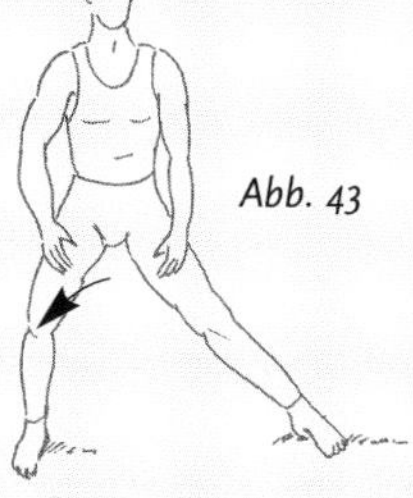

Abb. 43

c) **Ausgangsposition:** Im Grätschsitz ein Bein aufstellen.
Ausführung: Das Knie des aufgestellten Beines nach außen drücken (Abb. 42).

d) **Ausgangsposition:** Seitgrätschstand, Körpergewicht auf ein Bein verlagern.
Ausführung: Knie bis etwa 90 Grad beugen (Abb. 43).

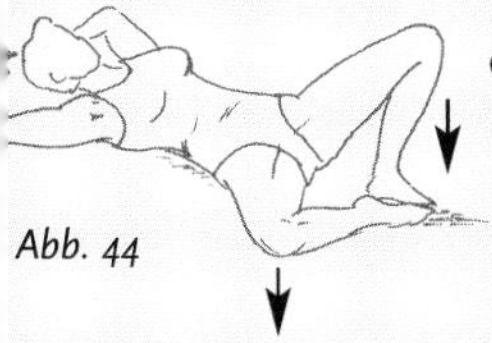

Abb. 44

e) **Ausgangsposition:** Rückenlage, Arme seitlich ablegen, Beine in den Kniegelenken beugen und nach außen spreizen.
Ausführung: Knie nach außen sinken lassen, Dehnung durch Druck der Hände verstärken (Abb. 44).

41

f) **Ausgangsposition:** Aufrechter Sitz, Füße dicht an den Körper ziehen, Fußsohlen berühren sich.
Ausführung: Knie langsam nach außen fallen lassen und mit Händen weiter in Richtung Boden drücken, Oberkörper aufrecht lassen. Foto 41

Der Sattel zwängt den Reiter ein

Sättel mit zu starken Pauschen vor und hinter den Schenkeln scheinen eine Modeerscheinung zu sein. Viele Reiter sind von diesen Sätteln begeistert und meinen, damit ruhiger sitzen zu können. In Wirklichkeit sitzen sie zu ruhig, nämlich eingeklemmt. Aus einem so fixierten Sitz ist weder eine Anpassung an die Bewegung des Pferdes noch eine gezielte Einwirkung zu erzielen.

Pauschen sind als orthopädische Sitzhilfen anzusehen, die Schwächen des Reiters mechanisch zu lösen versuchen. Mit ihnen können die Bügel für verschiedene Sitzübungen nicht verkürzt werden, weil die Pauschen vorn am Sattel stören. Die Bügellänge sollte jedoch häufig verändert werden, um dem Reiter durch unterschiedliche Beinlagen ein ständiges Einstellen auf veränderte Reitsituationen abzuverlangen. Auf diese Weise wird das Bewegungsgefühl sensibilisiert und differenziert.

Balance auf dem Pferd erreicht man nicht durch von außen erzwungene Ruhehaltungen, indem man die Schenkel einengt. Balance ist nur dadurch zu erreichen, dass der Reiter sich bewegen kann, um die Bewegungen des Pferdes geschmeidig aus dem Becken heraus auffangen zu können.

Zu starke Pauschen fixieren den Reiter.

42

Die Entwicklung des ruhigen Reitersitzes ist mit dem Erlernen des Radfahrens vergleichbar. Mit Stützrädern lernt aus psychomotorischer Sicht kein Kind, das Rad zu beherrschen, weil Radfahren ein ständiges Spiel mit dem Gleichgewicht durch Kippbewegungen nach rechts und links ist. Diese Kippbewegungen werden mit fortschreitendem Lernen immer kleiner und sind beim Könner nicht mehr sichtbar. Mit Stützrädern kann ein Kind diese Kippbewegungen nicht erfahren.

Auf das Reiten bezogen bedeutet das: Ein „eingeklemmter" Reiter ist den Unruhebewegungen des Pferdes ausgeliefert und kann sie nicht weich in seinem Körper aufnehmen. Obwohl er selbst das Gefühl hat, ruhig zu sitzen, sitzt er in Wirklichkeit hart am Pferd und macht alle Unruhebewegungen mit. Deshalb sind starke Pauschen ausschließlich für behinderte Reiter zu akzeptieren.

Sitzprobleme **und ihre Lösungen**

48 DER KOPF WIRD SEITLICH GETRAGEN

49 DER KOPF IST NICHT AUSBALANCIERT

59 SCHULTERPROBLEME

78 DIE WIRBELSÄULE ALS ELASTISCHES SYSTEM

100 DER MOTOR DES REITERS – DAS BECKEN – MUSS FLEXIBEL SEIN

133 PROBLEME DER BEINE

146 DER AUFRECHTE REITER IM DREHSITZ

Der Kopf wird seitlich getragen

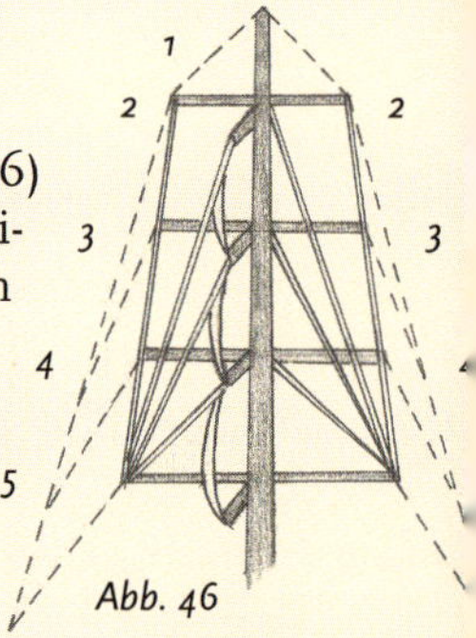

Abb. 46

Der Reiter kann mit einem Bootsmastmodell (Abb. 46) verglichen werden. Das heißt: Wenn man an irgendeiner Stelle des Körpers etwas korrigiert, verändert sich nicht nur dieser Teil, sondern das gesamte System wird aus dem muskulären Gleichgewicht gebracht. Damit wird deutlich, dass die Ursache eines Sitzfehlers nie dort liegt, wo wir ihn erkennen.

Jeder Mensch neigt dazu, seinen Kopf leicht einseitig zu tragen, weil die beiden Seiten der Halsmuskulatur nicht gleichmäßig ausgebildet sind. Diese leichte Neigung des Kopfes nach links oder rechts zieht bereits Veränderungen der Wirbelsäule nach sich.

Wenn der Kopf nach rechts getragen wird, sitzt der Reiter eher links – wird der Kopf nach links getragen, sitzt man eher rechts. Die beidseitigen Gewichtshilfen können nicht mehr optimal erfolgen. Dadurch wird automatisch das Pferd aus seinem Gleichgewicht gebracht.

Allein durch sprachliche Hinweise des Reitausbilders kann das Problem nicht gelöst werden. Der Reiter trägt dann vielleicht den Kopf bewusst gerade, doch es entstehen Spannungen im Hals-Nacken-Bereich, die sich verkrampfend auf den gesamten Sitz auswirken. Der Kopf-Nacken-Bereich korrespondiert nämlich mit dem Becken, weshalb der Reiter mit einer starren Kopfhaltung auch das Becken fixiert. Durch gezielte Dehnübungen im Halsbereich kann die seitliche Neigung verringert werden. Die Hals-Nacken-Muskulatur muss insgesamt geschmeidiger gemacht werden. Dazu dehnt man beide Seiten – die Seite, die verkürzt ist (zu der sich der Kopf neigt), intensiver als die andere.

Dehnübung für Hals und Nacken.

Dehnübungen für die seitliche Hals-Nacken-Muskulatur:

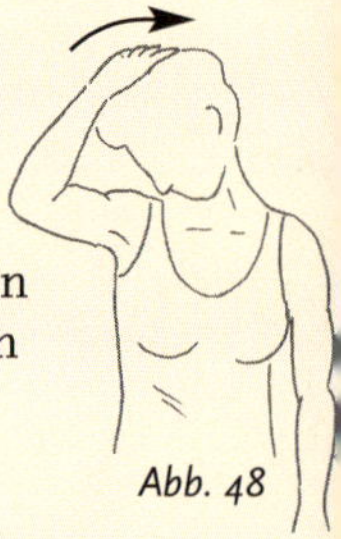
Abb. 48

a) **Ausgangsposition:** Leichter Seitgrätschstand.
Ausführung: Ziehen Sie mit der rechten Hand den Kopf in die maximale Seitneigung; drücken Sie den linken Arm in Richtung Boden (Foto 43).

b) **Ausgangsposition:** Leichter Seitgrätschstand.
Ausführung: Ziehen Sie mit der rechten Hand den Kopf nicht seitlich, sondern schräg nach vorn bzw. diagonal (Abb. 48).
Achtung: Hals-Nacken-Bereich mit äußerster Vorsicht dehnen!

Der Kopf ist nicht ausbalanciert

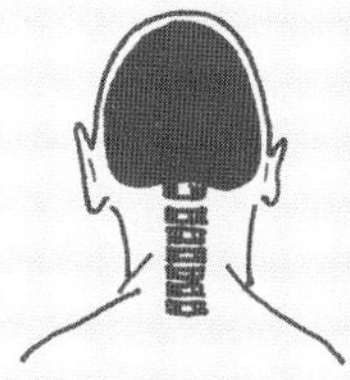

Abb. 49

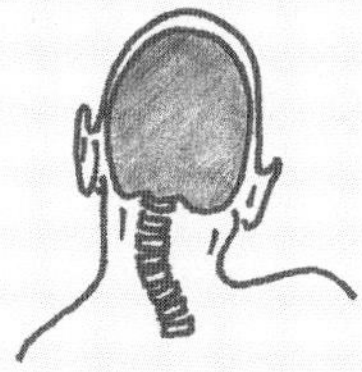

Abb. 50

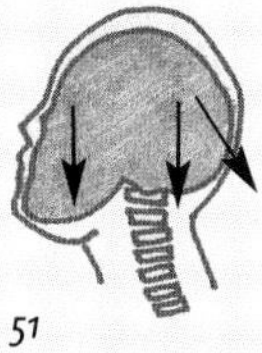

Abb. 51

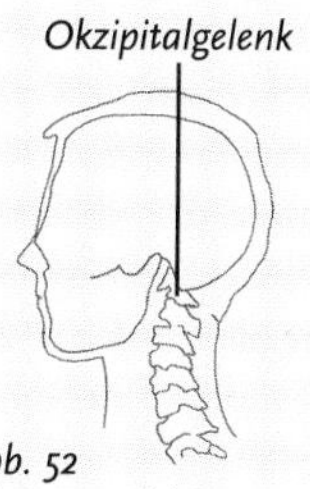

Abb. 52
Übergang siebter Halswirbel zum ersten Brustwirbel

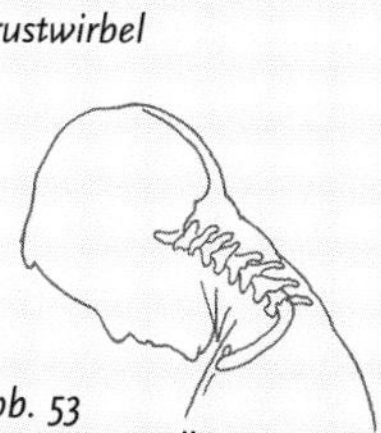

Abb. 53
Blockade im Übergang siebter Halswirbel zum ersten Brustwirbel

Ein gut ausbalancierter Kopf (Abb. 49) ist Grundvoraussetzung für die Organisation des gesamten Körpers. Die Ebene von Ohren und Schultern ist gut ausgerichtet, die Wirbelsäule verläuft gerade. Wegen einer einseitig ausgebildeten Muskulatur tragen viele Menschen ihren Kopf seitlich (Abb. 50). Der so verdrehte Hals führt zu Folgeproblemen im Bereich des Brustbeins und des Brustkorbs insgesamt. Es entstehen starke Verspannungen, die ein Ungleichgewicht der Muskeln in Nacken und Schultern nach sich ziehen. Der Reiter sitzt aufgrund der Kopfneigung nach rechts z. B. immer nur auf dem linken Gesäßknochen und die gesamte Wirbelsäule wird nach links verformt.

Abb. 51 zeigt einen nach hinten unten gezogenen Kopf. Dadurch wird das Okzipitalgelenk starr. Das Okzipitalgelenk und der Wirbelübergang zwischen siebtem Halswirbel und erstem Brustwirbel haben große Bedeutung (Abb. 52 und 53).

Das Okzipitalgelenk bildet den Übergang vom Schädel zum ersten Nackenwirbel, dem Atlas. Man kann diese Stelle am Hinterkopf finden, weil dort ein leichter Knubbel zu ertasten ist. Dieses Gelenk muss frei sein, damit auch alle anderen Gelenke im Körper frei sind und der gesamte Körper rhythmisch schwingen kann. Es wird durch eine Neigung des Kopfes nach vorn, hinten oder zu den Seiten ständig blockiert. Dadurch entstehen sofort direkt wahrzunehmende Verkrampfungen im Hals-Nacken-Schulter-Bereich. Die Freiheit des Gelenks wird auch durch die kleinen angrenzenden Muskeln eingeschränkt, die sich beim Menschen mit der Zeit verkürzen, wenn er sie nicht körpergerecht benutzt. Kopfbewegungen werden von uns hauptsächlich durch die großen Muskeln des Halses eingeleitet, während die kleineren, am Okzipitalgelenk ansetzenden mehr oder weniger verkümmern und sich verkürzen.

Das Okzipitalgelenk ist nur frei, wenn der Mensch seinen Kopf nach hinten oben zieht (Abb. 54). Die

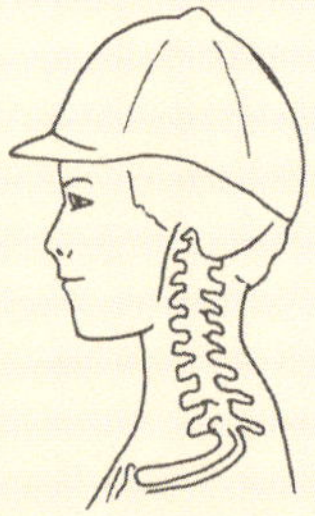

Abb. 54
Hals- und Nackenbereich ist aufgerichtet, der Blick zielt leicht nach vorne/unten. Das Okzipitalgelenk ist frei.

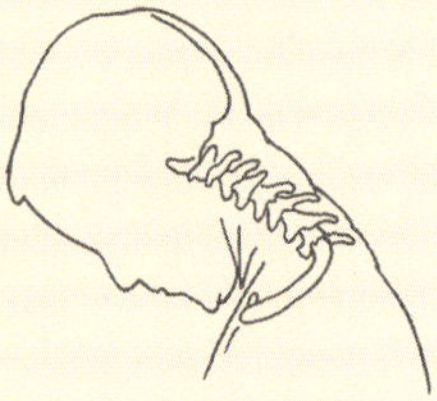

Abb. 55
zu stark nach vorne geneigter Kopf

ständige Aufforderung „Guck nach vorne“, mit der Reitlehrer einen Blick parallel zum Erdboden verlangen, ist bereits der erste Grund für eine Verkrampfung. Der Blick muss sich etwas unter die Waagerechte senken, um eine Leichtigkeit des Hals-Nacken-Bereichs zu spüren. Genauso entstehen Blockaden im gesamten Körper und der Reiter sitzt verkrampft, wenn der Kopf zu stark nach vorne geneigt wird (Abb. 55). Das macht deutlich, wie wichtig eine korrekte Kopfhaltung für die gesamten Bewegungsabläufe des Reiters ist.

Die aus dem Gleichgewicht geratenen Muskeln üben Zugkräfte nach unten, auf das obere Ende der Wirbelsäule aus. Wenn der Hals nach vorn zusammengesunken ist (Foto 44), entstehen Verengungen zwischen den Wirbelkörpern der Halswirbelsäule. Abb. 57 und 58 zeigen den Zustand eines ausbalancierten Kopfes mit einem gut ausgerichteten Nacken. Alle Muskeln befinden sich so im Gleichgewicht.

Demgegenüber führt eine Kopfhaltung nach vorn unten (Foto 45) zu einer zu starken Streckung des Halses bei gleichzeitiger Spannung im Kinn durch zu stark zusammengezogene Muskeln vorn am Hals. Diese Haltung wird häufig von Reitern eingenommen, die aufgefordert werden, den Kopf aufrecht zu tragen. Es bedarf viel Sensibilität, um den Kopf aufzurichten und gleichzeitig Lockerheit im Hals und in den Schultern zu gewährleisten. Auf diesen Punkt gehe ich später noch näher ein.

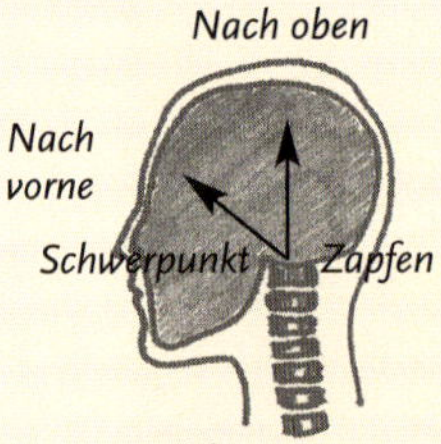

Abb. 57
Abb. 58

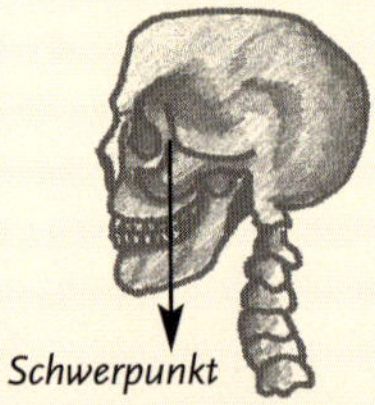

Foto 44: nach vorn zusammengesunkener Hals
Foto 45: falsche Kopfhaltung nach vorne unten,
Foto 46: zu wenig Anspannung im Hals

Bei einer Haltung wie auf dem Foto (Foto 46) ist zu wenig Anspannung im Hals vorhanden. Eine Verschiebung der Wirbel nach hinten kann die Folge sein.

Der nach hinten unten gezogene Kopf (Abb. 61) führt zu Druckzuständen im Nackenbereich bei gleichzeitiger Dehnspannung der Unterseite des Kinns. Man soll dem Kopf erlauben, auf dem höchsten Punkt des Nackens leicht nach hinten oben zu rollen (Abb. 62). Bei einer Blickrichtung leicht nach unten ist der Kopf nach vorn oben ausgerichtet. So kann der Reiter den gesamten Körper gelöst mit den Pferdebewegungen mitschwingen lassen. Die Pferdebewegungen übertragen sich auf sein Becken und über die Wirbelsäule auf den Kopf, der mit einer leichten Nickbewegung antwortet. Wenn der Hals-Nacken-Bereich verspannt ist, fließen die Bewegungen nicht natürlich durch den Reiterkörper bis zum Kopf und über den Brustbereich sowie das Becken zurück bis zu den Füßen. Bei einer Mobilisierung des Kopfes kann das Becken besser mitschwingen und das kann sogar dazu führen, dass der Absatz nach unten durchschwingt. Entscheidend ist, dass ein freies Okzipitalgelenk alle anderen Gelenke öffnet.

Beim Pferd ist es ähnlich: Wenn der Pferdehals im Genick fest ist, kann die Bewegung nicht fließend von der Hinterhand über den Rücken bis zum Maul und zurück übertragen werden.

Abb. 63 verdeutlicht, wie die Augen nach oben blicken, ohne den Kopf nach hinten unten zu ziehen. Er ist nach vorn oben ausgerichtet und lässt somit die gesamte Nackenmuskulatur frei. Der Reiter muss lernen, die Augen zu bewegen, ohne den Kopf mitzunehmen. Dieser Vorgang ist schwer zu realisieren, weil der Körper meistens den Augen folgt. Für den Reiter ist es jedoch wichtig, dass er sich aus den Augenwinkeln räumlich orientieren kann, ohne durch Fehlbewegungen des Kopfes ständig seinen Sitz zu verändern und damit unbeabsichtigte Hilfen zu geben, die das Pferd verwirren.

Abb. 64 zeigt im Gegensatz zu Abb. 65 und 66 u. Foto 47, 48 eine Drehbewegung mit nach hinten unten

Abb. 61

Abb. 62

Abb. 63

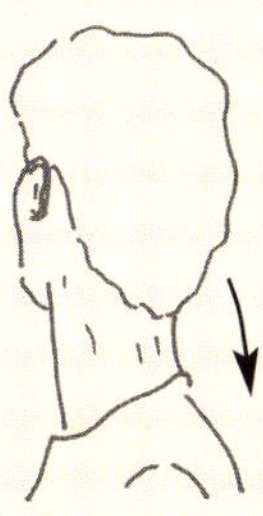

Abb. 64

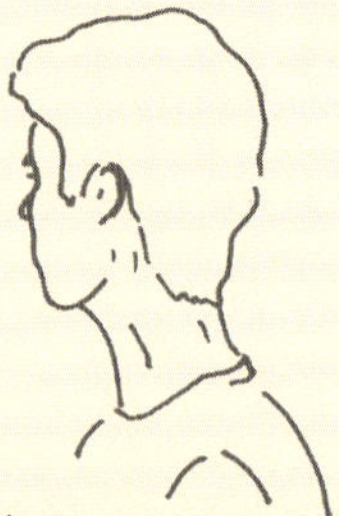

Abb. 65

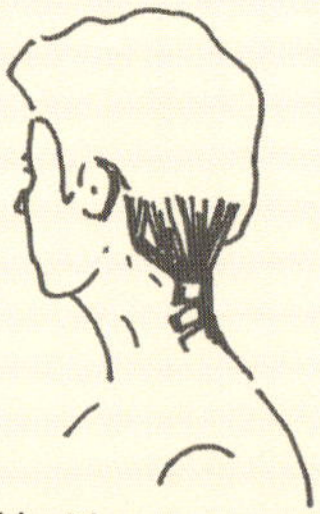

Abb. 66

49

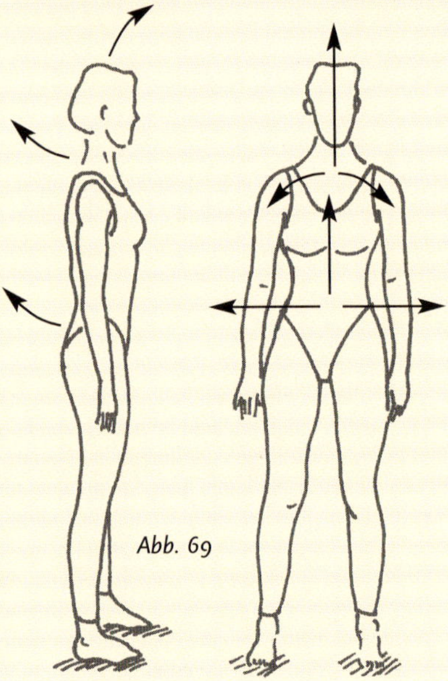

Abb. 69

gezogenem Kopf. Wie die kleinen Muskeln, die am Hinterkopf ansetzen, korrekt benutzt werden sollen, verdeutlichen die Abb. 65 und 66. Nur diese Stellung ermöglicht eine freie Drehbewegung mit vollkommen ausbalancierter Nackenmuskulatur.

Zum Abschluss der Ausführungen über den Kopf verdeutlicht Abb. 69 die Direktiven, die sich jeder stets vergegenwärtigen sollte (ohne sie muskulär nachzuvollziehen), um sich aus seinen falschen Gewohnheiten zu lösen (Primärkontrolle). Erkenntnisse aus dem mentalen Training belegen, dass sich muskuläre Veränderungen bereits ergeben, wenn der Mensch sich geistig mit ihnen beschäftigt. Biochemisch laufen dieselben Vorgänge ab, als würde man die entsprechenden Muskeln direkt bewegen.

Bevor ich Ihnen nun einige Übungen zur Mobilisierung des Hals-Nacken-Bereiches vorschlage, ist es sinnvoll, einen kleinen Test zu machen, mit dem Sie spüren, wie sich die Elastizität erhöht.

Ausgangstest: (Foto 49)
Drehen Sie den Kopf im Sekundentakt nach rechts und links. Dabei bewegt sich der Kopf auf einer Parallelen zum Fußboden. Achten Sie darauf, dass Sie den Kopf nicht schräg nach hinten (rechts oder links) führen.

Bewegen Sie den Kopf nur so weit, wie die Drehung mühelos abläuft.

Widerstände sollen **nicht** mit Einsatz von Kraft überwunden werden. Nur auf diese Weise lassen sich Blockaden im Hals-Nacken-Schulter-Bereich feststellen.

Merken Sie sich auf jeder Seite einen Punkt im Raum, bis zu dem Sie schauen können. Nach jeder der folgenden Übungen wiederholen Sie diesen Test. Sie werden bemerken, dass Sie nach Absolvieren aller Übungen in beide Richtungen weiter hinter sich schauen als zuvor.

1. Zitterbewegungen

Setzen Sie sich auf die Sitzbeinhöcker; die Arme hängen entspannt am Körper herunter. Nun drehen Sie den Kopf mit raschen, ganz kleinen Bewegungen (nur etwa 1–2 cm) nach rechts und links. Dabei sollen sich die Muskeln im Hals-Nacken-Kopf-Bereich nicht verspannen, sondern mit so wenig Anstrengung wie möglich „arbeiten". Machen Sie diese Zitterbewegungen ungefähr eine Minute lang. Zunächst wird der Kopf in Normalstellung (Blick geradeaus) geschüttelt, danach variieren Sie die Übung: Schütteln Sie den leicht nach links gedrehten Kopf, dann den leicht nach rechts gedrehten (Abb. 71).

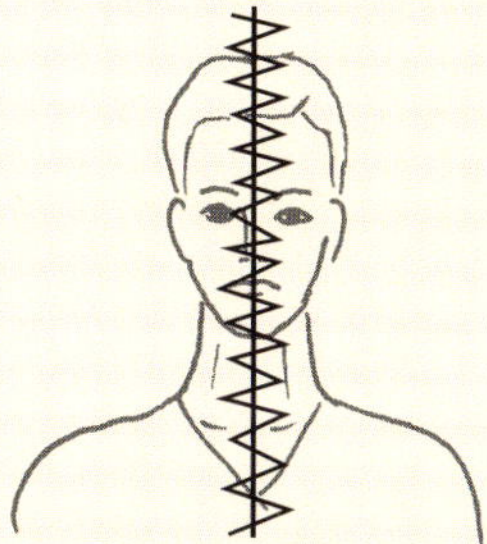
Abb. 71

2. Kopf und Augen drehen gegeneinander

(Abb. 15)

Der Kopf bewegt sich wie im Ausgangstest nach rechts und links. Die Augen blicken dabei in die entgegengesetzte Richtung. In beide Richtungen 10-mal wiederholen (Test wiederholen).

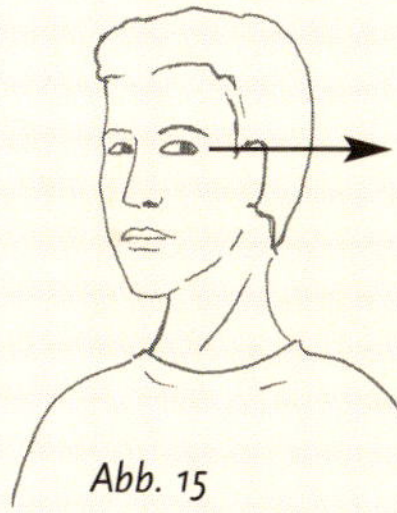
Abb. 15

Schüttelbewegungen aus dem Knie

3. Schüttelbewegungen aus den Knien

(Abb. 72 und 73) u. Foto 50

Stellen Sie sich aufrecht hin und beugen Sie die Knie leicht. Dann schütteln Sie den Körper aus der Kniehaltung. Der Körper soll von oben nach unten und umgekehrt mitschwingen. Dabei richten Sie den Blick zunächst geradeaus (parallel zum Boden). Danach neigen Sie die Nase etwa 5 cm (nicht mehr) nach unten und setzen die Schüttelbewegungen fort. Sie werden Veränderungen in der Lockerheit Ihres Körpers wahrnehmen. Bei gerader Kopfstellung fühlt sich der Körper fester an als bei gesenkter Nase. Bei zu stark geneigtem Kopf wird der Körper wieder fest (wie beim Blick des Reiters auf den Pferdehals).

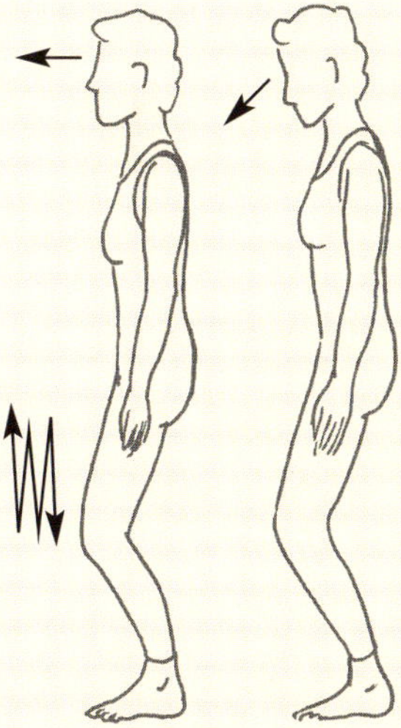
Abb. 72 Abb. 73

4. Ein leichter Gang (Foto 51, 52)

Gehen Sie mit geradeaus gerichtetem Blick im Raum umher. Bei dieser Kopfhaltung spüren Sie Ihr Körpergewicht hauptsächlich in den Fersen. Wenn Sie die Nase nun 10 cm (nicht mehr) nach unten neigen, verlagert sich das Gewicht nach vorn auf die Fußballen. Es geht sich erheblich leichter.

Beim Reiten sollte diese Kopfhaltung ständig eingenommen werden, weil so das Okzipitalgelenk frei ist. Finden Sie für sich selbst heraus, bei welcher Kopfneigung Sie die größte Leichtigkeit spüren.

Wie wichtig die leicht geneigte Kopfhaltung gerade auch bei Verstärkungen ist, kann jeder selbst fühlen. Schauen Sie geradeaus, gehen Sie im Raum umher und beschleunigen Sie die Gehbewegungen wie bei Verstärkungen auf dem Pferd. Sie spüren, dass beim Schnellerwerden Spannungen und Blockaden im Lendenwirbelbereich entstehen – Sie werden fest. Dasselbe geschieht bei Verstärkungen auf dem Pferd: Der Reiter wird fest und stört das Pferd dadurch im Rücken, sodass es verspannt reagieren muss. Wenn Sie beim Gehen den Kopf leicht nach unten neigen, fühlen sich die Beschleunigungen ganz weich an. Ebenso ist es auf dem Pferderücken bei Verstärkungen.

Eine zu starke Kopfneigung nach unten lässt den Reiter jedoch ebenfalls fest werden. In der täglichen Reiterei beobachtet man viele Reiter, die ständig ihren Blick auf den Pferdehals richten. Diese Reiter können nicht mehr optimal mit den Bewegungen des Pferdes mitschwingen.

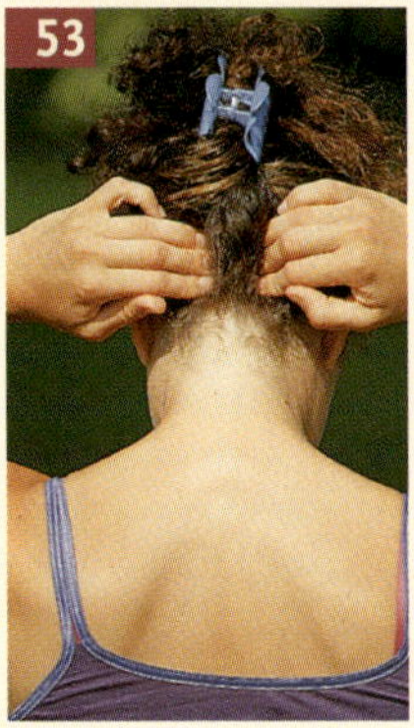

5. Massieren des Okzipitalgelenkbereichs

Sie können Verspannungen im Bereich des Okzipitalgelenks auch durch eine Massageübung lösen. Hierfür massieren Sie mit Ring-, Mittel- und Zeigefingern beider Hände die Stelle zwischen Schädel und erstem Halswirbel (Foto 53). Danach können Sie noch eine Dehnung vornehmen: Die Fingerkuppe des linken Mittelfingers ruht auf dem Okzipitalgelenk; die Fingerkuppe des rechten Mittelfingers wird auf den Mittelfinger der linken Hand gelegt. Mit zur Seite gestreckten Ellenbogen üben Sie nun Druck aus. Gleichzeitig wird gedehnt, indem Sie den Kopf leicht (bis zum 30-Grad-Winkel) nach vorn und hinten neigen (Abb. 77). In jeder Haltung 10 Sekunden verweilen; die ganze Übung ist 3-mal zu wiederholen.

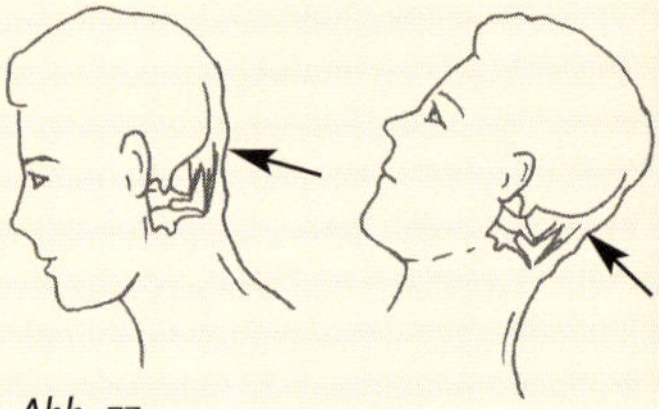

Abb. 77
Dehnung bei Mittelfingerdruck 30° nach vorne und hinten

54
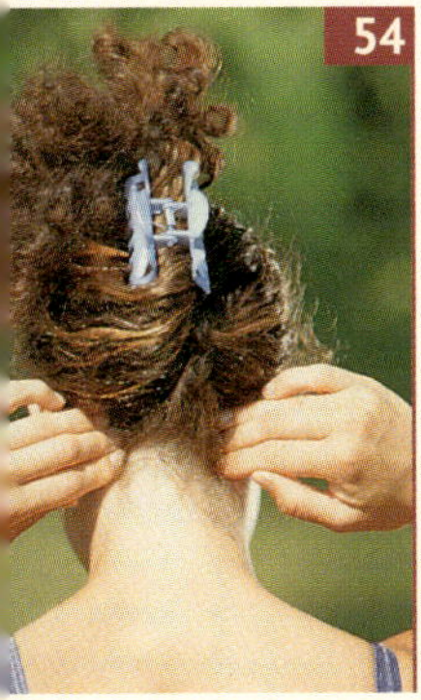

6. Massieren der Schädelknochen

(Abb. 78) u. Foto 54

Verspannungen können auch durch eine Massage der Schädelknochen gelockert werden. Dieser Bereich muss langsam, aber intensiv massiert werden, weil er bei den meisten Menschen durch falsche Drehbewegungen des Kopfes stark verspannt ist. Beim Massieren werden Sie am Anfang vermutlich Schmerzen spüren, die jedoch rasch nachlassen, wenn Sie täglich mehrmals massieren.

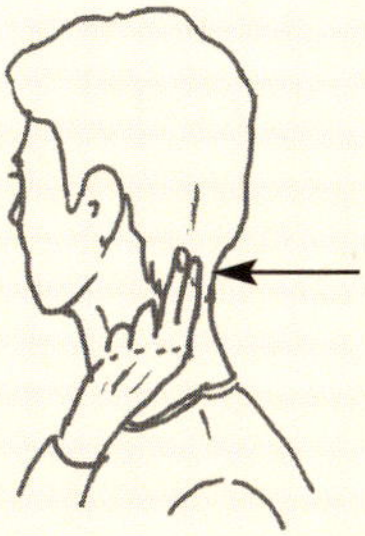

Abb. 78

7. Neue Bewegungsmuster des Kopfes aktivieren (Foto 55, 56)

Setzen Sie sich mit der linken Pobacke auf die rechte Seite der Sitzfläche eines Stuhles. Die rechte Gesäßhälfte „hängt" in der Luft. Der linke Fuß steht vorn, während sich der rechte in Schrittstellung unter dem Körperschwerpunkt befindet. Die rechte Hand fasst auf den Kopf, der keine Eigenbewegungen macht, sondern alle Bewegungen der Hand überlässt. Diese führt den Kopf ganz weich nach links und rechts – nur so weit, wie es problemlos geht. Es soll nicht über Widerstände hinaus gearbeitet werden. Wenn der Kopf bewegt wird, senkt sich die rechte Pobacke unter die Sitzfläche des Stuhles oder geht nach oben in Richtung Schulter (10 Wiederholungen).

Danach wechseln Sie die Seite: Sie sitzen mit der rechten Pobacke auf der linken Seite des Stuhles. Ihr rechter Fuß steht vor dem Körper, während sich der linke in Schrittstellung unter dem Körperschwerpunkt befindet. Die linke Hand fasst auf den Kopf und bewegt ihn weich nach rechts und links. Der Kopf überlässt sich völlig der Bewegung der Hand.

Durch die von außen mit der Hand erzeugten Bewegungen lernt der Kopf neue Bewegungsmöglichkeiten kennen. Würde er sich selbst drehen, könnte er sich nur so bewegen, wie er es immer getan hat (vgl. Methodische Prinzipien zur Entwicklung der Körperwahrnehmung, S. 22/23).

55

56

8. Auf einer Gesäßhälfte dynamisch sitzen (Abb. 80)

Sitzen ist kein starres Schema, sondern immer dynamisch. Stereotype Sitzmuster können Sie durchbrechen, indem Sie mit einer Hälfte des Beckens über den Stuhl hinausrutschen und die freie Körperhälfte sanft anheben und senken. Die Veränderung spüren Sie als angenehme Neuerung in der Ordnung des gesamten Körpers.

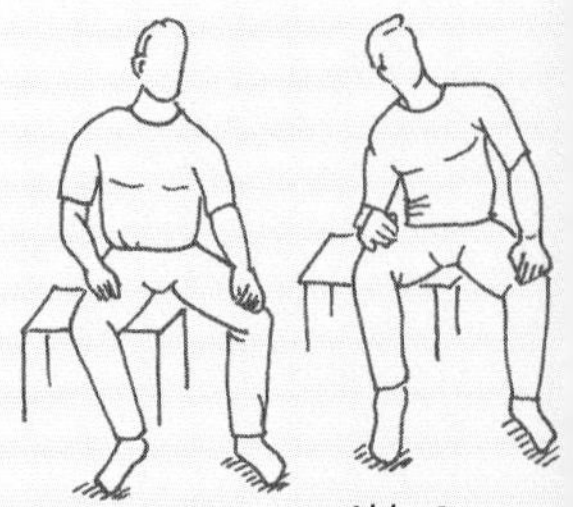

Abb. 80

9. Nackenverspannungen lösen (Abb. 81)

Da der Kopf dafür zuständig ist, den gesamten Körper unaufhörlich im Gleichgewicht zu halten, neigt er zu starken Verspannungen. Der Körper kann nur auf einem festen Untergrund ausruhen. Die Nackenrolle muss aus einem Material bestehen, das einerseits fest genug ist, um den Kopf zu stützen, andererseits weich genug, um sich der Form des Nackens anzupassen. Wenn sich die Nackenverspannungen lösen, wird der gesamte Körper elastisch, weil das Okzipitalgelenk frei wird.

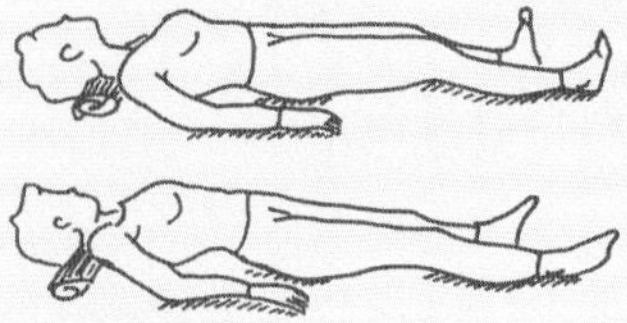

Abb. 81

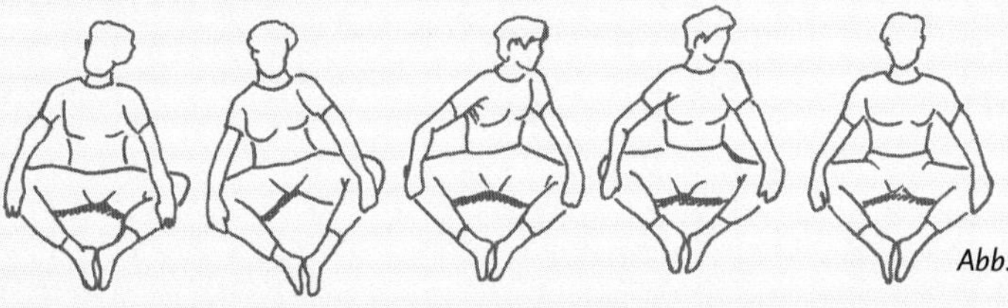

Abb. 82

10. Einer widerspenstigen Bewegung entgegenkommen (Abb. 82)

Es ist schwierig, den Kopf zur Schulter hin zu bewegen. Dabei spürt man oft Verspannungen. Leichter fällt die Bewegung, wenn sich nicht nur der Kopf zur Schulter, sondern gleichzeitig die Schulter in Richtung Kopf bewegt. Durch das Herstellen dieser Einheit findet der gesamte Körper in seine natürlichen Abläufe zurück. Wenn sich die Annäherungen zwischen Kopf und Schulter eingespielt haben, wird die Bewegung des Kopfes insgesamt freier, auch wenn er sich unabhängig bewegt.

Abb. 83

11. „Auf den Schultern gehen" (Abb. 83) u. Foto 57

Die Bewegung des Beckens führt dazu, dass die Schulterblätter gelöst und entspannt sind: Sie ordnen sich der gesamten Rückenlinie unter. Der obere starre Bereich

57

Eine ideale Übung zum Lösen der Schulterblätter

des Rückens ist gegen den Boden gedrückt und wird durch die Integration in die Gesamtbewegung gelockert. Auch die Arme werden dabei freier.

58

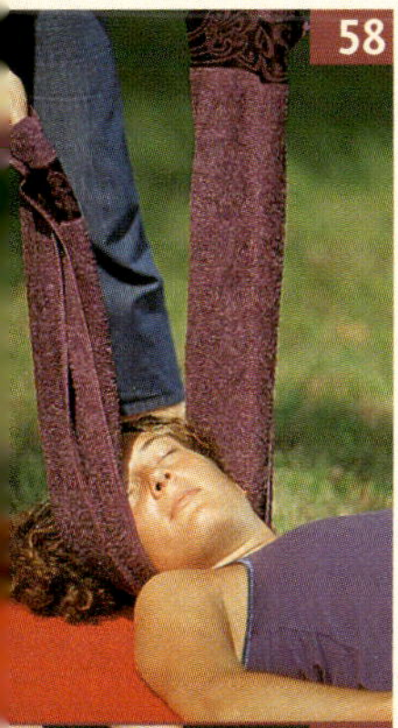

59

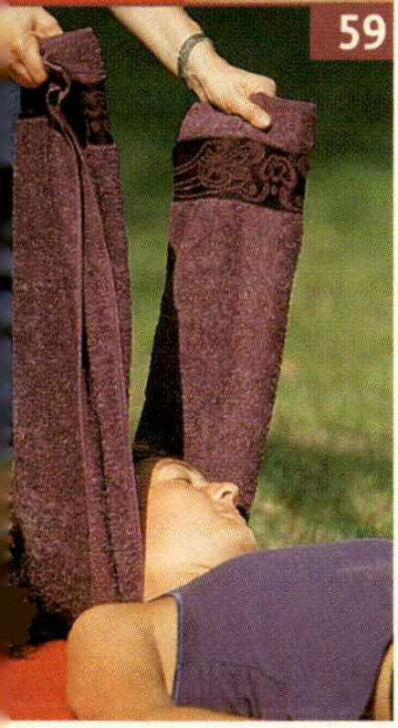

12. Akupressurübung

Links und rechts neben dem Hals liegen in Höhe der Schultern so genannte Harmonisierungspunkte. Sie beeinflussen die Halswirbelsäule positiv und lösen Verspannungen im Bereich des Schultergürtels auf. Durch Berührungen kommt der Energiefluss wieder in Gang. Die Hände werden auf beiden Seiten der Schulter aufgelegt und erzeugen einen leichten Druck, den man allmählich erhöhen kann (Abb. 84). Danach fühlt sich der gesamte Hals-Nacken-Bereich leicht und entlastet an. Er wird von Wärme durchströmt, die sich bis in die Arme und Hände ausbreiten kann.

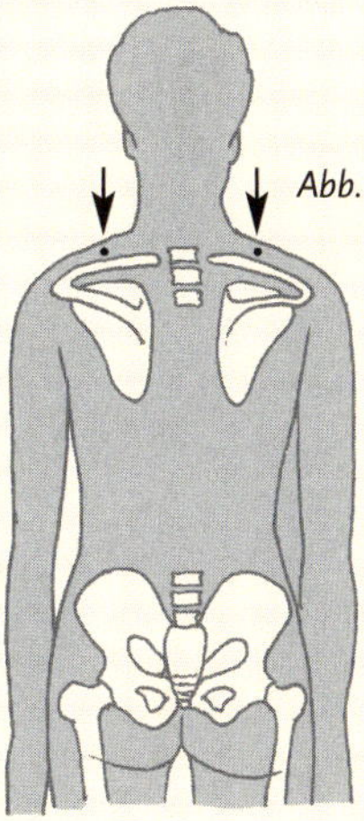

Abb. 84

13. Den Kopf im Handtuch rollen

Für die folgende Übung in Rückenlage benötigen Sie ein Handtuch, das Sie unter Ihrem Kopf ausbreiten. Außerdem schieben Sie zwei größere Kissen unter Ihre Kniekehlen, um insgesamt die Spannung aus Ihrem Körper zu nehmen.

Ein Partner kniet oder sitzt mit leicht gebeugten Knien hinter Ihnen, hält die Enden des Handtuchs in der Hand und hebt dieses langsam an, sodass sich Ihr Kopf vom Boden entfernt. Der Partner zieht vorsichtig an beiden Seiten des Handtuchs und versetzt so Ihren Kopf in kleine Schaukelbewegungen. Nach sehr feinfühligem Beginn kann im Tempo und in der Weite des Schwingens variiert werden. (Foto 58, 59)

Rollbewegung nach vorn, feine Rollbewegungen nach rechts und links, dann langsam in die Rückwärtsposition.

14. Weiche Kopfbewegungen (Foto 60, 61, 62)
Alle Bewegungen werden langsam und weich (nicht schnell und ruckartig) wie folgt durchgeführt: Rollbewegung nach vorn, dort einen Augenblick ausruhen, dann feine Rollbewegungen nach rechts und links. Danach langsam in die Rückwärtsposition gehen und wiederum feine Rollbewegungen nach rechts und links ausführen. Niemals den Kopf kreisend bewegen!

Atmen Sie während der ganzen Übung rhythmisch weiter und nehmen Sie keine Extrempositionen ein, weil dann wiederum Verspannungen entstehen. Beim Rückwärtsrollen bleibt die Kehle offen. Sie müssen stets das Gefühl haben, noch schlucken zu können.

Bei verhärteten Punkten verweilen Sie, bis sich die Verspannung gelöst hat. Entspannen Sie Ihre Schultern, indem Sie die Rollbewegungen zunächst mit hochgezogenen, dann mit herunterhängenden Schultern vollziehen. Die Bewegungen werden zunächst mit geschlossenen, dann mit geöffneten Augen ausgeführt. Der Kopf soll nie fallen gelassen, sondern immer leicht gehalten werden.

Sie können die Übungen im Sitzen oder Stehen durchführen. Musikbegleitung unterstützt sie dabei, Ihren Rhythmus zu finden.

15. Hals-Nacken-Muskulatur dehnen
Achtung: Dehnen Sie den Hals-Nacken-Bereich stets mit äußerster Vorsicht!

a) **Ausgangsposition:** Rückenlage, Beine anstellen, Hände hinter dem Kopf falten.

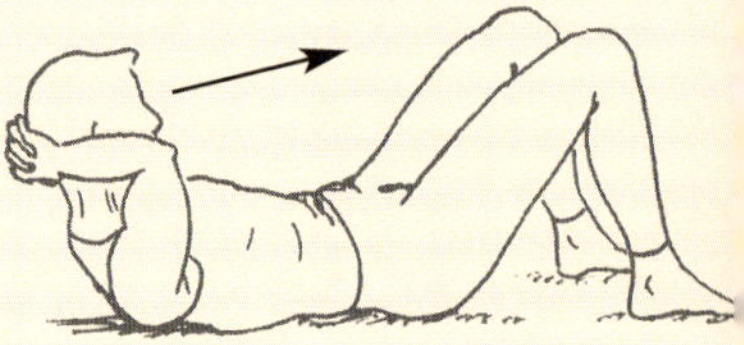

Abb. 87

Ausführung: Kopf anheben und mit den Händen nach vorn oben ziehen (Abb. 87).

b) **Ausgangsposition:** Leichter Seitgrätschstand. **Ausführung:** Die linke Hand zieht den Kopf in die maximale Seitneigung; der rechte Arm drückt in Richtung Boden (Abb. 88).

c) **Ausgangsposition:** Leichter Seitgrätschstand. **Ausführung:** Die rechte Hand zieht den Kopf nicht seitlich, sondern schräg nach vorn (Abb. 89).

d) **Ausgangsposition:** Schulterbreit stehen und Arm auf Halshöhe beugen. **Ausführung:** Die freie Hand drückt den Arm am Ellbogen weiter nach hinten (Abb. 90).

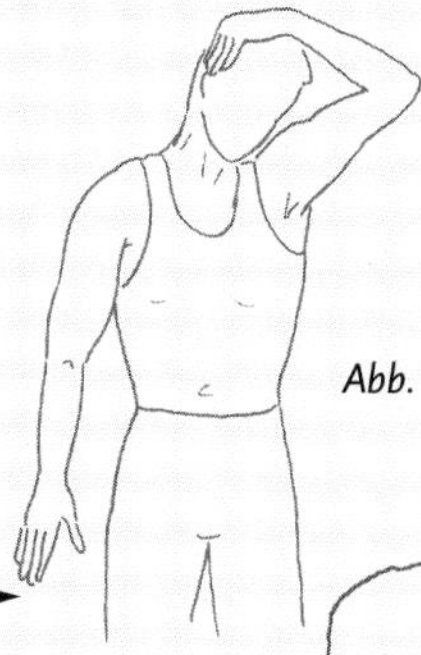
Abb. 88

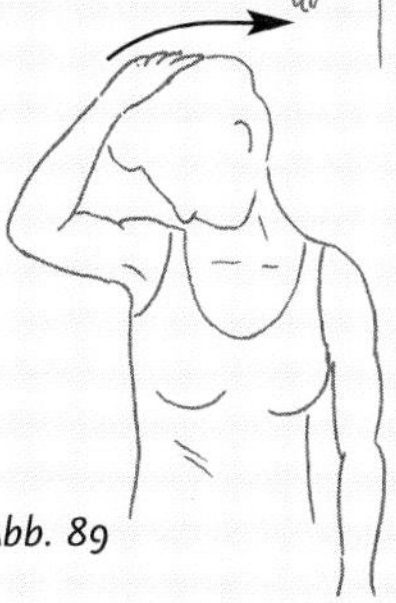
Abb. 89

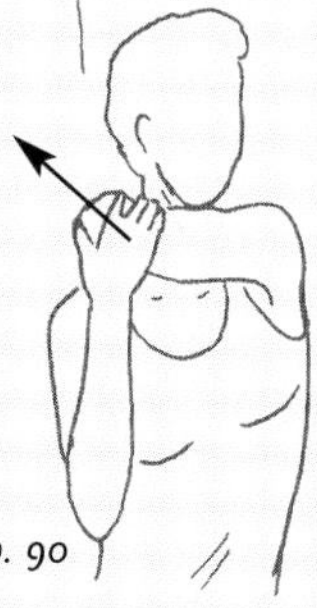
Abb. 90

Schulterprobleme

Der falsche Umgang mit dem Kopf kann dazu führen, dass auch die Schultern nach oben und der Kopf nach hinten gezogen werden. Die Verkürzungen wirken bis in den Bereich zwischen den Schultern.

Der Stress der heutigen Zeit lässt die meisten Menschen ebenfalls die Schultern hochziehen – ein Zustand, der als Schreckmustersyndrom bekannt ist. In früheren Zeiten reagierte der Mensch auf Gefahren oder Feindseligkeiten automatisch mit einem Verkürzen der Muskulatur. Dieser Reflex schützte den Menschen in lebensbedrohlichen Situationen, da er durch ihn stets fluchtbereit war. Heute greift der ständig wirksame Reflex negativ in die Haltung des Menschen ein und schädigt seinen Körper durch dauerhafte Verkürzung der Sehnen und Muskeln. Daran kann auch der wiederholte Hinweis des Reitausbilders, die Schultern nach unten zu ziehen oder fallen zu lassen, nichts ändern. Zwar kann man das Fallenlassen mental üben, jedoch bedarf es einiger Zeit, bis solche Techniken gelingen. Außerdem sind bei den meisten Menschen (also auch bei Reitern) die Schultern nach vorn geneigt, weil die Brustmuskeln zu stark und die Rückenmuskeln des Schultergürtels zu schwach ausgebildet sind.

Aus Problemen im Schulterbereich entstehen jedoch Probleme bei der Zügelführung und mangelnde Durchlässigkeit der Bewegungsübertragung vom Becken zum Kopf.

Abb. 91

Abb. 92

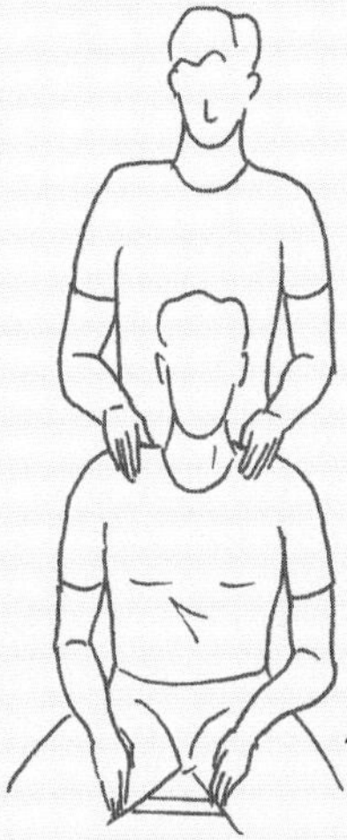
Abb. 93

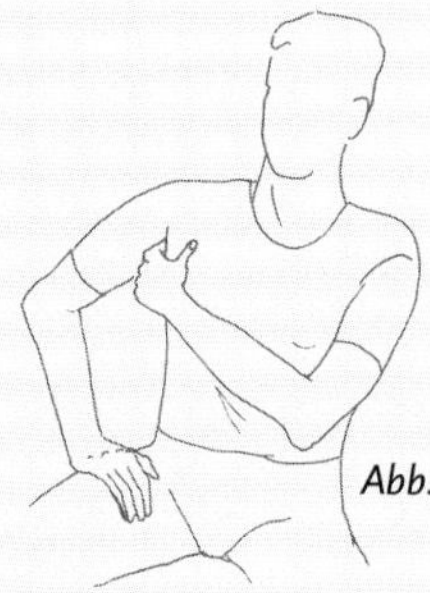
Abb. 94

1. Schulterheber- und Brustmuskelreflexe auflösen

Reflexe können durch Zupfen des Schulterhebers mit Hilfe des Daumens gegen Zeigefinger/Mittelfinger (Abb. 91 und 92) erfolgen. Die Berührungen können von einem Partner (Abb. 93) oder von Ihnen selbst ausgeführt werden – am besten morgens im Bett, wenn die Schultern auf der Matratze aufliegen und nicht gegen die Schwerkraft ankämpfen müssen. Auf dieselbe Weise können Sie die Brustmuskulatur anregen (Abb. 94).

Achtung: Die zupfenden Berührungen können anfangs sehr unangenehm sein. Das bessert sich jedoch rasch, wenn Sie sich entschließen, sie täglich durchzuführen.

(1)

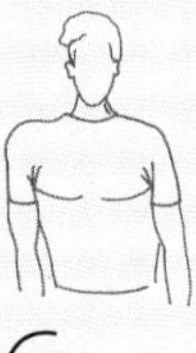

2. Lockere Schultern

Ausgangsposition: Sie sitzen auf dem vorderen Teil eines Hockers und legen die Hände auf die Oberschenkel. Die Füße stehen schulterbreit auseinander, der Körper bildet vier rechte Winkel: Füße–Unterschenkel, Unterschenkel–Oberschenkel, Oberschenkel–Oberkörper, Oberkörper–Kinn.

(2)

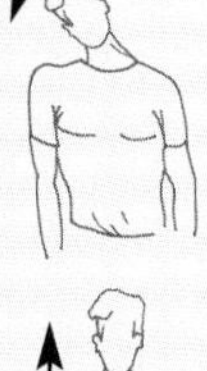

- Heben Sie die rechte Schulter ein wenig an und kehren Sie in die Ausgangsposition zurück.
  - Sie sollen die Schulter anheben, ohne die Muskeln der Arme zu benutzen. Die Arme bleiben locker hängen.
  - Entspannen Sie Rücken, Brustkorb und Rücken.
  - Atmen Sie fließend. (1)

(3)

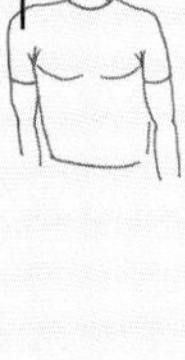

- Beim Anheben der rechten Schulter kommen Sie ihr mit dem Kopf entgegen und kehren in die Ausgangsposition zurück. Vermeiden Sie ein Drehen des Kopfes. (2)

- Heben Sie Ihre rechte Schulter wieder allein an. Spüren Sie, dass es Ihnen nun leichter fällt? (3)
- Senken Sie Ihre rechte Schulter und kehren Sie zur Ausgangsposition zurück. Ihre Bewegungen sollen klein und langsam sein. Sie müssen spüren, wie sich die Rippen auf der rechten Seite ein wenig zusammenschieben, wenn die Schulter gesenkt wird. (4)

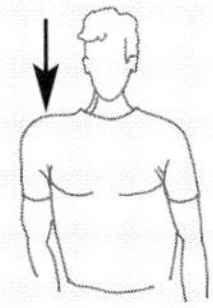
(4)

- Verbinden Sie beide Bewegungen (Anheben und Senken) miteinander. Die Gesamtbewegung soll langsam, fließend und weich sein. Entspannen Sie sich danach.
- Bewegen Sie Ihre rechte Schulter ein wenig nach hinten und kehren Sie in die Ausgangsposition zurück. Auch diese Bewegungen sollen klein, langsam und leicht sein. (5)

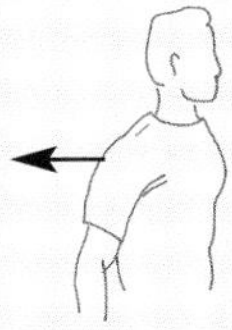
(5)

- Bewegen Sie Ihre rechte Schulter nach vorn und kehren Sie in die Ausgangsposition zurück. Vergleichen Sie beide Bewegungen miteinander. Fällt die Bewegung nach hinten leichter oder schwerer als die Bewegung nach vorn? Stellen Sie es nur fest, aber ändern Sie nichts daran. (6)

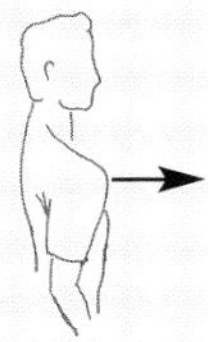
(6)

- Verbinden Sie die Bewegung nach hinten und nach vorn miteinander.
- Drehen Sie den Kopf ein wenig nach rechts, während Sie die rechte Schulter nach vorn bewegen, und kehren Sie in die Ausgangsposition zurück. (7)

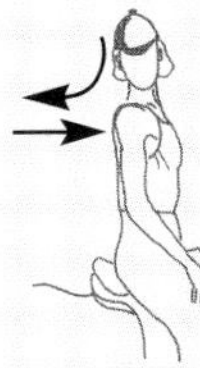
(7)

- Bewegen Sie die Schulter wieder nach vorn, ohne den Kopf zu drehen. Spüren Sie, wie sich Ihr Kopf automatisch ein wenig nach links bewegt?
- Vollziehen Sie mit der rechten Schulter kreisförmige Bewegungen: Heben Sie die Schulter ein wenig an, führen Sie sie nach hinten, nach unten, nach vorn und wieder nach oben. Die Bewegungen sollen klein und leicht sein; es darf kein kraftmäßiger Einsatz zu spüren sein. (8)

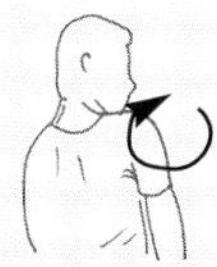
(8)

- Vollziehen Sie die gleiche Bewegung in die entgegengesetzte Richtung (nach oben, nach vorn, nach unten und nach hinten). Spüren Sie, wie sich dabei Kopf, Nacken, Brustkorb, Rücken und das Becken automatisch ein wenig mitbewegen? (9)

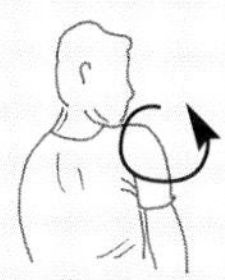
(9)

- Machen Sie alle Bewegungen in der gleichen Reihenfolge auch mit der linken Schulter. (10)

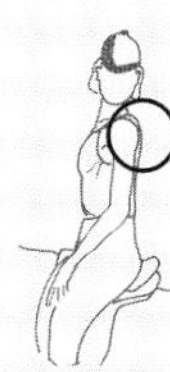
(10)

3) Rolle unter dem Schulterblatt (Foto 63, 64)
Die Beine sind angestellt und „rollen“ durch das langsame Hin- und Herbewegen den steifen Rücken so, dass er sich insgesamt lockern kann. Besonders die steifen Stellen zwischen den Schulterblättern werden „entblockt“.

4) Mobilisierungsübungen für Halswirbelsäule, Schultergürtel, Schulter- und Handgelenke

a) **Ausgangsposition:** Mit leicht geöffneten, gebeugten Beinen und aufgerichtetem Becken stehen.
Ausführung: Den Kopf in sehr langsamen, fließenden Bewegungen nach rechts, links und nach vorn neigen; sehr langsam nach rechts und links drehen (Foto 65, 66, 67).
Achtung: Kopf auf keinen Fall kreisen lassen, weil dabei die Wirbelsäule zu stark belastet wird!

b) **Ausgangsposition:** Mit leicht geöffneten, gebeugten Beinen und aufgerichtetem Becken stehen.
Ausführung: Schulter langsam auf und ab bewegen (Abb. 97).

c) **Ausgangsposition:** Mit leicht geöffneten, gebeugten Beinen und aufgerichtetem Becken stehen.

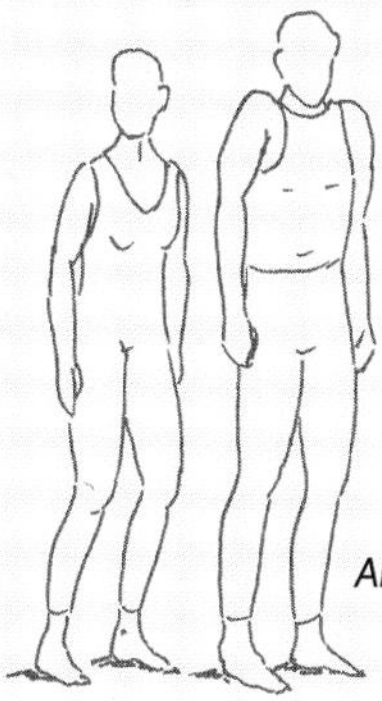
Abb. 97

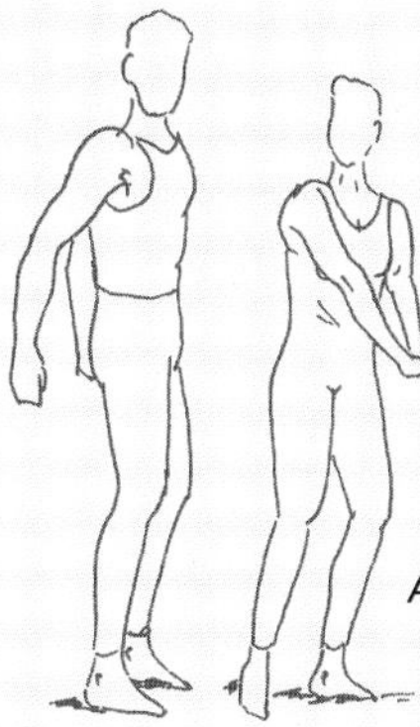
Abb. 98

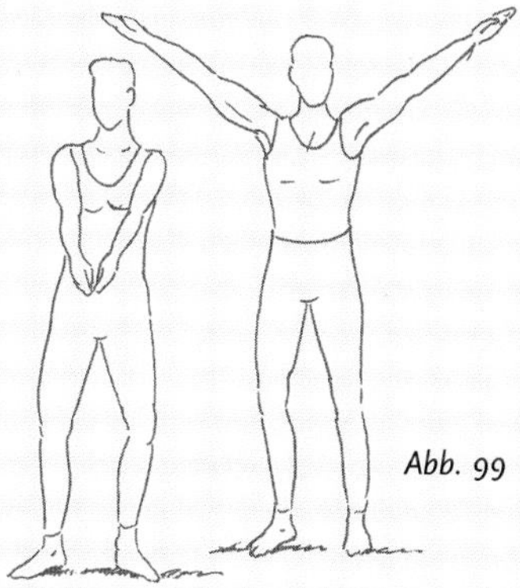
Abb. 99

Ausführung: Schultern langsam, ganz weich nach hinten und vorn führen (Abb. 98).

d) **Ausgangsposition:** Mit leicht geöffneten, gebeugten Beinen und aufgerichtetem Becken stehen, Arme seitlich am Körper halten.
Ausführung: Arme gestreckt über die Seite nach oben heben und nach vorn wieder senken (Abb. 99).

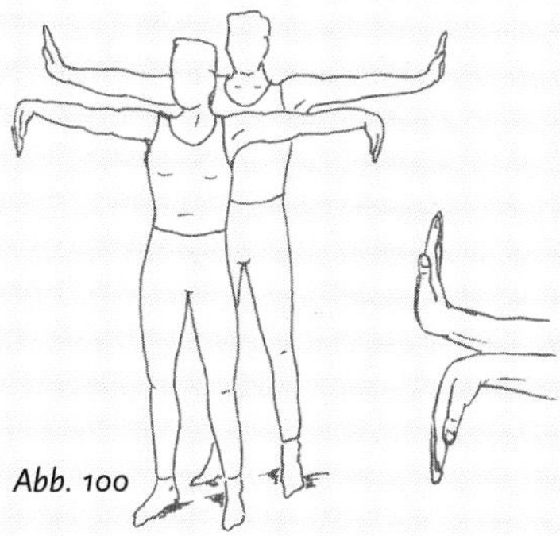
Abb. 100

e) **Ausgangsposition:** Mit leicht geöffneten, gebeugten Beinen und aufgerichtetem Becken stehen, Arme zur Seite strecken.
Ausführung: Hände auf und ab bewegen (Abb. 100).

f) **Ausgangsposition:** Mit leicht geöffneten, gebeugten Beinen und aufgerichtetem Becken stehen, Arme zur Seite strecken.
Ausführung: Hände öffnen und schließen (Abb. 101).

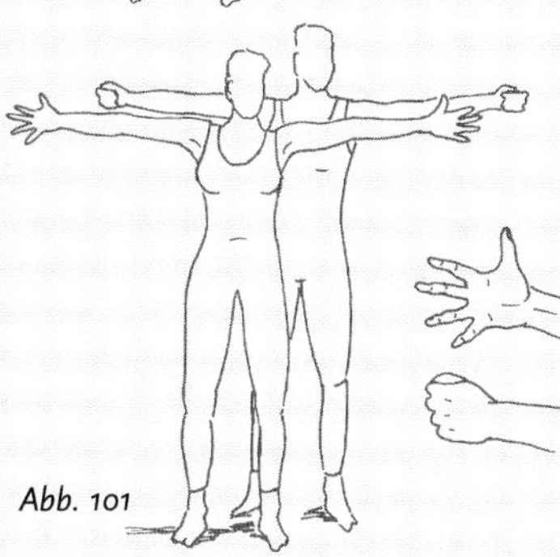
Abb. 101

5) Dehnungsübungen für die Brustmuskulatur

68

a) **Ausgangsposition:** Zur Seite gestreckten Arm leicht über Schulterhöhe heben und mit der Hand gegen die Wand drücken.
Ausführung: Kopf und Oberkörper in Gegenrichtung drehen und Schulter leicht nach vorn drücken (Foto 68).
Achtung: Nicht ins Hohlkreuz fallen, Becken stabilisieren!

Abb. 103

b) **Ausgangsposition:** Schneidersitz, gewinkelter Arm in Schulter-hoch-halte.
Ausführung: Arme nach hinten ziehen (Abb. 103).
Achtung: Nicht ins Hohlkreuz fallen, Becken stabilisieren!

c) **Ausgangsposition:** Schneidersitz, gewinkelter Arm in Schulter-hoch-halte.
Ausführung: Arme nach hinten oben ziehen (Abb. 104).
Achtung: Nicht ins Hohlkreuz fallen, Becken stabilisieren!

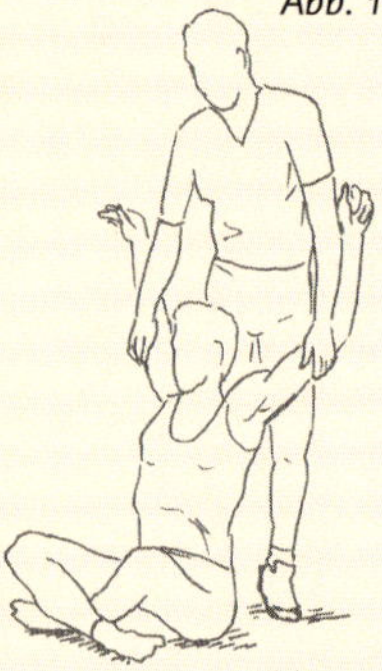

Abb. 104

6) Kräftigungsübungen für den Schultergürtel- und Schultergelenkbereich (unter Einbeziehung der Rumpfvorder- und -rückseite)

a) **Ausgangsposition:** Bauchlage, Arme vor dem Körper am Boden abgelegt, ein Arm mit der Handfläche, der andere mit dem Handrücken nach unten.
Ausführung: Arme wechselseitig nach vorn und hinten führen. Bauch- und Gesäßmuskulatur bleiben während der Übung angespannt (Foto 69, 70).

69

Kräftigungsübung Nr. 6

70

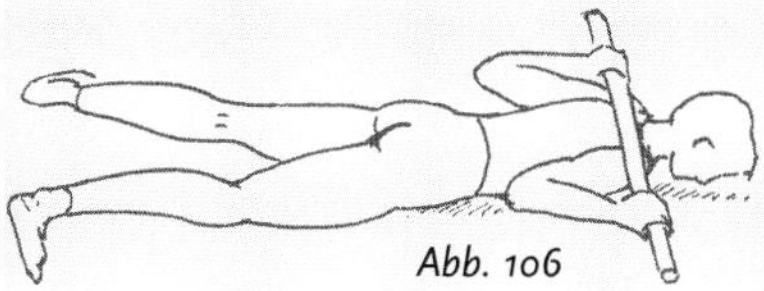

Abb. 106

b) **Ausgangsposition:** Bauchlage, die Hände sind schulterbreit voneinander entfernt und halten einen Stab.
Ausführung: Arme nach vorn strecken, vom Boden abheben und den Stab hinter den Kopf zurückziehen (mehrmals wiederholen). Kopf leicht anheben, Bauch- und Gesäßmuskulatur bleiben während der Übung angespannt (Abb. 106).

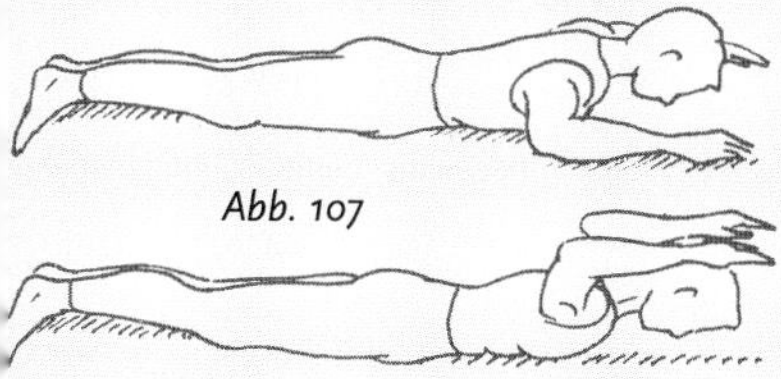

Abb. 107

c) **Ausgangsposition:** Bauchlage, Arme seitlich ablegen, Unterarme im 90-Grad-Winkel nach vorn.
Ausführung: Arme so hoch wie möglich anheben, sodass sich die Schulterblätter einander nähern. Bauch- und Gesäßmuskulatur anspannen, Kopf leicht anheben, Füße am Boden lassen (Abb. 107).

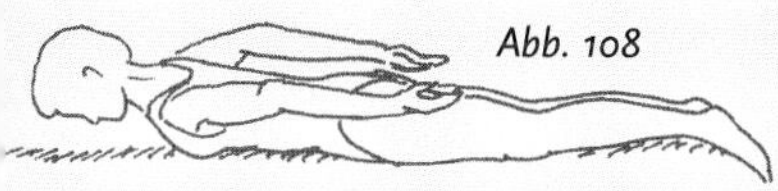

Abb. 108

d) **Ausgangsposition:** Bauchlage, Arme nach hinten neben dem Körper ablegen.
Ausführung: Kopf leicht anheben, Arme so weit wie möglich nach oben führen. Bauch- und Gesäßmuskulatur anspannen, Füße am Boden lassen (Abb. 108).

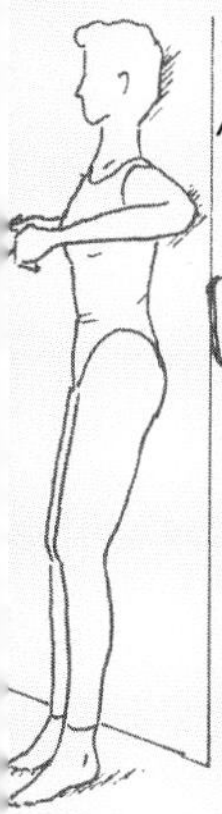

Abb. 109

e) **Ausgangsposition:** Im Stehen Rücken an eine Wand lehnen, Abstand Wand–Ferse ca. 50 cm, Arme zur Seite strecken, Unterarme nach vorn.
Ausführung: Hüfte und Brust nach vorn führen, Körper vollkommen strecken, Ellbogen nach hinten gegen die Wand drücken (Abb. 109).

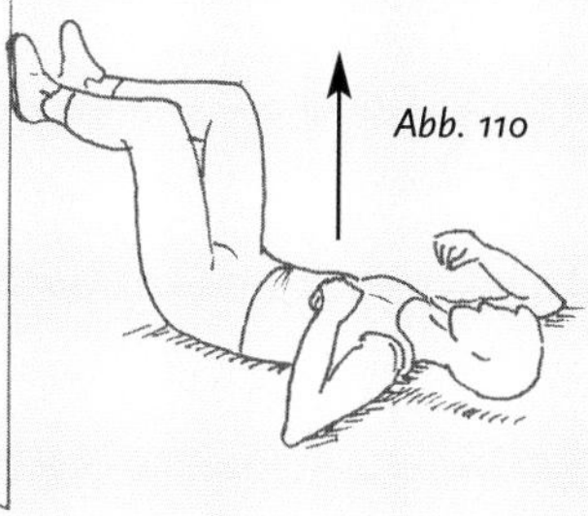

Abb. 110

f) **Ausgangsposition:** Rückenlage mit rechtwinklig gebeugten Hüft- und Kniegelenken, Arme zur Seite strecken, Unterarme nach unten, Kopf leicht anheben.
Ausführung: Durch Druck der Ellbogen gegen den Boden Oberkörper vom Boden abheben (Abb. 110).

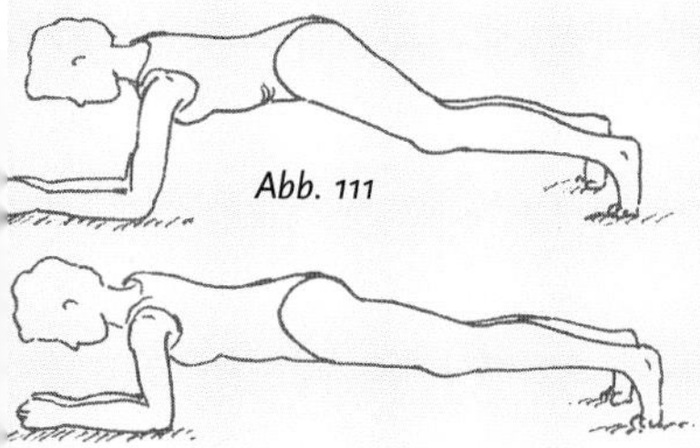

Abb. 111

g) **Ausgangsposition:**Liegestütz, auf den Unterarmen mit leicht gebeugten Hüft- und Kniegelenken.
Ausführung: Körper durchstrecken, sodass er eine gerade Linie bildet (Abb. 111).

Probleme der Durchlässigkeit im Brustwirbelbereich

Bei der Übertragung der Schwingungen des Pferdes vom Becken bis zum Kopf des Reiters fließen die Bewegungen oft nicht durch den Brustwirbelbereich. Dieser Teil des menschlichen Körpers ist bei weitem nicht so beweglich wie die Halswirbelsäule oder der Lendenwirbelbereich, weil die Rippen des Brustkorbs ein relativ festes „Korsett" bilden, das kaum schwingen kann. Viele Reiter schmerzt deshalb beim Aussitzen der Bereich um das Brustbein herum. Wenn dann noch das Becken fest ist, sind die gesamten Bewegungen des Reiters stoßend.

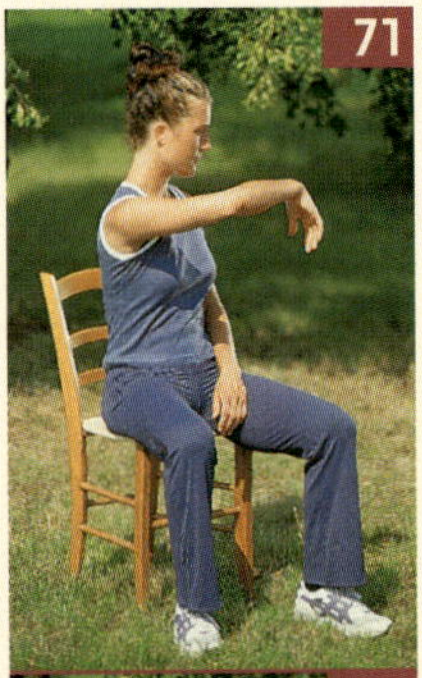
71

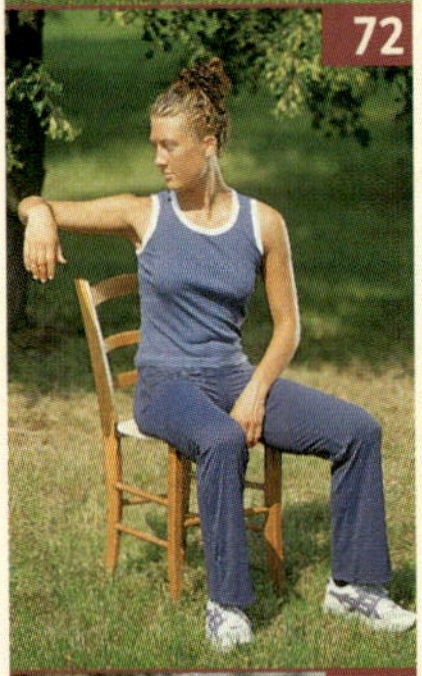
72

73

Dem Brustwirbelbereich ist mit klassischen Dehnübungen schwer beizukommen. Wir müssen „Umwege" beschreiten, um den Oberkörper zur Mobilität zu veranlassen.

1) Drehungen um die Längsachse mit Blick auf die Hand (Fotos 71, 72, 73)

Halten Sie den rechten Arm in Schulterhöhe nach vorn, winkeln ihn im Ellbogen leicht an (annähernd 90 Grad) und senken Sie das Handgelenk ab, sodass die Hand locker fällt. Die Hand befindet sich in etwa 50 cm Abstand vor Ihren Augen. Der Blick bleibt während der gesamten Übung auf das Handgelenk gerichtet. Nun wird der Arm – mit Blick auf die Hand – so weit nach rechts und links geführt, wie es ohne Kraftaufwand möglich ist. Die Übung wird 10-mal wiederholt und danach gegengleich mit dem linken Arm durchgeführt.

2) Eigenständige Bewegungen des Kopfes

Nehmen Sie dieselbe Ausgangshaltung ein wie in der vorigen Übung und führen Sie den rechten Arm so weit nach links, wie es irgend geht. In dieser Stellung verharren Sie mit Blick auf die Hand. Dann wird nur der Kopf noch weiter nach links gedreht, bevor Arm und Kopf, wieder mit Blick zur Hand, in die Ausgangshaltung zurückkehren. 10-mal wiederholen, danach 10-mal mit dem linken Arm.

3) „Adler" (Abb. 113)

Bauchlage, der Kopf liegt auf der rechten Wange, die Arme sind in Schulterhöhe rechtwinklig vom Körper abgespreizt. Das linke Bein wird zur stabilen Seitenlage angezogen. Nun heben Sie den linken Arm so hoch vom Boden ab, wie es ohne Krafteinsatz geht, und mer-

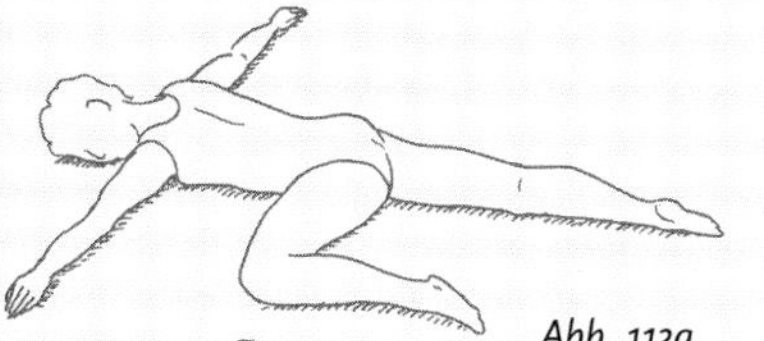
Abb. 113a

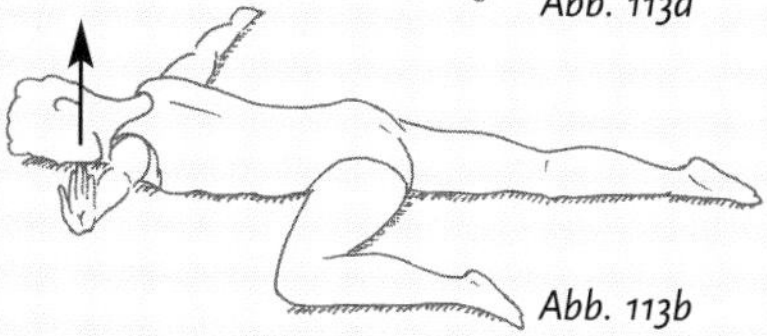
Abb. 113b

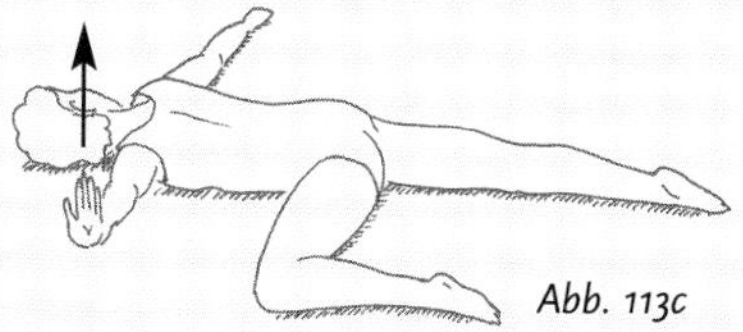
Abb. 113c

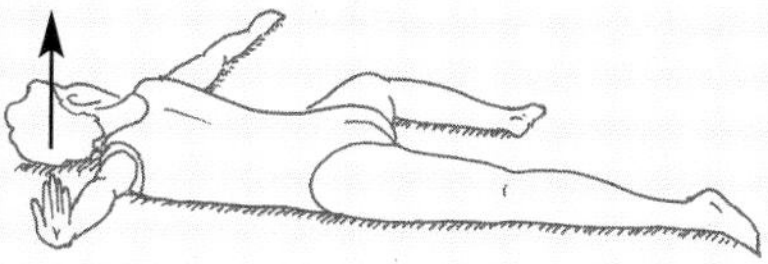
Abb. 113d

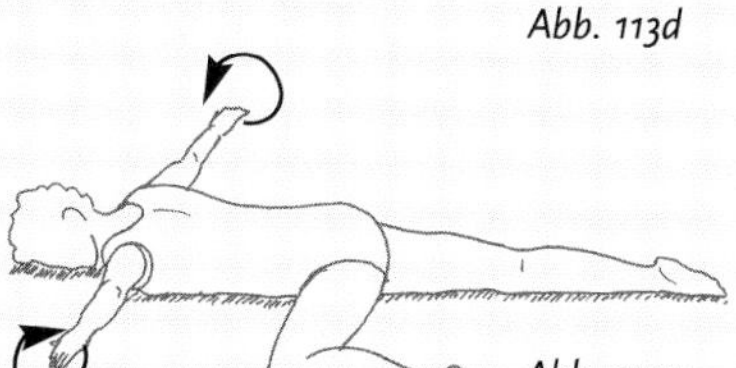
Abb. 114a

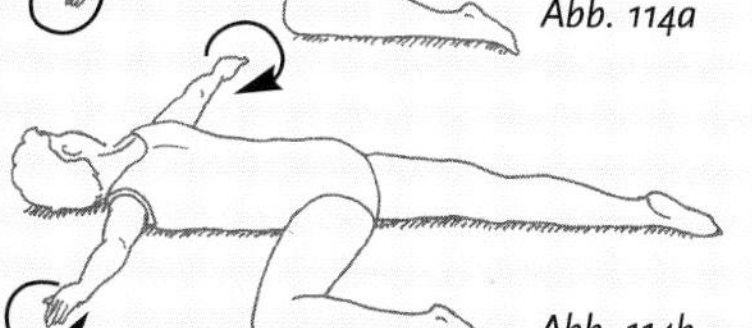
Abb. 114b

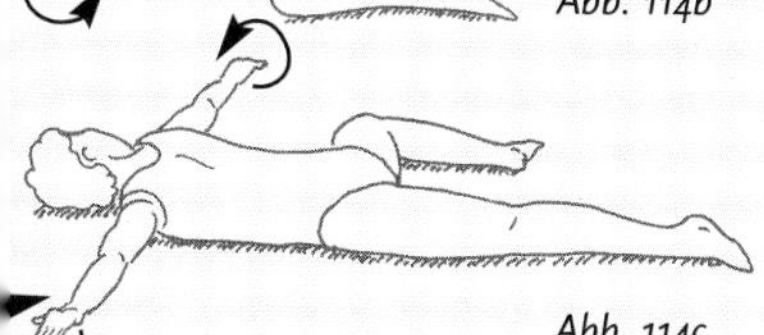
Abb. 114c

ken sich diesen Winkel, um später einen Vergleich zu haben.

Dann knicken Sie erst die linke Hand im Handgelenk nach oben ab und heben danach den Arm so weit wie möglich an (ohne Kraftanstrengung oder Druck gegen den entstehenden Widerstand). Dieser Ablauf wird 8- bis 10-mal wiederholt, bevor Sie den Kopf so drehen, dass Sie auf der linken Wange liegen. Noch einmal 8 bis 10 Wiederholungen mit dem linken Arm, der jetzt nicht mehr so leicht angehoben werden kann wie vorher.

Wechseln Sie die Beinlage – das linke Bein wird gestreckt, während Sie das rechte zur stabilen Seitenlage anziehen – und üben Sie weiterhin mit dem linken Arm. Diese Bewegungen fallen noch schwerer.

Zum Abschluss legen Sie den Kopf wieder auf die rechte Wange und wechseln auch die Beine wieder, sodass das linke Bein angezogen ist. Wenn Sie nun den linken Arm nochmals anheben, können Sie ihn mühelos erheblich höher führen als zu Beginn. Die gesamten Abläufe werden danach auf die andere Seite übertragen.

4) Adler mit schwingenden Armen (Abb. 114)
Sie nehmen alle Positionen wie bei Übung 3 ein, machen jedoch mit dem gestreckt vom Boden gehobenen Arm bis zu 10 kreisende Bewegungen vorwärts und rückwärts. Wenn Sie nach Durchführung der kreisenden Bewegungen in allen Lagen wieder die erste Lage einnehmen, fallen Ihnen die Bewegungsabläufe wesentlich leichter.

5) Hand vom Boden lösen (Abb. 115)
Bauchlage wie in den Übungen 3 und 4, auch die Lage von Kopf und Beinen wechseln Sie genauso. Nur die Armhaltungen sind andere: Die rechte Wange ruht auf der rechten Hand, der rechte Ellbogen zeigt nach rechts. Die linke Hand platzieren Sie ungefähr 10 cm von Ihrer Nase entfernt, wobei die Finger in Richtung Kopf zeigen. Nun wird der

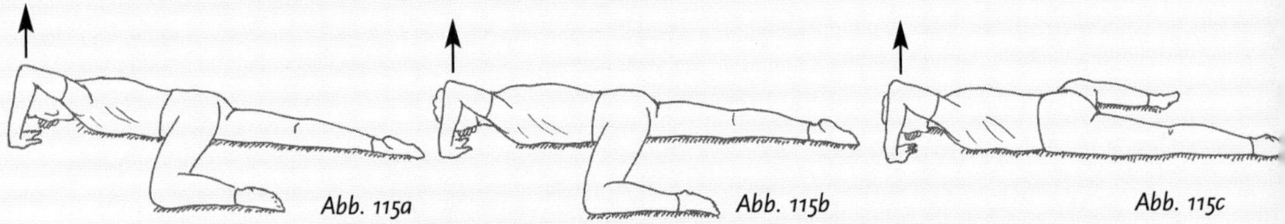

Abb. 115a Abb. 115b Abb. 115c

linke Ellbogen nach oben angehoben. Merken Sie sich die Höhe, um später einen Vergleich anstellen zu können. In dieser Haltung bleiben Hand und Ellbogen während sämtlicher Positionsveränderungen. Nun werden Hand und Arm so weit es problemlos geht vom Boden angehoben. Die Bewegungen werden fließend und ohne Kraftanstrengung jeweils bis zu 10-mal vollzogen.

6) Hände zum Kriechen benutzen (Abb. 116)
Wenn die Handfläche bei gebeugtem Handgelenk gegen den Boden gedrückt wird, löst das eine Streckung des Ellbogens aus, wölbt die Schulter auf und dreht die Wirbelsäule wie eine Spirale. Das Brustbein wird mobilisiert und der Arm übernimmt seine ursprüngliche Funktion als „Vorderbein“, was zu höherer Bewegungsqualität im Oberkörper führt.

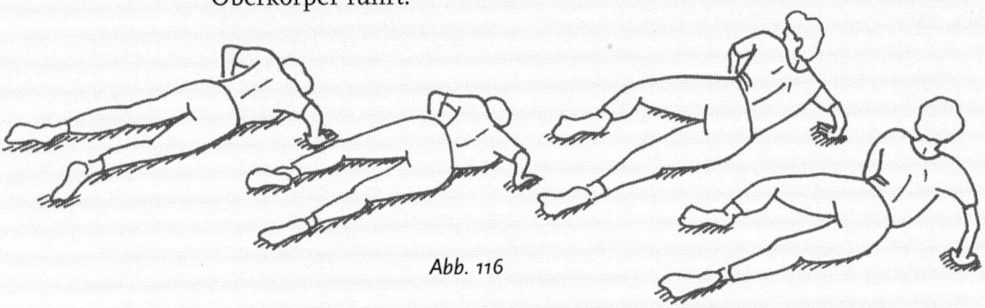

Abb. 116

7) Den eigenen Körper umarmen

- Sie sitzen auf einem Stuhl und legen die rechte Hand auf die linke Schulter, sodass der Ellbogen auf der Brust liegt. Die linke Hand wird zwischen der Brust und dem rechten Arm zur rechten Schulter geführt. Der rechte Ellbogen ruht nun auf dem linken Arm, der linke Ellbogen auf der Brust. Während die Hände auf den Schultern liegen bleiben, führen Sie die Ellbogen bis in die Waagerechte und darüber hinaus, senkrecht nach oben, wobei die Augen die Ellbogen begleiten. Die Bewegungen sollen sich angenehm anfühlen, nicht mit Kraft Widerstände überwinden. Den ganzen Ablauf bis zu 10-mal vollziehen (Fotos 74, 75), dann die Arme wechseln und weitere 10 Wiederholungen.

- Die Arme werden wieder wie im ersten Schritt gekreuzt, die Ellbogen bis in die Waagerechte gehoben und so weit nach rechts und links geführt, wie es ohne Kraftaufwand problemlos möglich ist. Die Augen begleiten die Ellbogen auch bei diesen Bewegungen. Danach wechseln Sie die Position der Arme (Foto 76).
- Kreuzen Sie die Arme wieder wie im ersten Schritt. Führen Sie die Ellbogen in die Waagerechte und von dort im weichen Bogen einmal nach rechts oben, dann wieder nach links oben. Auch bei dieser Übung begleiten die Augen die Ellbogen. Position der Arme wechseln (Foto 77).

8) Der Arm führt den Oberkörper

Sie liegen in der Seitenlage, wobei der Kopf von einem Kissen unterstützt wird. Beide Arme werden im rechten Winkel zum Körper auf den Boden gelegt, die Handflächen aufeinander. Die Knie werden so weit angezogen, dass die Oberschenkel einen rechten Winkel zum Oberkörper bilden. Dabei liegt das obere Knie vor dem unteren auf dem Boden. Alle Übungen aus dieser Ausgangslage werden bis zu 10-mal wiederholt.

- Führen Sie den oberen Arm bis zur Senkrechten nach oben und wieder zurück. Variieren Sie die Übung, indem Sie die Hand mit den Augen verfolgen.
- Danach führen Sie die Hand über die Senkrechte hinaus, jedoch zunächst nur so weit, dass das obere Knie auf dem Boden liegen bleibt. Auch hier verfolgen Sie in einem zweiten Schritt die Hand mit den Augen.

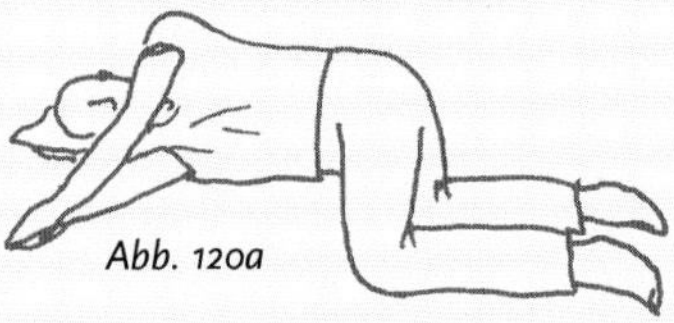

Abb. 120a

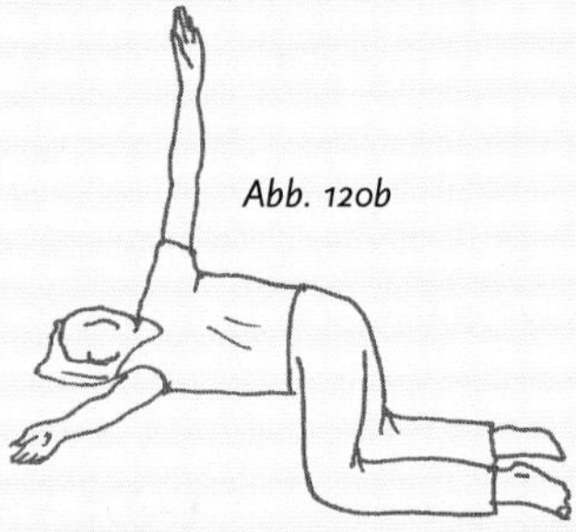

Abb. 120b

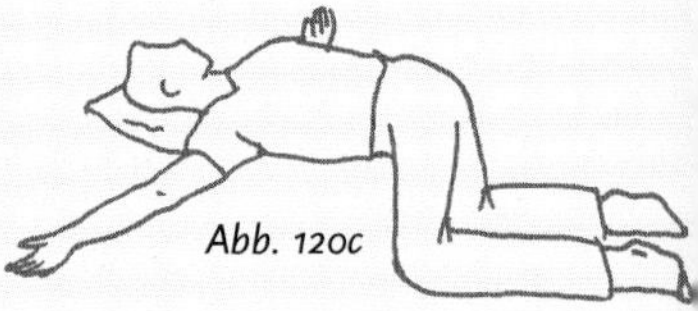

Abb. 120c

- Dann wird der Arm noch weiter nach hinten, in Richtung Boden geführt, wobei das obere Knie den Boden verlassen darf. Auch diese Übung wird variiert, indem Sie die Hand mit den Augen verfolgen.
- Die Bewegungen sollen so lange vollzogen werden, bis der Arm den Boden hinter dem Rücken berührt. In der Endposition bleiben Sie dann mehrere Sekunden liegen, ehe Sie dieselben Bewegungsabläufe auf der anderen Körperseite durchführen (Abb. 120).

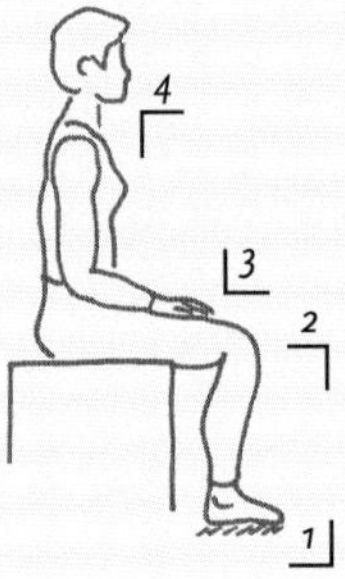

(1)

(2)

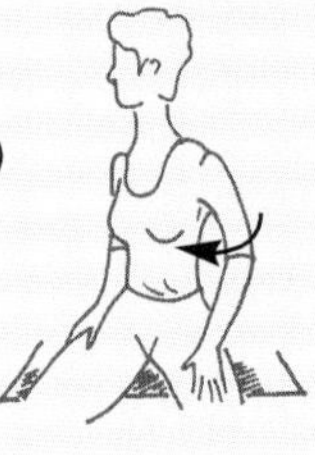

(3)

9) Mobilisierung im Oberkörper

Ausgangsposition: Sie sitzen auf dem vorderen Teil eines Hockers, die Hände liegen auf den Oberschenkeln. Die Füße stehen schulterbreit auseinander, der Körper bildet vier rechte Winkel: Füße–Unterschenkel, Unterschenkel–Oberschenkel, Oberschenkel–Oberkörper, Oberkörper–Kinn. (1)

- Drehen Sie den Oberkörper langsam nach rechts und nehmen Sie den Blick mit. Danach wieder zurückdrehen, geradeaus schauen und entspannen.
  - Die Bewegungen sollen angenehm und leicht sein.
  - Nicht über Widerstände hinaus drehen und schauen.
  - Wenn Sie sich das erste Mal nach rechts drehen, merken Sie sich die Stelle, bis zu der Sie schauen können. Sie werden später erkennen, wie viel gelenkiger Sie geworden sind. (2)
- Ihre Augen fixieren einen Punkt, der sich direkt vor Ihnen befindet. Ihr Blick bleibt auf diesen Punkt gerichtet, während Sie Kopf und Oberkörper nach rechts drehen. Dann wenden Sie sich wieder in die Ausgangsstellung zurück.
  - Keine Überanstrengungen unternehmen, nicht über Widerstände hinwegdehnen.
  - Beim Drehen ausatmen, um die Bewegung zu erleichtern.
  - Nacken, Schultern und Oberkörper entspannen. (3)
- Drehen Sie nun nochmals den Oberkörper samt Augen langsam nach rechts. Können Sie bereits weiter schauen?

(4)

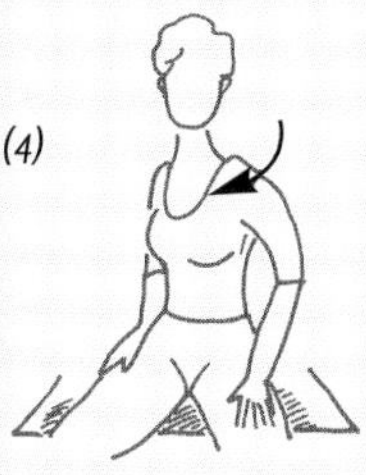

- Halten Sie Kopf und Augen in der Mittelposition, fixieren Sie einen Punkt vor sich und drehen Sie den Oberkörper langsam nach rechts, ohne den Kopf mitzunehmen.
  - Drehungen langsam vollziehen. Beim Drehen ausatmen.
  - Kiefer, Nacken und Schultern entspannen. Fühlen Sie, wie Ihre rechte Schulter nach hinten und Ihre linke nach vorn geführt wird? (4)
- Drehen Sie nun nochmals den gesamten Oberkörper (einschließlich Kopf und Augen) nach rechts, ehe Sie in die Ausgangsposition zurückkehren und entspannen.
  - Spüren Sie, wie die Bewegung nach rechts immer leichter und angenehmer wird? Fühlen Sie den Unterschied zwischen rechter und linker Schulter? Spüren Sie die Entspannung der linken Seite?
- Ihre Füße bleiben flach am Boden. Schieben Sie Ihr linkes Knie ganz sanft nach vorn.
  - Vollziehen Sie die Bewegung ganz klein.
  - Entspannen Sie dabei das linke Bein.
  - Beobachten Sie, wie Ihr Rücken, die Schultern und der Kopf sich ein wenig nach rechts mitdrehen. (5)

(5)

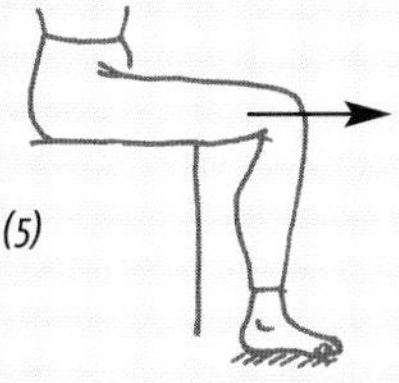

- Wenn Sie das linke Knie nach vorn schieben, unterstützen Sie die Bewegung durch eine Drehung des Oberkörpers nach rechts.
  - Spüren Sie, wie Sie beim Drehen ein wenig größer werden?
  - Atmen Sie beim Drehen aus, um den Brustkorb beweglicher zu machen.
  - Spüren Sie, wie sich beim Drehen Ihr Becken weich mitbewegt?
  - Spüren Sie, wie sich Ihre linke Seite (von Kopf bis Becken) entspannt?
- Drehen Sie den Oberkörper langsam nach links und wenden Sie den Blick ebenfalls in diese Richtung. Drehen Sie sich wieder zurück, schauen Sie geradeaus und entspannen Sie sich.
  - Die Bewegungen sollen angenehm und leicht sein.
  - Nicht über Widerstände hinaus drehen und schauen.
  - Wenn Sie das erste Mal nach links schauen, merken Sie sich, wie weit Sie schauen können. Sie werden später erkennen, wie viel gelenkiger Sie geworden sind. (6)

(6)

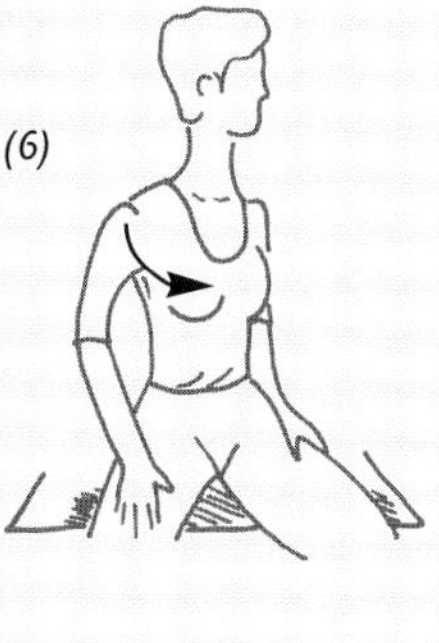

- Ihre Augen fixieren einen Punkt, der sich direkt vor Ihnen befindet. Der Blick bleibt geradeaus gerichtet, während Sie Kopf und Oberkörper nach links drehen. Dann wenden Sie sich wieder in die Ausgangsstellung zurück.

- Keine Überanstrengung unternehmen, nicht über Widerstände hinwegdehnen.
- Beim Drehen ausatmen, um die Bewegung zu erleichtern.
- Nacken, Schultern und Oberkörper entspannen. (7)

(7)

► Drehen Sie nun nochmals den Oberkörper samt Augen langsam nach links. Können Sie schon weiter schauen?

► Halten Sie Kopf und Augen in der Mittelposition, fixieren Sie den Punkt vor sich und drehen Sie nur den Oberkörper langsam nach links.
- Drehungen langsam vollziehen. Beim Drehen ausatmen.
- Kiefer, Nacken und Schultern entspannen. Fühlen Sie, wie Ihre linke Schulter nach hinten und Ihre rechte nach vorn geführt wird? (8)

(8)

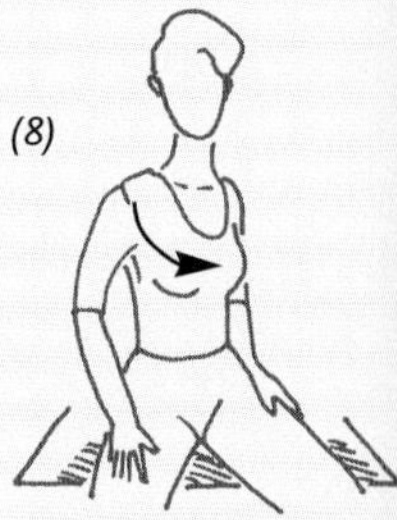

► Schließlich drehen Sie den gesamten Oberkörper (einschließlich Kopf und Augen) nochmals nach links, kehren in die Ausgangsposition zurück und entspannen sich.
- Spüren Sie, wie die Bewegung nach links immer leichter und angenehmer wird? Spüren Sie die Entspannung der rechten Seite?

► Ihre Füße sind weiterhin flach am Boden. Schieben Sie Ihr rechtes Knie ganz sanft nach vorn.
- Vollziehen Sie die Bewegung ganz klein.
- Entspannen Sie dabei das rechte Bein.
- Beobachten Sie, wie Ihr Rücken, die Schultern und der Kopf sich ein wenig nach links drehen. (9)

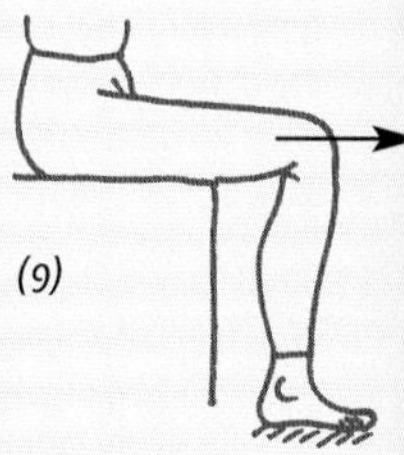

(9)

► Wenn Sie das rechte Knie nach vorn schieben, unterstützen Sie die Bewegung durch eine Drehung des Oberkörpers nach links.
- Spüren Sie, wie Sie beim Drehen ein wenig größer werden?
- Atmen Sie beim Drehen aus, um den Brustkorb beweglicher zu machen.
- Spüren Sie, wie sich beim Drehen Ihr Becken weich mitbewegt?
- Spüren Sie, wie sich Ihre rechte Seite (von Kopf bis Becken) entspannt? (10)

(10)

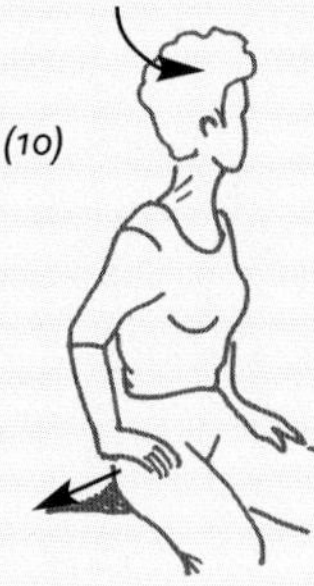

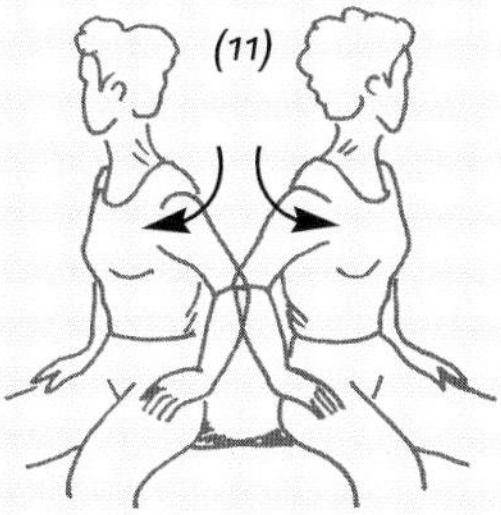

(11)

- Schieben Sie Ihr linkes Knie leicht nach vorn und drehen Sie Ihren Oberkörper nach rechts. Kehren Sie in die Ausgangsposition zurück, schieben Sie Ihr rechtes Knie nach vorn, drehen Sie den Oberkörper nach links und zurück in die Ausgangsposition.
  - Die Bewegungen sollen sanft und fließend sein.
  - Ihre Hände gleiten auf den Oberschenkeln, wenn Sie sich nach rechts und links drehen.
  - Ihre Beine sollen entspannt sein. (11)
- Fixieren Sie Ihren Kopf und die Augen auf einen Punkt vor sich. Drehen Sie den Oberkörper nach rechts und links.
  - Entspannen Sie Gesicht, Hals und Schultern.
  - Atmen Sie fließend und halten Sie Ihre Füße am Boden. (12)

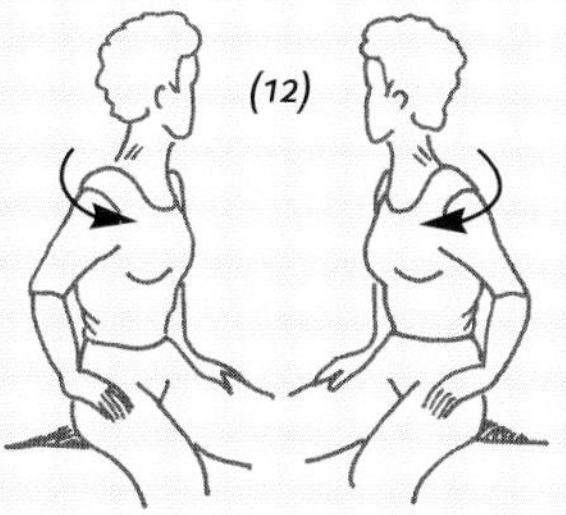

(12)

- Drehen Sie Ihren Oberkörper und das Becken nach rechts, während Sie Ihren Kopf nach links drehen. Danach drehen Sie Ihren Oberkörper und das Becken nach links, während Sie Ihren Kopf nach rechts drehen.
  - Vollziehen Sie alle Bewegungen weich und langsam.
  - Dehnen Sie nicht mit Kraft über Widerstände hinweg.
  - Kiefer, Nacken, Schultern und Becken sollen entspannt sein.
  - Atmen Sie fließend in die Dehnbewegung hinein. (13)

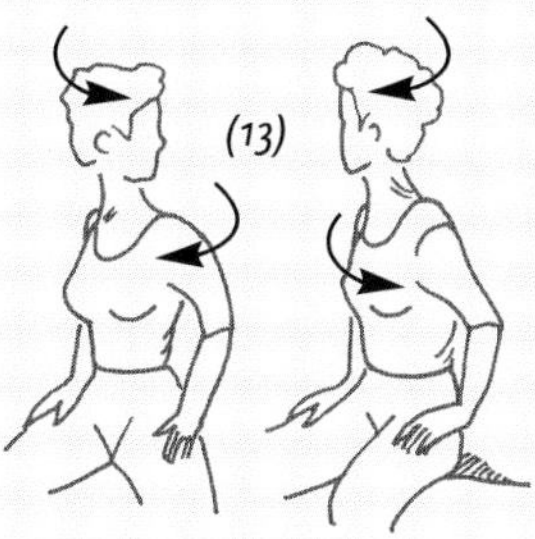

(13)

- Stellen Sie jetzt die Fortschritte fest: Führen Sie Ihr linkes Knie nach vorn und drehen Sie den Oberkörper nach rechts. Dann führen Sie das rechte Knie nach vorn und drehen den Oberkörper nach links. Alle Bewegungen sollen ohne Kraftanstrengung erfolgen.
  - Vergleichen Sie die Drehbewegung mit Ihrem ersten Versuch. Können Sie erheblich weiter nach rechts und links drehen und schauen?
  - Sie sind ohne Kraftanstrengung gelenkiger geworden!
  - Spüren Sie beim Sitzen, wie sich Ihr Gewicht gleichmäßig auf Ihre beiden Gesäßknochen verteilt?
  - Fühlen Sie sich ein wenig größer und leichter?
  - Ihre Muskeln sind entspannt und Ihre Haltung ist aufrechter!
  - Ihr gesamter Körper ist elastischer geworden und kann anschließend besser mit der Pferdebewegung mitschwingen! (14)

(14)

10) Einsatz des Flexi-Bar (Foto 78)

Übungen mit dem Flexi-Bar stellen eine Bereicherung für körper- und bewegungsfördernde Maßnahmen dar, denn sie trainieren systematisch den gesamten Körper und können entscheidende Problemzonen in die Gesamtkoordination des Menschen zurückführen.

Auch beim Reiten kann das Gerät hervorragend eingesetzt werden, um Probleme in bestimmten Körperbereichen anzugehen und so die Harmonie und Integration zwischen den Reiterbewegungen und denen des Pferdes wiederherzustellen.

Es sollen hier nur die zentralen Aspekte der Anwendung beschrieben werden. Weitere Informationen finden Sie in der im Anhang aufgeführten Literatur.

Reiten heißt, Schwingungen zu erzeugen und diese vom Pferd wieder aufzunehmen. Dieser Grundgedanke des Reitens geht immer dort verloren, wo mechanisch geritten wird.

Dann zerstört der Reiter das natürliche Gleichgewicht des Pferdes, das nicht mehr in seinem Rhythmus schwingen kann, weil der Reiter kontraproduktiv wirkt.

Seine Bewegungen sind nicht bewusst gegen das Pferd ausgerichtet – er kann sich dem Pferd nur nicht anpassen, wenn sein Körper durch Blockaden keine ganzkörperlichen Schwingungen mehr zulässt.

Hier erweitert und unterstützt der Flexi-Bar die bereits beschriebenen Möglichkeiten für den Reiter, zu einem angenehmeren Sitzgefühl zu gelangen.

Auf den Aspekt der Schwingungen, der neben einer Vielzahl weiterer Funktionen im Konzept des Flexi-Bar verankert ist, soll hier kurz eingegangen werden. Dieses Konzept korrespondiert mit den Grundgedanken von Feldenkrais und F. M. Alexander, der angewandten Kinesiologie und Ismakogie.

Die Muskelfasern im menschlichen System vibrieren mit unterschiedlichen Frequenzen, denn der Muskeltonus (der Spannungszustand des Muskels) verändert sich je nach Lebens- und Bewegungssituation. Diese Veränderungen in der Anspannung und Entspannung der Muskeln lassen an den Sehnen Schwingungen mit unterschiedlichen Frequenzen entstehen.

Schwingungen sind im Menschen lebenslang vorhanden; bei Männern sind sie höher als bei Frauen, im Schlaf geringer als in Reizzuständen (Prüfungen, Wettkämpfen etc.). Die optimale Entwicklung der Muskeln ist dann garantiert, wenn sie während der Bewegungsabläufe am stärksten vibrieren.

Durch Übungen mit dem Flexi-Bar können Sie

- die muskelaufbauenden Schwingungen häufiger und in kürzeren Abständen aktivieren,
- die nicht willkürlich zu beeinflussende Muskulatur trainieren,
- die Durchblutung fördern und den Stoffwechsel anregen,
- das Lymphsystem zu Ausscheidungen veranlassen,
- Beweglichkeit, Muskelkraft, Muskelentwicklung und koordinative Fähigkeiten fördern (vgl. Manual „Flexi-Bar-Intensivschulung“, S. 23).

Die folgenden Übungen entstammen dem Trainingsplan 1 (für Anfänger) und Trainingsplan 2 (für Fortgeschrittene).

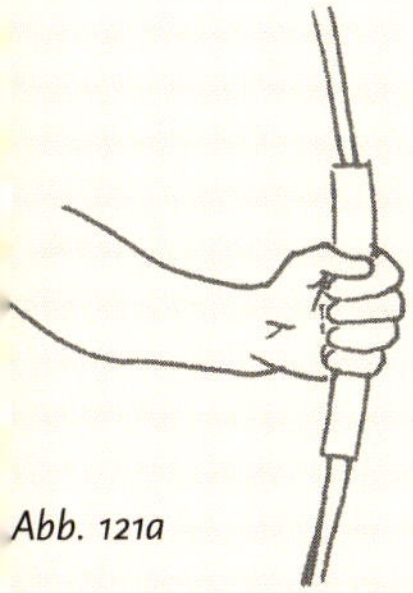

Abb. 121a

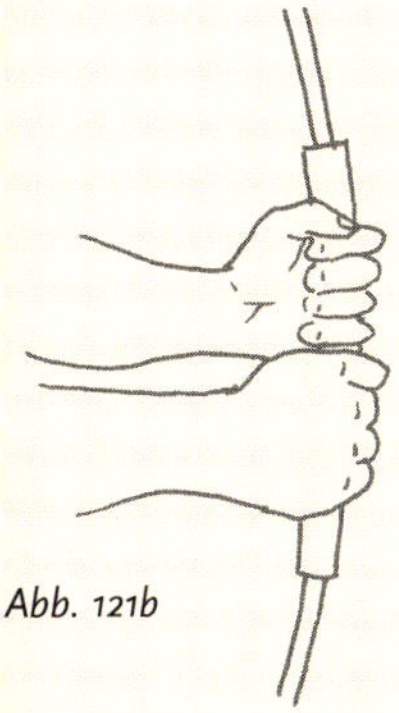

Abb. 121b

So halten Sie den Flexi-Bar (Abb. 121):
Umfassen Sie den Griff mittig, je nach Übung entweder mit einer Hand oder mit beiden Händen. Die Handgelenke in neutraler Position. Um die Handgelenke zu schonen, legen Sie den Griff in die Hand anstatt ihn nur mit den Fingern zu greifen. Wichtig ist es, den Griff locker zu halten.

So bringen Sie den Stab ins Schwingen:
Versetzen Sie den Flexi-Bar mit einer kleinen Bewegung der Hand (in Richtung der Verlängerung des Unterarms) in Schwingung. Danach wird der Stab durch kurze Impulse am Schwingen gehalten (ähnlich wie beim Schaukeln, wo es auch gilt, im richtigen Moment den Impuls zu setzen). Je starrer Sie Ihren Arm als Schwungüberträger halten können, desto größer wird die Amplitude und entsprechend intensiv das Training. Die Dauer des Schwingens richtet sich nach Ihrer Kraft, Ausdauer und Ihrem Koordinationsvermögen – und genau diese werden durch das Üben mit dem Flexi-Bar verbessert. Anfängliche Schwierigkeiten (ungefähr während der ersten 10 Trainingseinheiten) sind normal.

So wenden Sie den Flexi-Bar an:
Es hat sich als sinnvoll erwiesen, 3-mal pro Woche jeweils 10 Minuten mit dem Flexi-Bar zu trainieren. Dabei sollte jede Übung mindestens 90 Sekunden dauern.

Wichtiger Hinweis: Trainieren Sie nicht mit dem Flexi-Bar, wenn entzündliche Reizzustände im Schulter- und Wirbelsäulenbereich vorliegen, sowie in den letzten 3 Schwangerschaftsmonaten. Kranke und bluthochdruckgefährdete Personen müssen vor dem Training ihren Arzt fragen. Kinder unter 15 Jahren dürfen nur unter Aufsicht eines Erwachsenen trainieren.

a) Die Blockflöte (Abb. 122)
Ziel: Brust und Schultergürtel.
Ausgangsposition: Breiter Stand, Körpergewicht auf beiden Fersen. Den Flexi-Bar locker mit beiden Händen greifen.
Bewegungsausführung: Vor – zurück.

b) Der Pfau (Abb. 123)
Ziel: Schulter und oberer Rücken.
Ausgangsposition: Schulterbreiter Stand. Den Flexi-Bar einhändig locker greifen. Den Arm nach außen spreizen, Daumen zeigt nach vorn. Den Flexi-Bar hinter die Oberschenkel bringen.
Bewegungsausführung: Rechts – links (beidseitig üben).

c) Der Schmetterling (Abb. 124)
Ziel: Breiter Rückenmuskel und Brust.
Ausgangsposition: Schulterbreiter Stand. Den Flexi-Bar beidhändig locker vor dem Körper greifen. Die Daumen zeigen zum Körper.
Bewegungsausführung: Vor – zurück.

Abb. 122

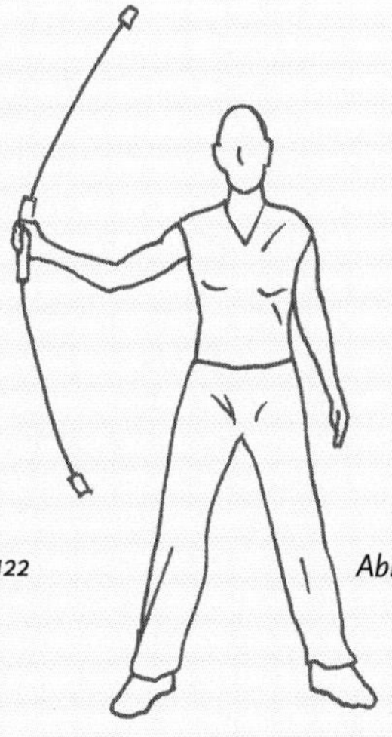

Abb. 123

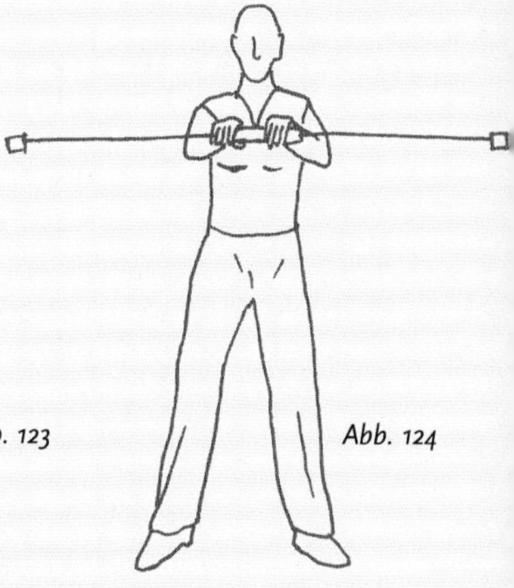

Abb. 124

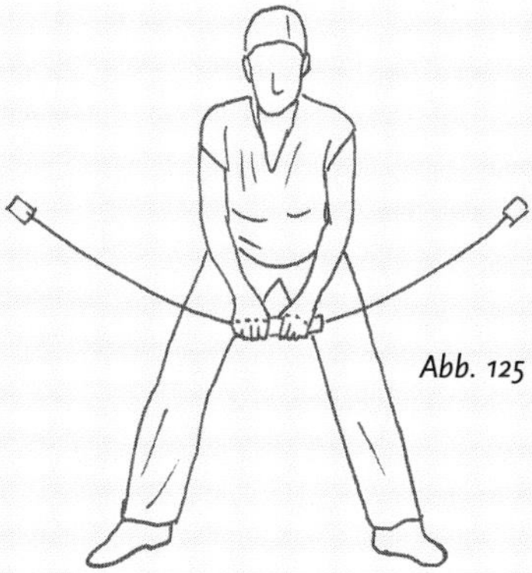

Abb. 125

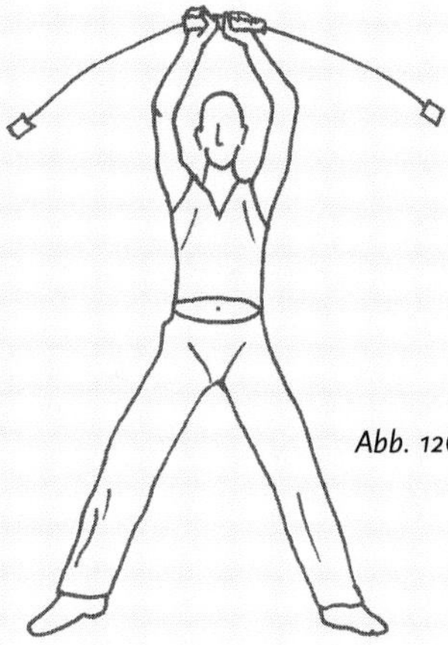

Abb. 126

d) Der tiefe Schmetterling (Abb. 125)
Ziel: Unterer Rücken und Brust.
Ausgangsposition: Schulterbreiter Stand. Den Flexi-Bar beidhändig waagerecht locker vor dem Körper greifen. Die Daumen zeigen zum Körper.
Bewegungsausführung: Hoch – tief.

e) Die Libelle (Abb. 126)
Ziel: Mittlerer Rücken, breiter Rückenmuskel, Osteoporosekiller.
Ausgangsposition: Breite Squatposition. Den Flexi-Bar waagerecht locker greifen. Die Schultern tief ziehen. Die Daumen zeigen nach vorn.
Bewegungsausführung: Hoch – tief.

Da bei allen fünf vorgestellten Flexi-Bar-Übungen Schulter und Rücken mit einbezogen sind, passen sie auch ins folgende Kapitel. Sie werden dort jedoch nicht wiederholt.

Die Wirbelsäule als elastisches System

Grundlegende Aspekte

Die Wirbelsäule hat die Funktion, Bewegungsübertragungen von den Füßen bis zum Kopf und umgekehrt zu ermöglichen. Deshalb muss ihr hohe Aufmerksamkeit geschenkt werden. Jeder Mensch wünscht sich seine Wirbelsäule als elastisches System, doch die meisten Menschen – auch Reiter – haben Probleme mit ihrem Rückgrat. Wir alle gehen in nicht optimaler Haltung, sitzen zu viel und auf falschen Stühlen, drehen uns falsch um unsere Längsachse und sind belastendem Stress ausgesetzt. Daraus folgen Verspannungen in verschiedenen Bereichen der Wirbelsäule.

Die einzelnen Wirbel sind durch unterschiedlich lange Muskeln miteinander verbunden. Lange Rückenmuskeln ziehen über 7 Wirbel, mittellange Rückenmuskeln über 2 bis 6 und kurze gehen zum nächsten Wirbel. Wenn diese Muskeln durch einseitige oder falsche Belastungen in ihrer Beziehung zueinander gestört sind, verliert die Wirbelsäule ihre doppelt geschwungene S-Form. Nur in dieser Form können jedoch optimale Schwingungen im gesamten Oberkörper stattfinden und nur so kann der Reiter die Unruhebewegungen des Pferdes problemlos aufnehmen.

Schon das normale Aufrichten der Wirbelsäule ist ein Problem, weil einige der Muskeln, die auf sie wirken, zur Verkürzung neigen und andere, die dagegenhalten könnten, zur Abschwächung. So zieht, wie bereits geschildert, die verkürzte Brustmuskulatur die Schultern und den oberen Teil der Wirbelsäule nach vorn. Der obere und mittlere Bereich des Schultergürtels neigt zur Abschwächung und kann nicht dagegenhalten. Hilfreiche Übungen sind bereits an entsprechender Stelle aufgezeigt worden.

Die Muskeln im unteren Bereich der Wirbelsäule (Lendenwirbelsäule) neigen wiederum zur Verkürzung und lassen dadurch ein Hohlkreuz entstehen. Sie müssen mobilisiert bzw. gedehnt werden, um die Hohlkreuzstellung zu verringern, sonst wirkt der Reiter mit dem Becken stets nach hinten und kann keine gezielten Gewichtshilfen geben. (Zudem lassen die Hüftbeuger und starken Oberschenkelmuskeln das Becken nach vorn kippen bzw. erzeugen ein hohes Knie.) Die Gegenspieler der Muskulatur im Lendenwirbelbereich sind die Bauch- und Gesäßmuskeln, die jedoch zur Abschwächung neigen, also gekräftigt werden müssen.

Sitzfehler aufgrund von Wirbelsäulenproblemen

Hohlkreuz und Flachrücken

Unter einer Haltungsschwäche ist eine Verformung der Wirbelsäule zu verstehen, die noch veränderbar ist. In der Pubertät findet ein intensives Längenwachstum statt, das zu Haltungsschwächen führen kann. Diese Schwächen kann man durch gezielte krankengymnastische Behandlung mildern oder ganz beheben. Geschieht das in diesem Alter jedoch nicht, entstehen Haltungsschäden, das heißt nicht mehr zu verändernde Verformungen der Wirbelsäule (Abb. 127).

Abb. 127

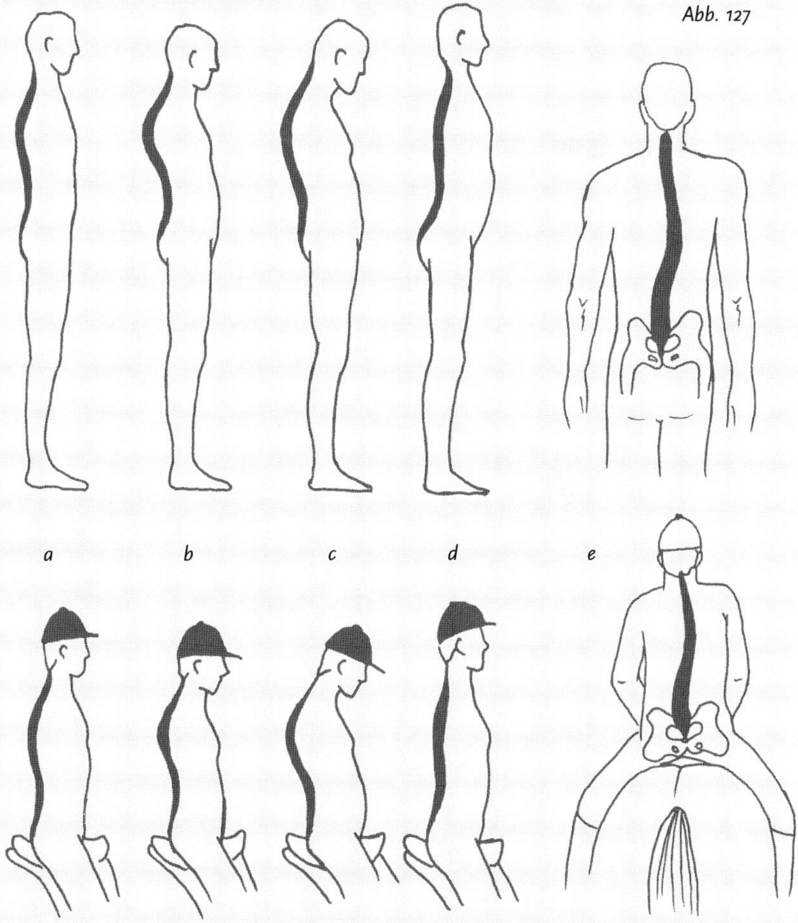

Abb. 127
a normale Haltung
b Hohlkreuz
c Rundrücken
d Flachrücken
e seitliche Verkrümmung (auf Pferd)

Im Zusammenhang mit dem Sitz des Reiters sollte man den Begriff „aufrecht" benutzen, nicht „gerade". Denn „aufrecht" bezieht sich auf die Konstitution des Einzelnen. Je nach Haltungsproblemen sind Abweichungen von der Ideallinie gegeben. Ein Reiter mit Hohlkreuz (Abb. 127 b) wird aufgrund des Verlaufs seiner Wirbelsäule immer eine leichte Neigung des Sitzes nach vorn zeigen, wobei seine „Kreuzeinwirkung" nach hinten tendiert. Wird ein solcher Reiter aufgefordert „gerade", also geometrisch senkrecht, auf dem Pferd zu sitzen, ist die Freiheit zwischen dem fünften Lendenwirbel und dem Kreuzbein eingeschränkt. Ein natürliches Mitgehen der Mittelpositur mit den Bewegungen des Pferderückens ist kaum mehr möglich. Daher ist es für seinen natürlichen Sitz besser, ihn in einer leichten Vorlage zu belassen.

Ein Reiter mit einem Flachrücken (Abb. 127 d) sitzt von der Form her korrekt auf dem Pferd. Allerdings ergeben sich bei ihm Probleme in allen Lektionen, die im Aussitzen zu reiten sind. Da die Wirbelabstände sehr gering sind, ist die Beweglichkeit seiner gesamten Wirbelsäule eingegrenzt. Daraus entstehen insgesamt unruhige Bewegungen, weil aufgrund der Struktur der Wirbelsäule die Pufferkapazität stark reduziert ist.

Übungen zur Mobilisierung der Wirbelsäule

1) **Von links nach rechts rollen** (Fotos 78, 79, 80, 81)
Sie liegen in Rückenlage auf dem Boden, Beine angestellt, und umfassen mit der linken Hand das linke Knie, mit der rechten

78

79

80

81

Hand das rechte. Nun schaukeln Sie langsam nach rechts und links, mit kleinen Bewegungen beginnend, bis schließlich die Handrücken den Boden berühren. Achten Sie darauf, dass die Bewegung langsam, weich und fließend vollzogen wird.

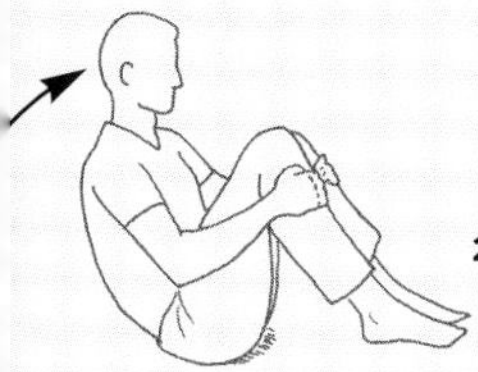
Abb. 131

2) Zum Sitzen rollen (Abb. 131)
Ausgangsposition wie bei Übung 1. Schaukeln Sie weich vor und zurück. Beginnen Sie wieder mit kleinen Bewegungen und steigern Sie langsam, bis Sie (nach vorn) schließlich zum Sitzen rollen bzw. bis sich (nach hinten) die Knie annähernd neben dem Kopf befinden.

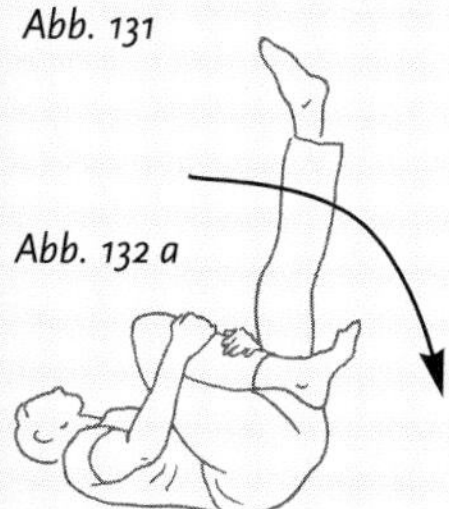
Abb. 132 a

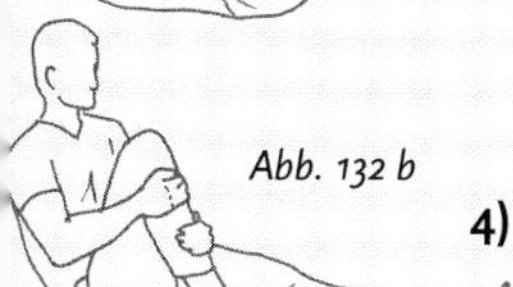
Abb. 132 b

3) Zum Sitzen rollen – Variation (Abb. 132 a, b)
Wenn Ihnen Übung 2 Probleme bereitet, können Sie sie wie folgt abändern: Halten Sie die Hände vor einem Knie und nutzen Sie das freie Bein als Schwungbein zum Aufrichten in den Sitz. Danach versuchen Sie nochmals Übung 2, um die Veränderung der runden Wirbelsäulenbewegung zu spüren.

4) Mit dem Bein den Rücken aktivieren (Abb. 133)
Bein-(Knie-)bewegungen nach innen und außen – mit der Bewegung der Wirbelsäule und entgegengesetzt – mobilisieren viele Funktionszusammenhänge zwischen Bein, Becken, Rücken und Kopf. Das Ergebnis können Sie beim anschließenden Gehen als hohe Leichtigkeit und Elastizität spüren.

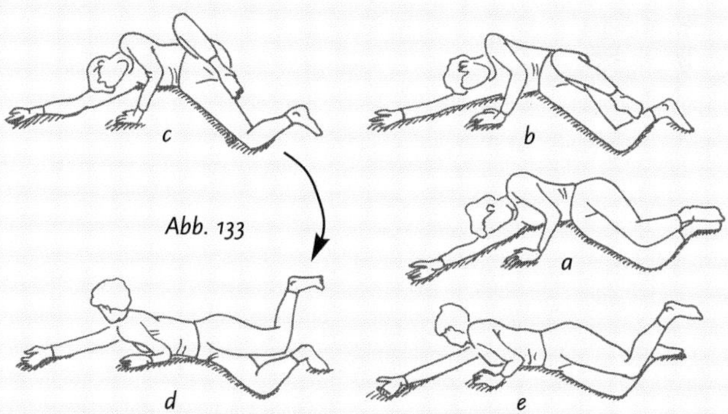

Abb. 133

5) Wie in Urzeiten kriechen (Abb. 134)
Durch das seitliche Anziehen des gebeugten Knies gegen den Widerstand des Bodens mobilisieren Sie die Hüfte. Das Kriechen macht die Wirbelsäule darauf aufmerksam, wie sie sich drehen

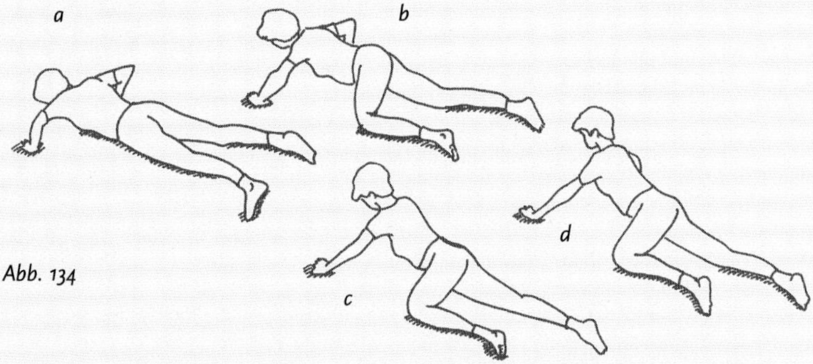

Abb. 134

muss, um den Füßen beim Gehen die richtige Stellung zu geben. Der Schritt kann dann weich aufgefangen werden und der Körper ist wieder imstande, sich gefühlvoll abzudrücken. Diese Bewegungen übertragen sich bis zum Kopf, der in eine bequeme Position gerät, um Informationen optimal aufnehmen zu können.

6) Rolle entlang der Wirbelsäule (Abb. 135)
Wenn Sie auf einer zusammengerollten Decke liegen, erhält nach einer gewissen Zeit des Übens jeder Wirbel Bodenkontakt. Indem Sie auf der Rolle hin- und herschaukeln, wird der Brustkorb gelockert. Die diagonalen Möglichkeiten des Körpers, die für das koordinierte freie Gehen wichtig sind, werden wieder entdeckt. Legen Sie sich danach auf den Boden und spüren Sie, wie flach Ihr Rücken geworden ist.

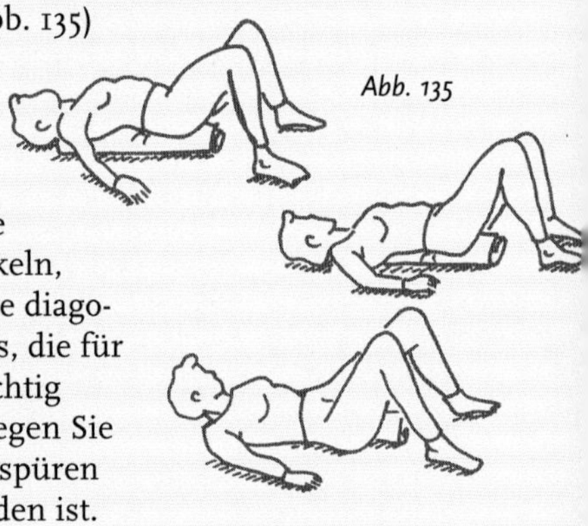

Abb. 135

7) Rolle unter dem Schulterblatt (Abb. 136)
Die Beine sind angestellt und bewegen den steifen Rücken durch langsames Hin- und Herrollen so, dass er sich insgesamt lockern kann. Besonders die verspannten Stellen zwischen den Schulterblättern werden „entblockt".

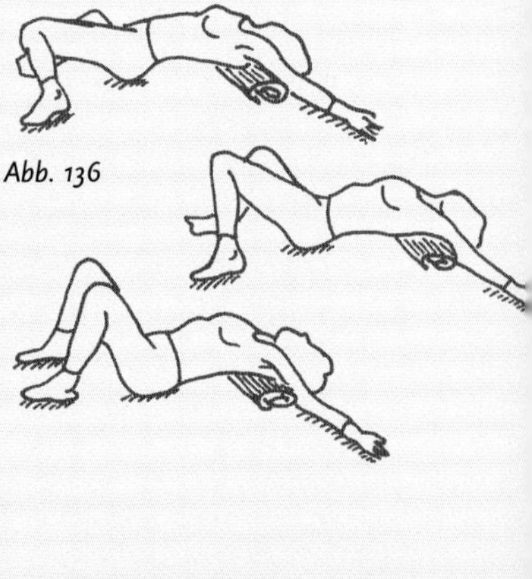

Abb. 136

8) An einem „Baumstamm" scheuern (Abb. 137)
Wie sich ein Tier an einem Baumstamm reibt, so können Sie durch diese Übung die Teile Ihrer Wirbelsäule mobilisieren, die im Stehen nur schwer zu erreichen sind. Legen Sie eine zusammengerollte Decke unter Ihre Schulterblätter. Die Neigung des Kopfes nach hinten wird durch leichtes Drücken der angestellten Beine mit hochgehobenem Gesäß unterstützt. Mit im Nacken gefalteten Händen ziehen Sie Ihren Kopf nun langsam in Richtung Brust, wobei sich das Gesäß wieder zum Boden senkt. Dadurch entsteht im Brustwirbelbereich erhöhte Mobilität.

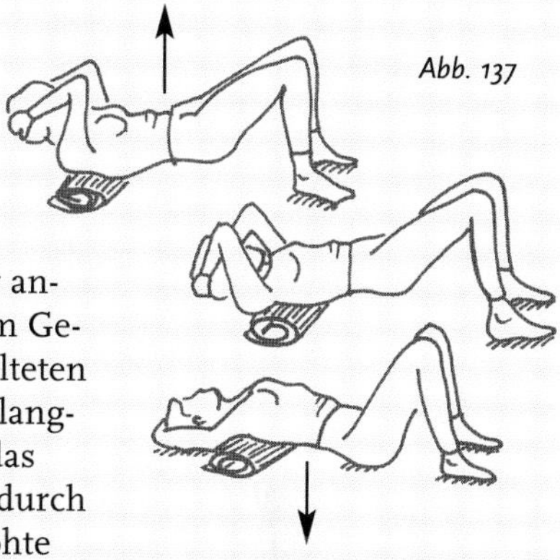
Abb. 137

9) Rolle quer unter dem Becken (Abb. 138)
Durch die Rolle unter dem Kreuzbein wird die Wölbung des unteren Rückens nach innen und außen verstärkt. Durch kreisende Bewegungen des Knöchels wird das Becken weich und elastisch in unterschiedliche Positionen gebracht. Mit der Zeit passt sich der gesamte Rücken den Veränderungen des Beckens an.

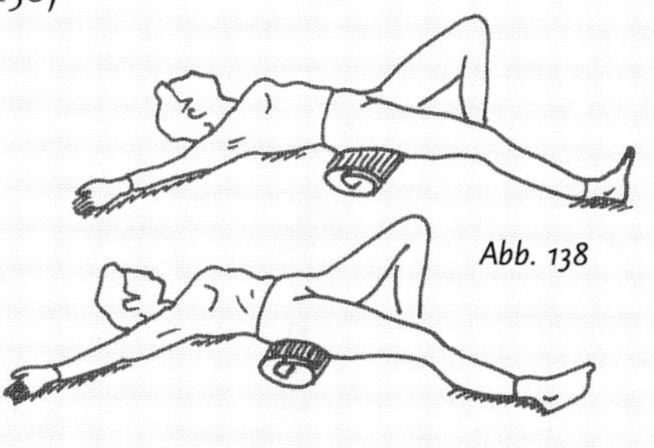
Abb. 138

10) Die Rundung genießen (Abb. 139)
Unter Zuhilfenahme der Rolle erzeugen die angezogenen Knie im unteren Rücken die größtmögliche Rundung. Bringen Sie die Knie in unterschiedliche Positionen und verharren Sie jeweils einige Sekunden darin. So gelangen die Wirbel in Stellungen, die der Mensch sonst nicht mehr kennt.

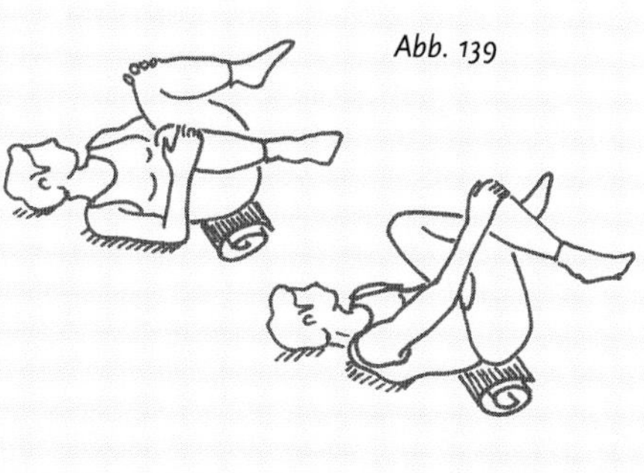
Abb. 139

11) Massage für den Rücken

Vor Beginn der Lektion: Legen Sie sich auf den Rücken und durchforsten Sie mit Ihrem inneren Auge Ihren Körper. Lassen Sie sich ein paar Minuten Zeit dafür. Sie sollen spüren, wie die einzelnen Körperteile auf dem Boden aufliegen. Beginnen Sie mit dem Kopf und hören Sie mit den Füßen auf. (1)

Ausgangsposition: Stellen Sie in der Rückenlage Ihre Beine auf, die Füße schulterbreit voneinander entfernt. Heben Sie Ihren rechten Fuß an und führen Sie mit der linken Hand das rechte Knie in Richtung Oberkörper. Halten Sie das Knie und legen Sie Ihre rechte Hand unter den Kopf. (2)

(15)

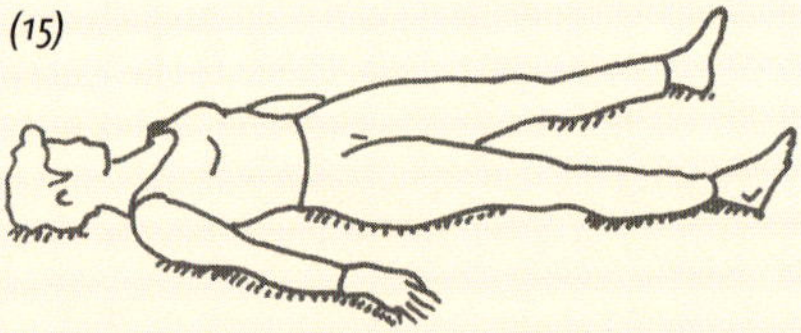

(16)

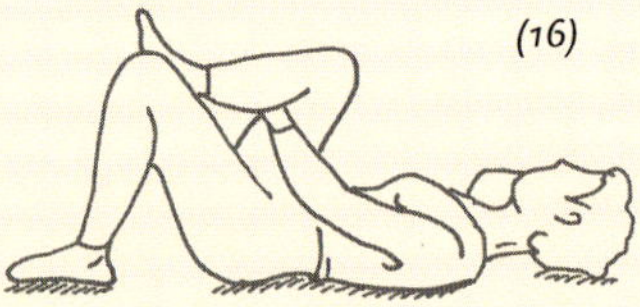

Beachten Sie bei allen Bewegungsabläufen folgende Regeln:

- Führen Sie die Bewegungen weich und langsam aus.
- Bewegen Sie den Kopf nicht aktiv, sondern führen Sie ihn mit der Hand. Der Kopf bleibt entspannt.
- Machen Sie kleine Bewegungen; ziehen Sie das Knie nicht mit Kraft bis zum Kopf.
- Kommen Sie nach jeder Bewegung in die Ausgangsposition zurück; der Kopf soll auf dem Boden ruhen.
- Atmen Sie beim Zusammenführen von Knie und Kopf aus; Sie machen es sich dadurch leichter.
- Der Ellbogen soll beim Führen des Kopfes nach vorn zeigen.
- Stützen Sie Ihren Kopf mit der Hand.
- Spüren Sie bei den Bewegungsabläufen und in der Ruhestellung, wie weit sich der Rücken zum Boden senkt.

- Heben Sie Ihren Kopf mit der rechten Hand und führen Sie den rechten Ellbogen langsam in Richtung rechtes Knie. Gleichzeitig führen Sie mit der linken Hand das rechte Knie in Richtung rechter Ellbogen. (3)
- Vollziehen Sie die gleichen Bewegungen, nur führen Sie nun das Kinn in Richtung rechtes Knie bzw. das Knie in Richtung Kinn. (4)

(3)
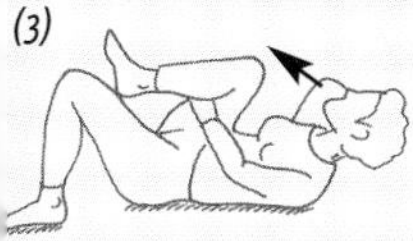

(4)
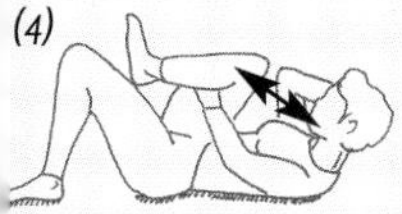

(5)
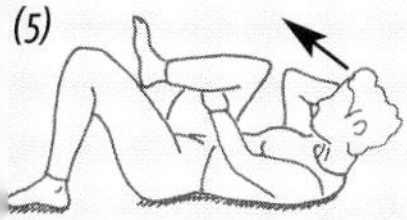

(6)
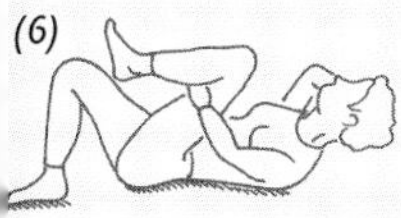

(7)
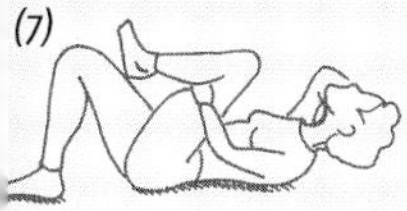

(8)
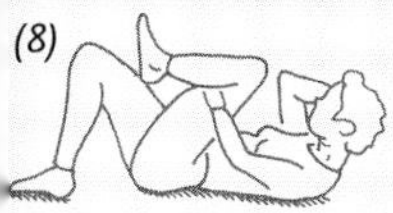

(9)
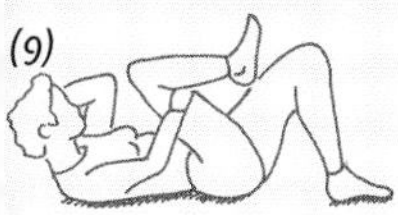

(10)
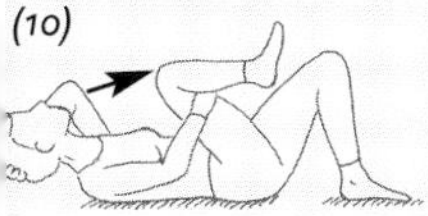

(11)
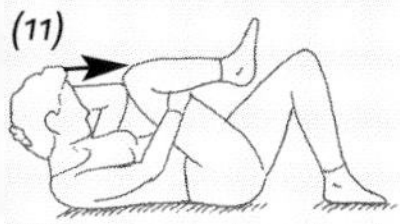

(12)
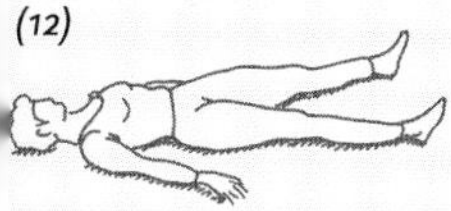

▸ Vollziehen Sie die gleichen Bewegungen, nur führen Sie die Stirn in Richtung rechtes Knie bzw. das Knie in Richtung Stirn.

Wenn Sie die drei verschiedenen Bewegungen ausgeführt haben, strecken Sie sich auf dem Boden aus und spüren Sie Ihren Empfindungen nach. Hat sich im Vergleich zur Ausgangslage vor Beginn der Übung bereits etwas an Ihrer Lage verändert? (5)

▸ Die gleichen Bewegungsabläufe vollziehen Sie nun mit der anderen Körperhälfte. Nacheinander werden Kopf, Kinn und Stirn in Richtung linkes Knie geführt. (6/7/8)

▸ Danach ruhen Sie sich wieder auf dem Boden aus und spüren, ob sich weitere Änderungen in der Auflage Ihres Körpers ergeben haben. Stellen Sie sie nur fest. Ändern Sie nichts daran, indem Sie sich bewusst anders hinlegen.

Änderung der Ausgangslage: Ihre linke Hand liegt unter dem Kopf, während die rechte Hand das rechte Knie umfasst. Die Bewegungen verlaufen nun nicht geradlinig, sondern diagonal.

▸ Heben Sie Ihren Kopf mit der linken Hand an und führen Sie den linken Ellbogen langsam in Richtung rechtes Knie. Gleichzeitig führt die rechte Hand das Knie gegen den linken Ellbogen. (9)

▸ Vollziehen Sie die gleichen Bewegungen, nur führen Sie nun das Kinn in Richtung rechtes Knie bzw. das Knie in Richtung Kinn. (10)

▸ Vollziehen Sie die gleichen Bewegungen, nur führen Sie nun die Stirn in Richtung rechtes Knie bzw. das Knie in Richtung Stirn. (11)

Wenn Sie alle drei Bewegungsabläufe ausgeführt haben, strecken Sie sich auf dem Boden aus und gehen Sie Ihrem Gefühl nach. Hat sich im Vergleich zur Ausgangslage vor Beginn der Übung bereits etwas an Ihrer Lage verändert?

▸ Die gleichen Bewegungsabfolgen vollziehen Sie nun mit der anderen Körperhälfte. Nacheinander werden Kopf, Kinn und Stirn in Richtung linkes Knie geführt.

Danach ruhen Sie sich wieder auf dem Boden aus und spüren, ob sich weitere Änderungen in der Auflage Ihres Körpers ergeben haben. Vergleichen Sie den Kontakt, den Sie jetzt mit dem Boden haben, mit dem vor Beginn der Übung. Vielleicht hat sich Ihr Rücken seit Jahren nicht mehr so entspannt. (12)

Gehen Sie nun einige Schritte und erspüren Sie Ihre Hüftgelenke und Ihren Gang. Ihre Hüftgelenke bewegen sich nun vermutlich leichter und Ihr Gang ist ebenfalls müheloser.

12) Elastische Wirbelsäule

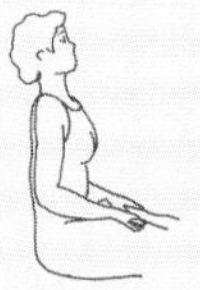
(1)

Ausgangsposition: Sie sitzen auf dem vorderen Teil eines Hockers, die Hände ruhen auf den Oberschenkeln. Die Füße stehen schulterbreit auseinander, der Körper bildet vier rechte Winkel: Füße–Unterschenkel, Unterschenkel–Oberschenkel, Oberschenkel–Oberkörper, Oberkörper–Kinn. (1)

(2)

- ▸ Heben Sie langsam und ohne Kraftanstrengung Ihren Kopf und Ihre Augen in Richtung Decke. Führen Sie Ihren Kopf nicht über Widerstände hinaus. Merken Sie sich den Punkt an der Decke, bis zu dem Sie mühelos schauen können. Später werden Sie Ihre Fortschritte an diesem Punkt messen. (2)

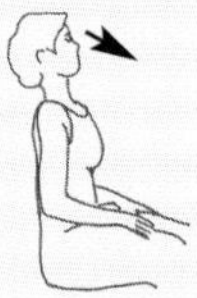
(3)

- ▸ Heben Sie den Kopf leicht an. Schauen Sie dabei gleichzeitig mit den Augen zum Boden.
  - Vollziehen Sie die Bewegungen langsam und weich.
  - Wenn Kopf und Augen sich in entgegengesetzte Richtung bewegen, sind Kopf und Nacken eingeschränkt.
  - Entspannen Sie sich, wenn Sie die Bewegungen 5- bis 10-mal ausgeführt haben. (3)

(4)

- ▸ Heben Sie Ihren Kopf und die Augen an und schauen Sie zur Decke. Biegen Sie gleichzeitig Ihren Rücken durch.
  - Ist Ihr Rücken bereits elastischer ?
  - Ist der Punkt an der Decke schon weiter nach hinten gewandert? Können Sie also schon höher schauen? (4)

(5)

- ▸ Geben Sie diese Haltung langsam auf, schauen Sie in Richtung Boden und runden Sie Ihren Rücken ein wenig, bevor Sie wieder in die Ausgangslage zurückkehren. (5)

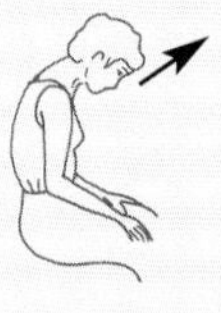
(6)

- ▸ Neigen Sie Ihren Kopf nach unten und lassen Sie Ihren Rücken rund werden. Schauen Sie dabei aber gleichzeitig mit den Augen nach oben.
  - Auch jetzt sind die Bewegungen von Kopf und Nacken wieder eingeschränkt.
  - Entspannen Sie sich danach ein wenig. (6)

(7)

- ▸ Heben Sie Ihren Kopf und die Augen wieder an und schauen Sie in Richtung Decke. Biegen Sie Ihren Rücken ganz weich durch.
  - Schauen Sie ohne Anstrengung.
  - Können Sie nun noch ein Stück weiter schauen? (7)
- ▸ Neigen Sie Ihren Kopf leicht nach vorn, das Kinn sinkt natürlich in Richtung Brustkorb. Drücken Sie langsam und weich Ihren Rücken durch.
  - Der gesamte Oberkörper soll entspannt sein.

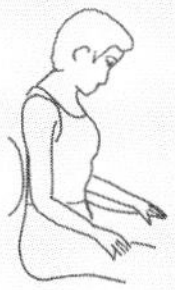
(8)

- Spüren Sie, wie das Becken leicht nach vorn kippt?
- Atmen Sie tief. (8)

▸ Schauen Sie noch einmal nach oben an die Decke und spüren Sie, wie sich Ihr Rücken elastisch biegt. Spüren Sie, wie leicht und ohne Anstrengung die Kopfbewegung zu vollziehen ist und wie sich der Punkt an der Decke immer weiter nach hinten verlagert. (9)

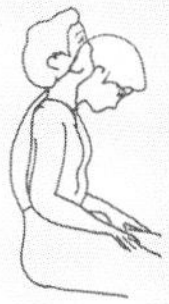
(9)

▸ Heben Sie langsam Ihren Kopf und Ihre Augen nach oben und biegen Sie Ihren Rücken weich durch. Senken Sie danach den Kopf und die Augen langsam und krümmen Sie Ihren Rücken. (10)

Wenn Sie nach oben schauen, werden Sie Folgendes feststellen:

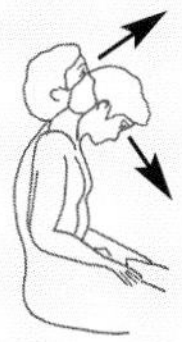
(10)

- Die Schulterblätter nähern sich.
- Der Bauch entspannt sich und wölbt sich nach vorn.
- Das Becken kippt ein wenig nach vorn.
- Der Brustkorb hebt sich und geht in Richtung Decke.
- Der Körper fühlt sich ein wenig länger an.

Wenn Sie nach unten schauen, werden Sie Folgendes feststellen:

(11)

- Der Brustkorb sinkt zusammen.
- Die Schultern und der Rücken sind gekrümmt.
- Das Becken kippt nach vorn.
- Der Körper fühlt sich kleiner an.

▸ Drehen Sie den Oberkörper nach rechts in eine bequeme Haltung. Heben Sie dann den Kopf und die Augen in Richtung Decke und biegen Sie den Rücken weich durch. Danach senken Sie den Kopf, schauen in Richtung Boden und krümmen dabei den Rücken. Bleiben Sie bei den Bewegungen nach rechts gedreht. (11)

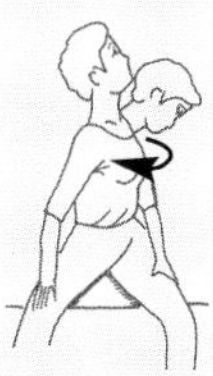
(12)

▸ Vollziehen Sie die gleichen Bewegungen nach links. (12)

▸ Verbinden Sie beide Bewegungen (nach rechts drehen und zur Decke schauen – nach links drehen und zur Decke schauen) fließend miteinander. Spüren Sie, wie sich der Körper im Einzelnen verändert? (13)

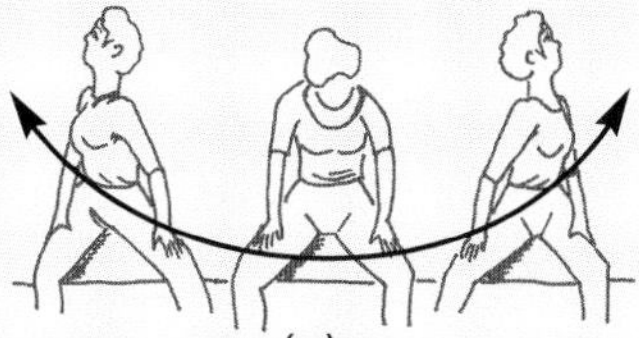
(13)

▸ Machen Sie noch einmal die Ausgangsbewegung und messen Sie abschließend Ihre Fortschritte. Sie werden die Leichtigkeit spüren, mit der sich die Kopfbewegung ohne große Anstrengung vollziehen lässt. Sie werden aufrechter und gleichmäßiger auf Ihren Gesäßknochen sitzen. (14)

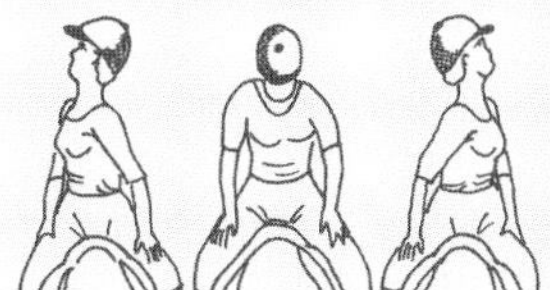
(14)

Rundrücken

Ein Reiter mit einem Rundrücken (siehe S. 79, Abb. 127 c) sitzt immer leicht nach vorn geneigt auf dem Pferd. Wird er aufgefordert, sich gerade hinzusetzen, muss er mit dem gesamten Oberkörper nach hinten gehen, weil sein Brustwirbelbereich nicht beweglich ist.

1) **Vierfüßlerstand** (Foto 82)
Im Vierfüßlerstand auf Knien und Händen beugen Sie den Kopf in Richtung Brust und machen den Rücken rund. Dabei soll die gesamte Wirbelsäule mit einbezogen werden. Danach bringen Sie den Kopf in seine natürliche Haltung (direkte Verlängerung der Wirbelsäule), wobei der Rücken sich so tief wie möglich senken darf. Beide Bewegungsabläufe verbinden Sie mehrmals miteinander.

2) **Vierfüßlerstand auf den Unterarmen** (Foto 83)
Stützen Sie sich statt mit den Händen mit den Unterarmen auf. Alle weiteren Abläufe wie in Übung 1. Sie werden feststellen, dass die Bewegung den oberen Teil der Wirbelsäule besonders mobilisiert.

82

83

3) **Den Kopf als Rad benutzen** (Foto 84)
Stützen Sie sich wieder auf die Hände und setzen Sie gleichzeitig den Kopf mit der Stirn auf den Boden. Jetzt rollen Sie den Kopf langsam über die Stirn in Richtung Nase, wobei sich der Nacken und der obere Teil des Rückens beugen. Anschließend rollen Sie über die Stirn zurück (Abb. 143).
Diese Übung können Sie variieren, indem Sie die Position der Knie verändern. Sie setzen einmal das rechte, dann das linke Knie

etwa 15 cm vor das andere und führen dieselben Rollbewegungen aus. Man kann von außen sehen, wie die Bewegungen von der linken Hüfte zur rechten Schulter bzw. von der rechten Hüfte zur linken Schulter fließen (Abb. 144).
Für den Reiter mit Rundrücken sind außerdem die Übungen geeignet, die im Kapitel „Probleme der Durchlässigkeit im Brustwirbelbereich" auf S. 66 ff. beschrieben sind.

Abb. 143a

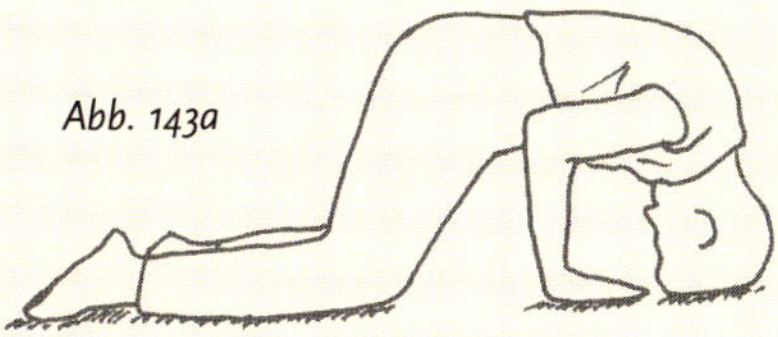

Abb. 143b

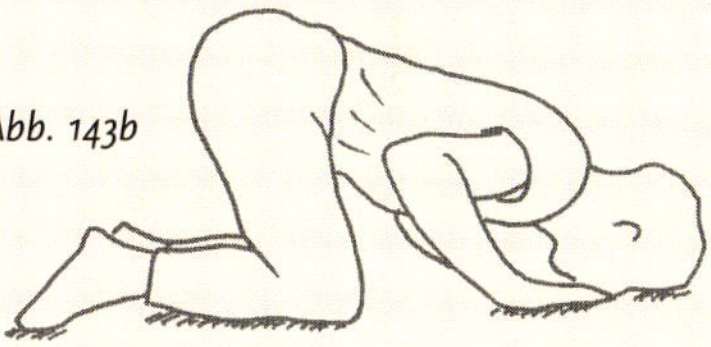

Abb. 144a

Abb. 144b

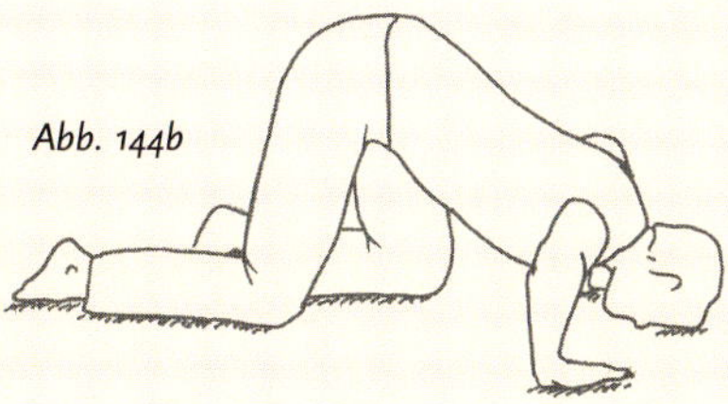

Seitliche Verkrümmung der Wirbelsäule

85

Reiter mit einer seitlichen Verkrümmung (siehe S. 79) haben bei beidseitigen Gewichtshilfen ständig Probleme, weil sie tendenziell auf einem Gesäßknochen, also einseitig, sitzen. Wenn diese Reiter auf der Hand reiten, die der Verkrümmung entgegengesetzt ist, sitzen sie immer stark nach außen. Pferde können unter ihnen kaum gerade gehen, weil die Reiter ungewollt ständig eine einseitige Gewichtshilfe geben. Aus dieser Haltung resultiert ein einseitiges Sitzen nach außen oder nach innen, je nachdem an welcher Stelle der Wirbelsäule sich die seitliche Verkrümmung befindet. Außerdem zeigen diese Reiter Schulterschiefstände, die jedoch auch durch Probleme im Becken (Blockade im Iliosakralgelenk – siehe S. 111) hervorgerufen werden können. Zwischen Becken und Schulter besteht nämlich eine enge Beziehung. (Foto 85)

Durch die seitlichen Verkrümmungen kann auch der Kopf schief getragen werden bzw. ein schief getragener Kopf führt zu Einseitigkeiten. Schulter und Becken werden dadurch aus ihrer natürlichen Stellung gebracht. Seitliche Verkrümmungen führen zur Verkürzung der seitlichen Rumpfmuskulatur auf der einen Seite und zur Dehnung auf der anderen. Wenn ein Reiter z. B. nach rechts sitzt, so ist seine Wirbelsäule nach rechts gebogen. Dadurch wird die linke Seite der Rumpfmuskulatur verkürzt, während gleichzeitig die rechte Seite gedehnt wird. Aus dieser Problemhaltung findet der Reiter nur heraus, wenn er seine Wirbelsäule insgesamt zur Seite mobilisiert. Außerdem muss er die muskuläre Balance der rechten und linken Rumpfmuskulatur herstellen. Die verkürzten Muskeln müssen gedehnt, die schwachen gekräftigt werden.

Übungen für die seitliche Mobilisierung der Wirbelsäule

(1)

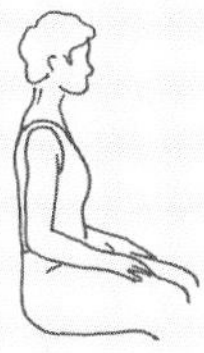

1) Der Körper in der Balance

Ausgangsposition: Sie sitzen auf dem vorderen Teil eines Hockers, die Hände ruhen auf den Oberschenkeln. Die Füße stehen schulterbreit auseinander, der Körper bildet vier rechte Winkel: Füße–Unterschenkel, Unterschenkel–Oberschenkel, Oberschenkel–Oberkörper, Oberkörper–Kinn. (1)

(2)

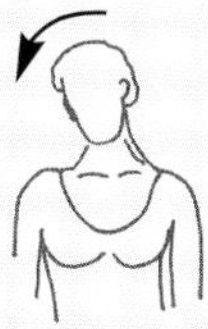

- ▸ Neigen Sie Ihren Kopf langsam und weich ein wenig zur rechten Schulter und kehren Sie zur Ausgangsposition zurück.
  - Machen Sie kleine, leichte Bewegungen.
  - Entspannen Sie Nacken, Schultern und Brustkorb.
  - Atmen Sie bei jeder Dehnbewegung aus.
  - Beachten Sie, wie sich die Rippen auf der rechten Seite zusammenschieben. (2)

(3)

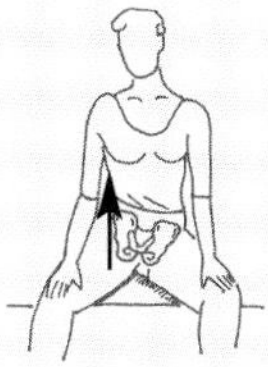

- ▸ Verlagern Sie Ihr Gewicht auf die linke Gesäßhälfte, indem Sie Ihre rechte Gesäßhälfte leicht anheben. Kehren Sie zur Ausgangsposition zurück.
  - Der rechte Fuß drückt weich gegen den Boden, wenn die rechte Gesäßhälfte angehoben wird.
  - Beachten Sie, wie sich die Rippen auf der rechten Körperseite zusammenschieben. Der Kopf neigt sich ein wenig nach rechts. (3)

(4)

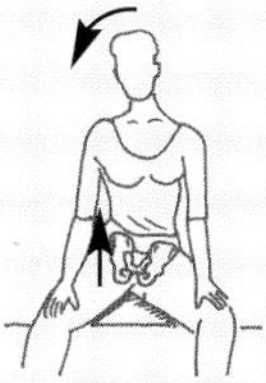

- ▸ Vollziehen Sie die beiden Bewegungen gleichzeitig: Neigen Sie den Kopf nach rechts und heben Sie die rechte Gesäßhälfte leicht an.
  - Die Bewegungen sollen leicht und fließend sein.
  - Beachten Sie, dass sich Ihre Wirbelsäule zu einem C verformt. (4)

(5)

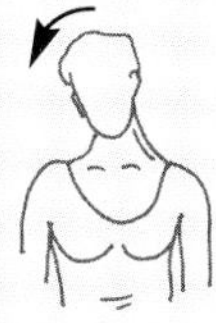

- ▸ Neigen Sie danach mehrere Male den Kopf nach rechts und kehren Sie zur Ausgangsposition zurück. Spüren Sie, wie viel beweglicher Nacken und Brustkorb bereits geworden sind? (5)
  - Wie empfinden Sie die Länge des Nackens und Rückens auf der rechten Seite? Ist sie ein wenig länger als die linke? Sitzen Sie nun intensiver auf dem rechten Gesäßknochen?

(6)

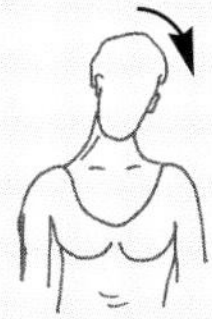

(7)

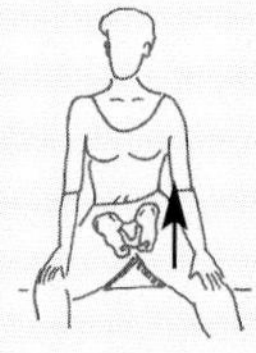

- Führen Sie alle Bewegungen mit Ihrer linken Körperhälfte durch.
- Neigen Sie zunächst nur den Kopf nach links und kehren Sie in die Ausgangsposition zurück. (6)
- Heben Sie Ihre linke Gesäßhälfte langsam leicht an und kehren Sie in die Ausgangsposition zurück. Drücken Sie dabei den linken Fuß weich in den Boden. (7)

(8)

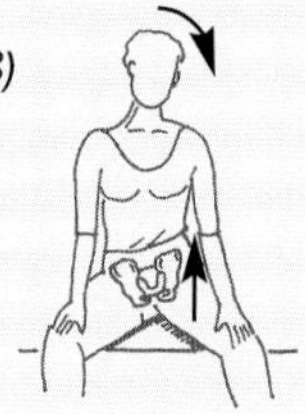

- Verbinden Sie das Neigen des Kopfes nach links mit dem Anheben der linken Gesäßhälfte. Kehren Sie immer wieder in die Ausgangsposition zurück. (8/9)

  Überprüfung: Neigen Sie nur den Kopf in Richtung linke Schulter und kehren Sie zur Ausgangsposition zurück. Ist diese Bewegung bereits leichter geworden?

(9)

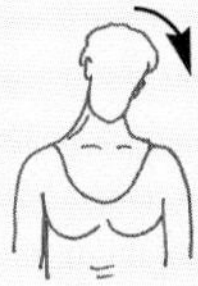

- Nun neigen Sie den Kopf nach links und heben gleichzeitig die rechte Gesäßhälfte an. Kehren Sie zur Ausgangsposition zurück. Die Bewegungen sollen langsam und fließend sein. (10)

(10)

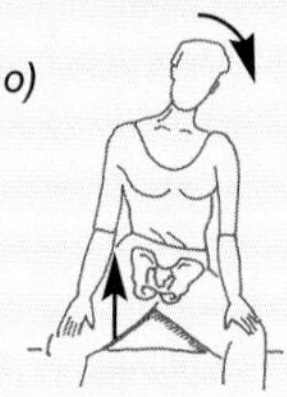

- Dann neigen Sie den Kopf nach rechts und heben gleichzeitig die linke Gesäßhälfte an. Kehren Sie zur Ausgangsposition zurück. Die Bewegungen sollen langsam und fließend sein. (11)
- Schließlich neigen Sie nur den Kopf nach rechts und links. Spüren Sie, dass Sie beweglicher geworden sind? (12)

(11)

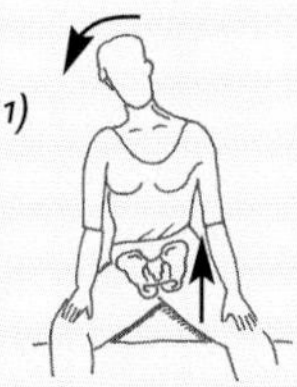

- Verbinden Sie die beiden Bewegungsabläufe: Neigen Sie den Kopf nach links und heben Sie die rechte Gesäßhälfte an. Dann gehen Sie langsam und weich in die entgegengesetzte Richtung, neigen den Kopf nach rechts und heben die linke Gesäßhälfte an.
  - Spüren Sie Unterschiede in den Bewegungen? Fällt Ihnen die Bewegung zu einer Seite leichter? Spüren Sie, wie sich Ihr Gewicht von einer Seite auf die andere verlagert? (13)

(12)

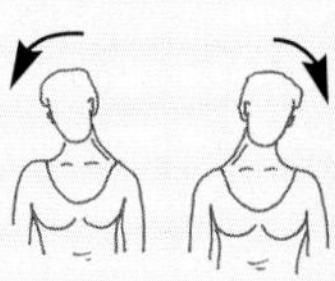

- Sitzen Sie aufrecht und schauen Sie geradeaus. Heben Sie abwechselnd die linke und rechte Gesäßhälfte an. Ihr Becken soll langsam und weich von einer Seite zur anderen schaukeln. Die Bewe-

(13)

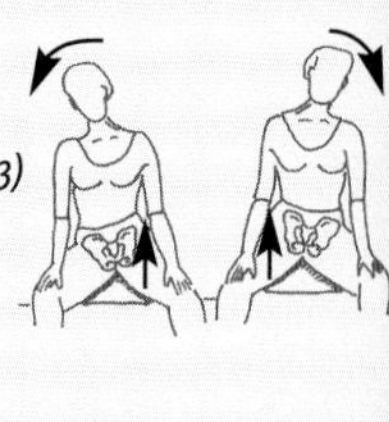

gungen sollen ineinander fließen. Spüren Sie, wie sich Ihre Wirbelsäule im unteren Teil biegt? (14)

(14)

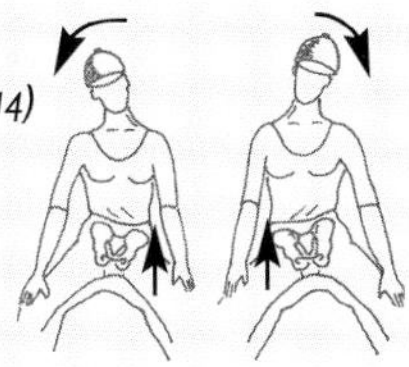

- Überprüfen Sie Ihre Fortschritte, indem Sie Ihren Kopf mehrere Male nach rechts und links neigen. Spüren Sie die Erweiterung Ihrer Beweglichkeit?

2) Die natürliche Aufrichtung des gesamten Körpers wiederherstellen (Abb. 146)

Durch das Aufsetzen aus einer liegenden Position mit dem Gesicht zum Boden wird die Fähigkeit des Organismus gefördert, sich in Raum und Zeit rhythmisch zu organisieren. Wenn der fließende Rhythmus des Aufrichtens von rechts oder links aufgenommen wird, werden alle Einzelfunktionen des Organismus verfeinert. Es entsteht der biologische Takt.

Abb. 146

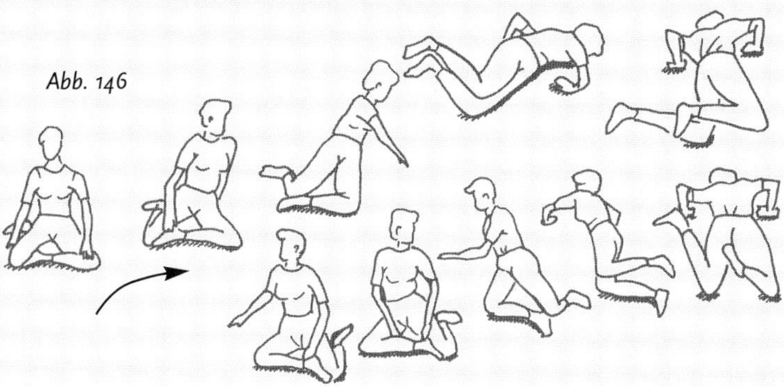

3) Auf einer Gesäßhälfte sitzen (Abb. 147)

Sitzen ist kein starres Schema, sondern immer dynamisch. Stereotype Sitzmuster können Sie durchbrechen, indem Sie mit einer Hälfte des Beckens über den Stuhl hinausrutschen und die freie Körperhälfte langsam sanft anheben und senken. Diese Veränderung spüren Sie als angenehme Neuerung in der Ordnung des gesamten Körpers. Ein starrer Sitzschematismus wird so aufgebrochen.

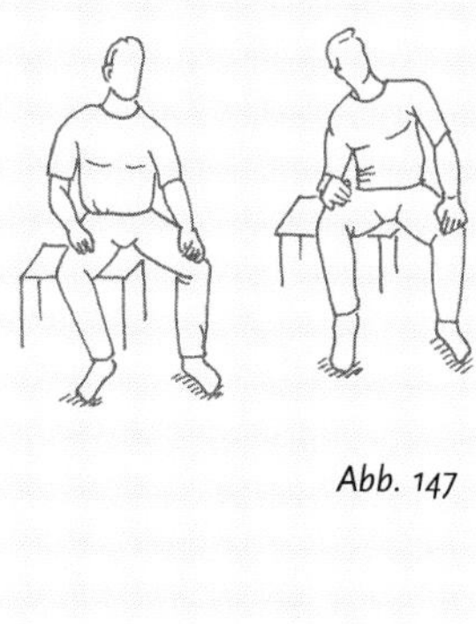

Abb. 147

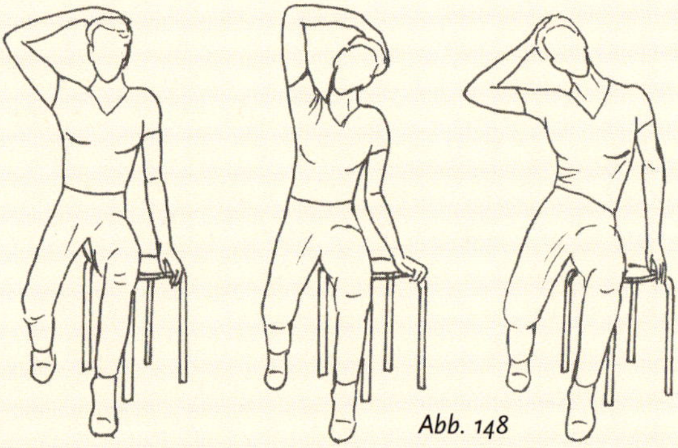

Abb. 148

4) Neue Bewegungsmuster des Kopfes aktivieren (Abb. 148)
Setzen Sie sich mit der linken Pobacke auf die rechte Seite der Sitzfläche eines Stuhles. Die rechte Gesäßhälfte „hängt“ in der Luft. Der linke Fuß steht vorn, während sich der rechte in Schrittstellung unter dem Körperschwerpunkt befindet. Die rechte Hand fasst auf den Kopf, der keine Eigenbewegungen macht, sondern alle Bewegungen der Hand überlässt. Diese führt den Kopf ganz weich nach links und rechts – nur so weit, wie es problemlos geht. Es soll nicht über Widerstände hinaus gearbeitet werden. Wenn der Kopf bewegt wird, senkt sich die rechte Pobacke unter die Sitzfläche des Stuhles oder geht nach oben in Richtung Schulter (10 Wiederholungen).

Danach wechseln Sie die Seite: Sie sitzen mit der rechten Pobacke auf der linken Seite des Stuhles. Ihr rechter Fuß steht vor dem Körper, während sich der linke in Schrittstellung unter dem Körperschwerpunkt befindet. Die linke Hand fasst auf den Kopf und bewegt ihn weich nach rechts und links. Der Kopf überlässt sich völlig der Bewegung der Hand.
Diese Übung mobilisiert beide Seiten der Wirbelsäule, was sich bei seitlichen Verkrümmungen positiv auswirkt.

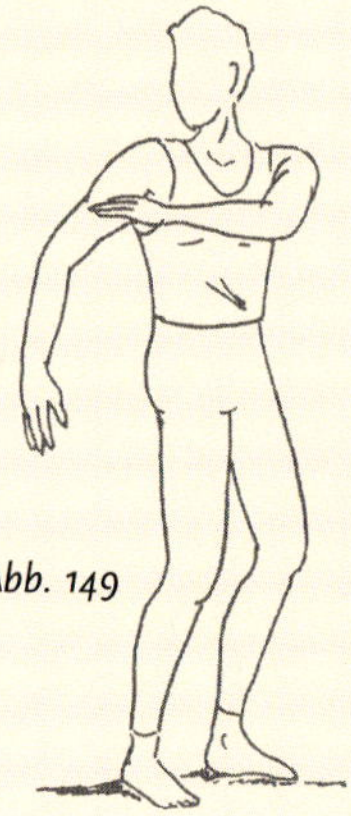

Abb. 149

5) Die Wirbelsäule in Seitenlage aktivieren

a) **Ausgangsposition:** Mit leicht geöffneten, gebeugten Beinen und aufrechter Beckenstellung stehen, Arme in Seitvorhalte beugen.
Ausführung: Oberkörper langsam nach rechts oder links drehen, das Becken zeigt ständig nach vorn (Abb. 149) u. Foto 86.

b) Auf die linke Seite legen, beide Knie sind leicht gebeugt. Der linke Arm wird unter den Kopf gelegt, das Ohr auf den Arm. Mit der rechten Hand fassen Sie Ihren Kopf von oben und heben ihn langsam vom linken Arm ab, sodass sich der rechte Ellenbogen in Richtung rechte Hüfte bewegt. Dann wird der Kopf wieder gesenkt (beidseitig üben) (Abb. 150).
c) Körperlage wie bei b. Das rechte, leicht gebeugte Bein langsam heben und senken (beidseitig üben) (Abb. 151).

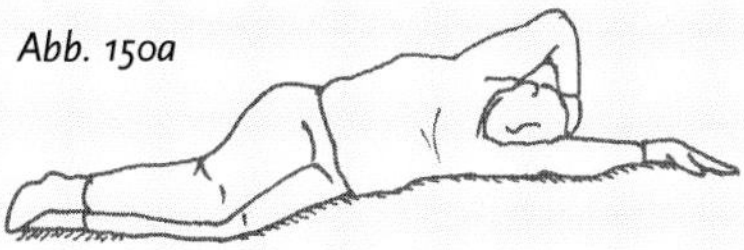
Abb. 150a

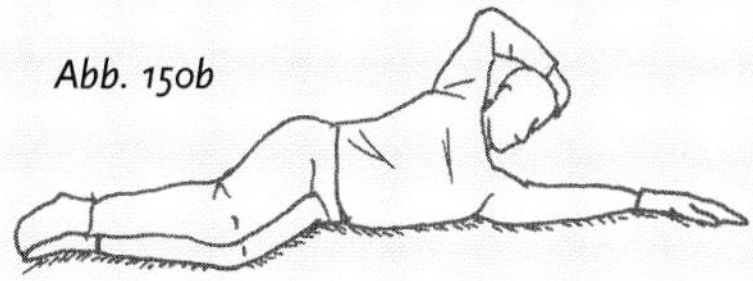
Abb. 150b

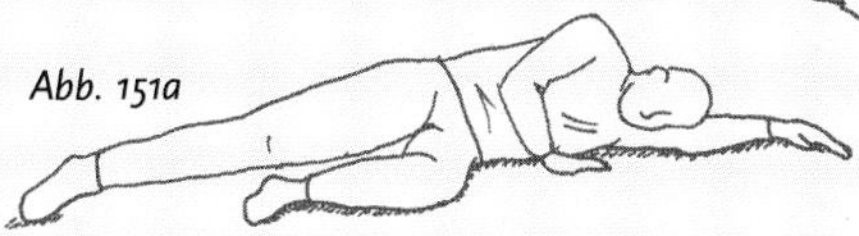
Abb. 151a

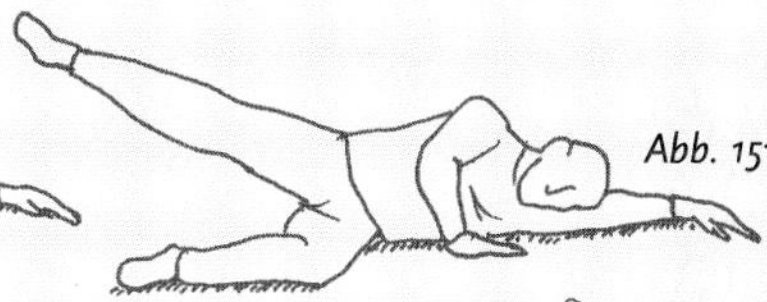
Abb. 151b

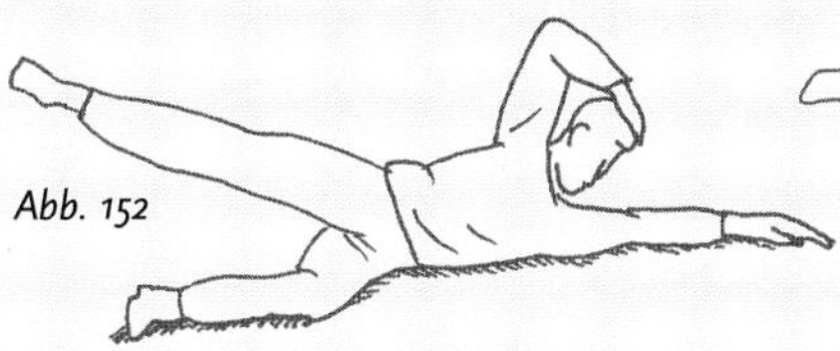
Abb. 152

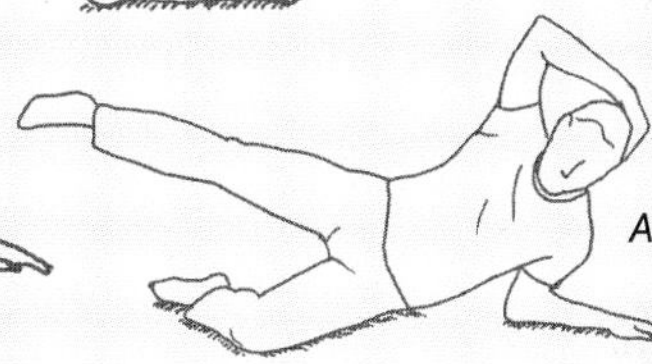
Abb. 153

d) Heben Sie nun Kopf und Bein gleichzeitig an (beidseitig üben) (Abb. 152).
e) Aus der Bodenlage hochkommen und auf den linken Unterarm stützen. Der Kopf wird von der Hand nach rechts und links gebeugt. Die Bewegung soll durch den gesamten Körper fließen (beidseitig üben) (Abb. 153).

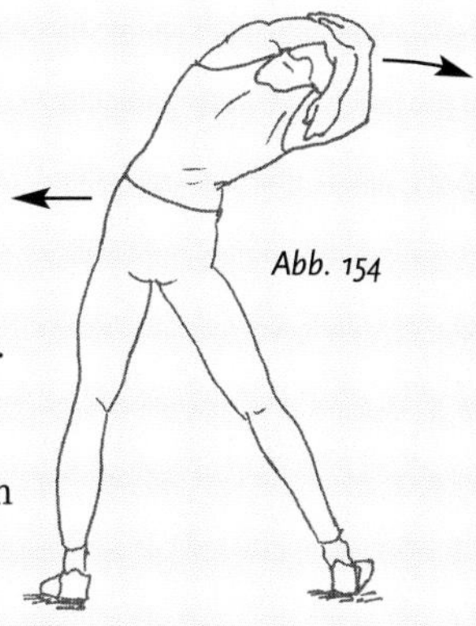
Abb. 154

6) Seitliche Rumpfmuskulatur dehnen

a) **Ausgangsposition:** Schulterbreit stehen, einen Arm hinter dem Kopf im Ellenbogen abwinkeln. **Ausführung:** Mit der freien Hand umfassen Sie den Oberarm und ziehen ihn in Richtung Boden. Dabei den Oberkörper weit zur Seite neigen und die Hüfte in die Gegenrichtung schieben (Abb. 154).

b) **Ausgangsposition:** Im Abstand von etwa 50 cm seitlich zu einer Wand stehen, Beine schulterbreit auseinander.
Ausführung: Strecken Sie die Arme nach oben und neigen Sie den Oberkörper zur Wandseite. Die Hände berühren die Wand im Abstand von etwa 1 m übereinander (Abb. 155).

Abb. 155

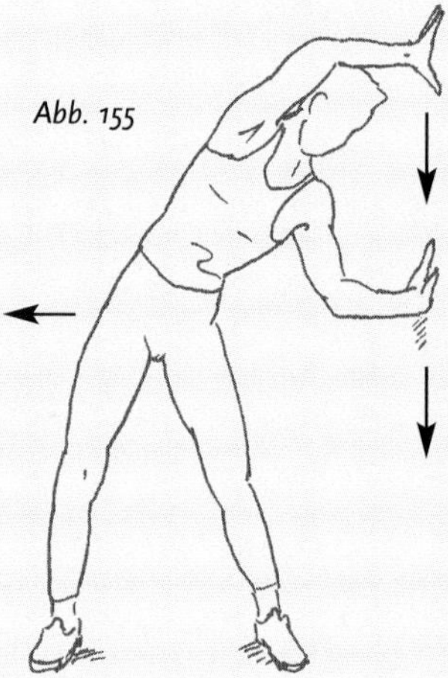

c) **Ausgangsposition:** Rückenlage, Schultern und Becken bleiben bei der gesamten Übung flach am Boden.
Ausführung: Führen Sie Kopf und Beine aufeinander zu, sodass der Körper ein großes C bildet, und verharren Sie einige Sekunden in der Endposition. Je nach seitlicher Verkrümmung dehnen Sie stärker nach rechts oder links (Abb. 156).

Abb. 156

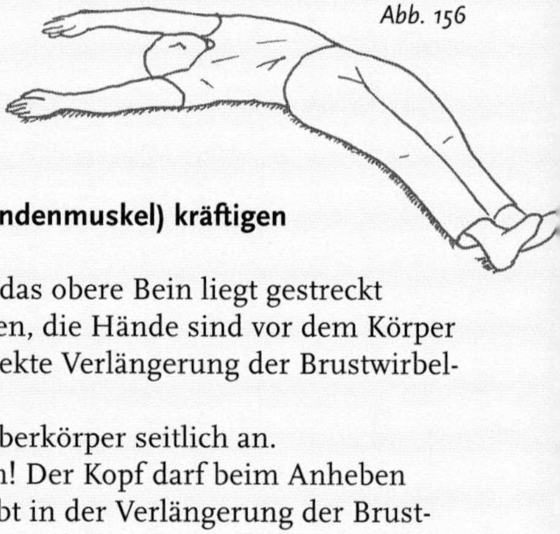

7) Seitliche Rumpfmuskulatur (Lendenmuskel) kräftigen (Abb. 157)
Ausgangsposition: Seitenlage, das obere Bein liegt gestreckt vor dem unteren auf dem Boden, die Hände sind vor dem Körper gefaltet, der Kopf bildet die direkte Verlängerung der Brustwirbelsäule.
Ausführung: Heben Sie den Oberkörper seitlich an.
Achtung: Hüftknick vermeiden! Der Kopf darf beim Anheben nicht seitwärts steuern; er bleibt in der Verlängerung der Brustwirbelsäule!

Abb. 157

„Vor der Bewegung sitzen"

Viele Reiter sitzen immer leicht vor der Bewegung, haben eine relativ krumme Haltung im Brustbereich und besitzen nicht die Fähigkeit, ihren gesamten Oberkörper aufzurichten. In einer solchen Situation liegen die Hintergründe vor, die bereits unter „Schulterprobleme" auf S. 59 und unter „Probleme der Durchlässigkeit im Brustwirbelbereich" auf S. 66 angesprochen wurden: Die Dysbalance zwischen Brust- und Schultergürtelmuskeln und die fehlende Flexibilität im Brustwirbelbereich machen den Reiter krumm.

Weitere Ursachen können aber auch in der fehlenden Kraft der Rückenmuskeln liegen, die den Reiter aufrichten sollen – unter Beteiligung der Bauchmuskeln – diese Aspekte werden auf S. 100 (Der Motor des Reiters) abgehandelt. In diesem Fall muss zusätzlich zu den Übungen bei Schulterproblemen und Problemen im Brustwirbelbereich (S. 59 ff.) die Rückenstreckmuskulatur gekräftigt werden.

Kräftigungsübungen für die Rückenstreckmuskulatur

Abb. 158

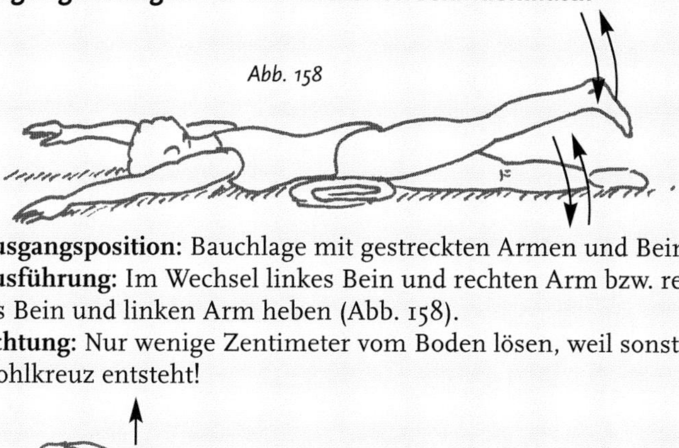

a) **Ausgangsposition:** Bauchlage mit gestreckten Armen und Beinen.
Ausführung: Im Wechsel linkes Bein und rechten Arm bzw. rechtes Bein und linken Arm heben (Abb. 158).
Achtung: Nur wenige Zentimeter vom Boden lösen, weil sonst ein Hohlkreuz entsteht!

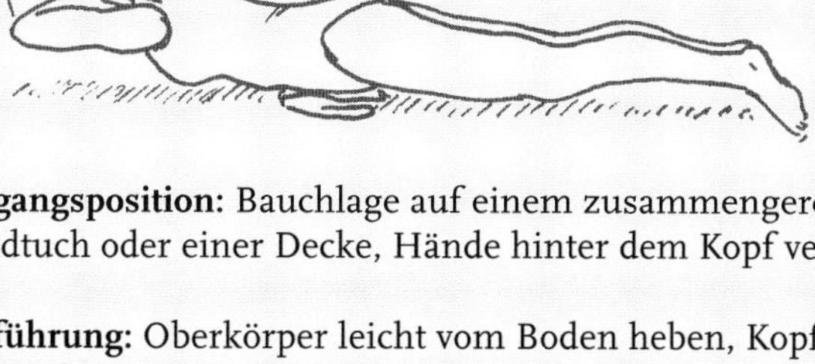

Abb. 159

b) **Ausgangsposition:** Bauchlage auf einem zusammengerollten Handtuch oder einer Decke, Hände hinter dem Kopf verschränken.
Ausführung: Oberkörper leicht vom Boden heben, Kopf nicht in den Nacken nehmen, sondern Blick zum Boden richten (Abb. 159).

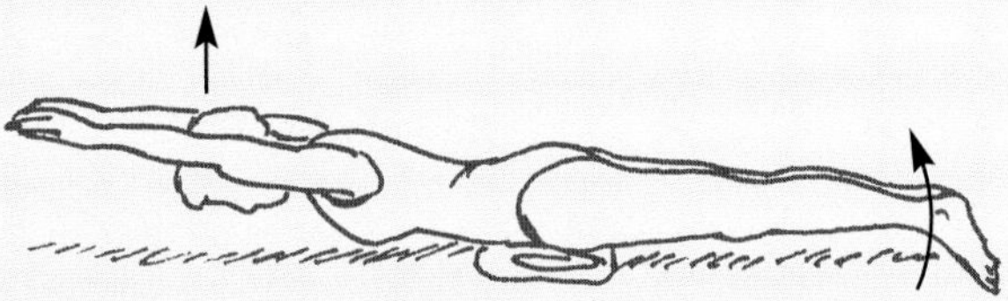

Abb. 160

c) **Ausgangsposition:** Wie in Übung b, aber Arme nach vorn strecken.
Ausführung: Oberkörper langsam anheben, Arme dabei strecken, Kopf nicht in den Nacken nehmen (Abb. 160) .

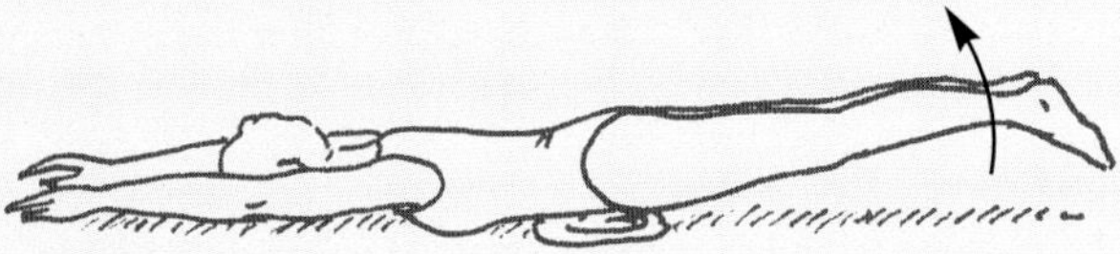

Abb. 161

d) **Ausgangsposition:** Wie in Übung c.
Ausführung: Beine vom Boden heben und Gesäßmuskulatur anspannen (Abb. 161) .

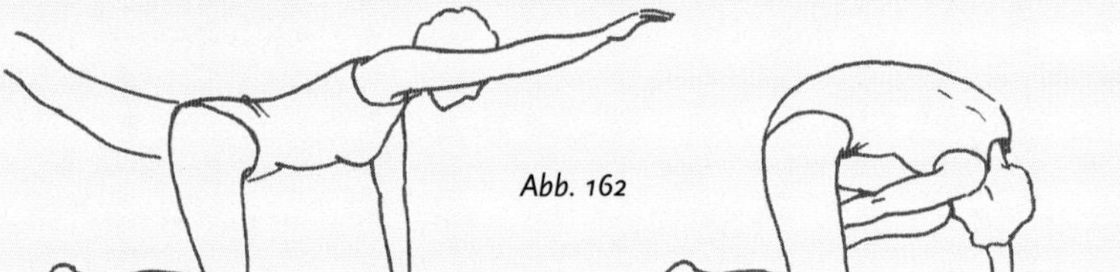

Abb. 162

e) **Ausgangsposition:** Bankstellung.
Ausführung: Rechten Arm und linkes Bein bzw. linken Arm und rechtes Bein im Wechsel anheben. Danach Knie und Ellenbogen unter dem Körper zusammenführen (Abb. 162).
Achtung: Arme und Beine nicht über Schulter- bzw. Gesäßhöhe anheben, weil sonst ein Hohlkreuz entsteht!

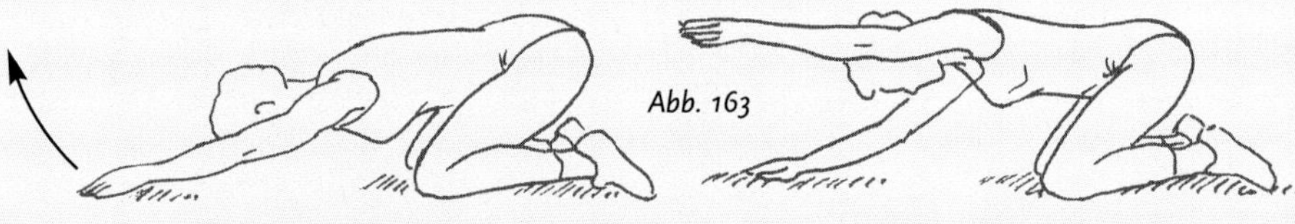

Abb. 163

f) **Ausgangsposition:** Kniestand, Oberkörper mit gestreckten Armen auf dem Boden ablegen.
Ausführung: Oberkörper frei schwebend halten und Arme wechselseitig heben und senken, Wirbelsäule strecken (Abb. 163).
Achtung: Keinen Rundrücken bilden!

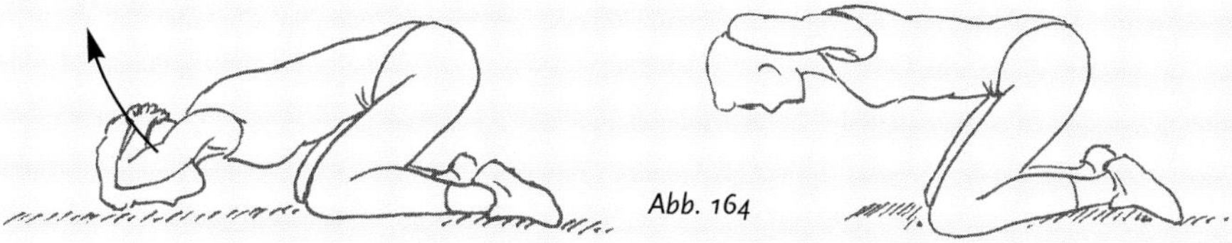

Abb. 164

g) **Ausgangsposition:** Wie in Übung f, aber Hände hinter dem Kopf verschränken.
Ausführung: Oberkörper heben und Wirbelsäule strecken (Abb. 164).
Achtung: Keinen Rundrücken bilden!

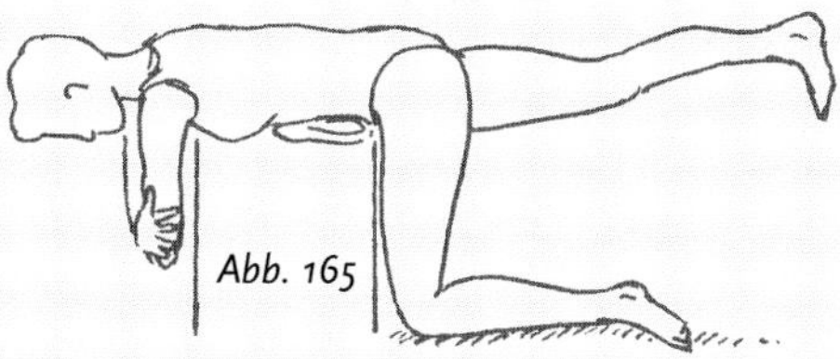

Abb. 165

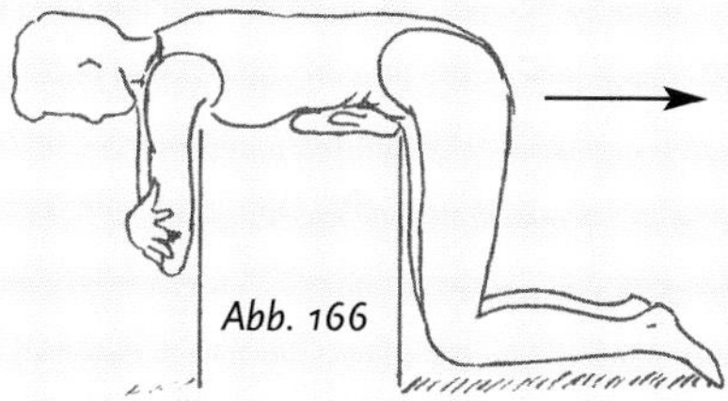

Abb. 166

h) **Ausgangsposition:** Bauchlage auf einem Hocker, zusammengerolltes Handtuch unterlegen, Arme vor dem Hocker verschränken, beide Beine anstellen.
Ausführung: Ein Bein langsam in die Waagerechte strecken (Abb. 165).

i) **Ausgangsposition:** Wie in Übung h, aber mit dickerer Unterlage, sodass die Unterschenkel nicht den Boden berühren können.
Ausführung: Gesäß senken und beide Unterschenkel anheben, bis die Wirbelsäule gestreckt ist (Abb. 166).

Abb. 167

j) **Ausgangsposition:** Rückenlage, Beine anstellen.
Ausführung: Becken anheben, bis eine gerade Linie Kopf–Brust–Becken–Oberschenkel entstanden ist (Abb. 167).

Der Motor des Reiters – das Becken – muss flexibel sein

Generelle Zusammenhänge

Das Becken als blockierendes System ist nicht nur für Reiter, sondern für alle Menschen ein Problem. Ein Großteil der Rückenschmerzen und Verkrampfungen bei Reitern resultiert aus negativen Veränderungen des Beckens, das ganz besonders davon betroffen ist, dass beim Menschen generell bestimmte Muskelgruppen zur Verkürzung, andere zur Abschwächung neigen.

Für die Elastizität im Becken sind mehrere Muskelbereiche entscheidend: tiefe Rückenmuskulatur, Gesäßmuskulatur, vordere und hintere Oberschenkelmuskulatur, Hüftbeuger, gerade Bauchmuskulatur, seitliche Rumpfmuskulatur. Das Becken kann nur dann in seine natürliche Lage (Voraussetzung für die doppelt geschwungene S-Form der Wirbelsäule) gebracht werden, wenn folgende Bedingungen gegeben sind:

Die Gesäßmuskulatur muss das Becken stabilisieren, wobei ihre Funktion oft durch zu stark verkürzte tiefe Rückenmuskeln zunichte gemacht wird. Dann besteht die Tendenz, das Becken nach vorn zu kippen (Hohlkreuz). Diese Tendenz wird durch zu starke Hüftbeuger unterstützt, die das Becken ebenfalls in eine Hohlkreuzhaltung versetzen. Wenn außerdem noch die vordere Oberschenkelmuskulatur sehr stark ausgebildet ist, kommt der Reiter aus dieser problematischen Haltung nicht heraus, zumal die geraden Bauchmuskeln und die Gesäßmuskeln meistens schwach sind und dem Hohlkreuz nicht entgegenwirken können. Ein natürliches Mitschwingen in der Mittelpositur ist somit unmöglich.

87

Für einen lockeren Sitz muss vor allem auch das Becken elastisch sein.

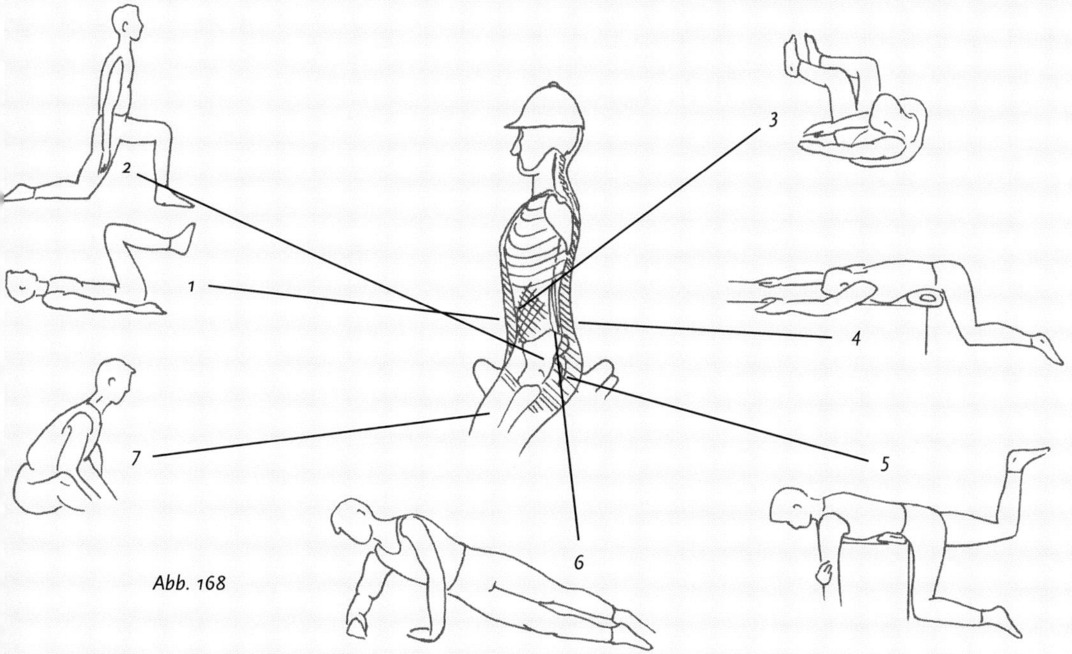

Abb. 168

Was muss geschehen, um im Becken mit dem Pferd mitschwingen zu können?

- Die tiefe gerade Bauchmuskulatur muss stark genug sein, um das Becken natürlich aufzurichten: Kräftigung der Bauchmuskeln (1).
- Die vorderen Hüftbeuger, die oft zu kurz sind, müssen gedehnt werden, um das Becken nicht nach vorn kippen zu lassen (2).
- Die schräge Bauchmuskulatur, die eine einseitige Gewichtshilfe ermöglicht, ohne dass sich die äußere Schulter nach hinten bewegt, muss gekräftigt werden. Durch sie ist ein geschlossener Sitz besonders auf gebogenen Linien möglich (3).
- Die tiefe Rückenmuskulatur darf nicht blockieren; sie muss gedehnt werden (4).
- Auch die Gesäßmuskulatur muss das Becken stabilisieren und gleichzeitig gegen die Klemmer wirken. Die Gesäßmuskeln öffnen die Beine, die Klemmer schließen sie; also Gesäßmuskeln kräftigen (5).
- Die seitliche Rumpfmuskulatur, die oft nicht gleichmäßig ausgebildet ist, muss gekräftigt werden, um stabilisierend wirken zu können. Nur ein vollkommen aufgerichteter Reiter kann im Becken elastisch sein (6).

- Die Klemmer dürfen das Becken nicht blockieren; sie müssen in einem ausgewogenen Verhältnis zur Gesäßmuskulatur stehen. Meistens sind sie stärker als die Gesäßmuskeln, müssen also gedehnt werden (7).

Übungen zu 1 und 3 – Kräftigung der Bauchmuskeln

a) **Ausgangsposition:** Rückenlage, Knie- und Hüftgelenke rechtwinklig beugen, Arme vor dem Oberkörper kreuzen.
Ausführung: Oberkörper langsam aufrichten, der Kopf bleibt in der Verlängerung des Oberkörpers (nicht das Kinn auf die Brust drücken) (Abb. 171).

b) **Ausgangsposition:** Wie in Übung a, aber Arme nach vorn strecken.
Ausführung: Oberkörper langsam aufrichten und Hände in Richtung Stuhl drücken (Abb. 172).

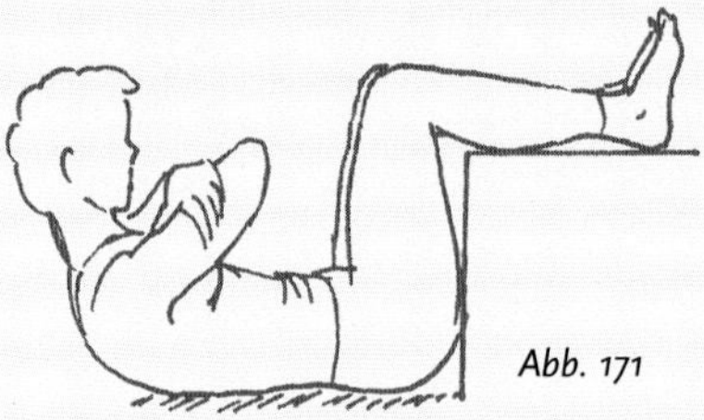
Abb. 171

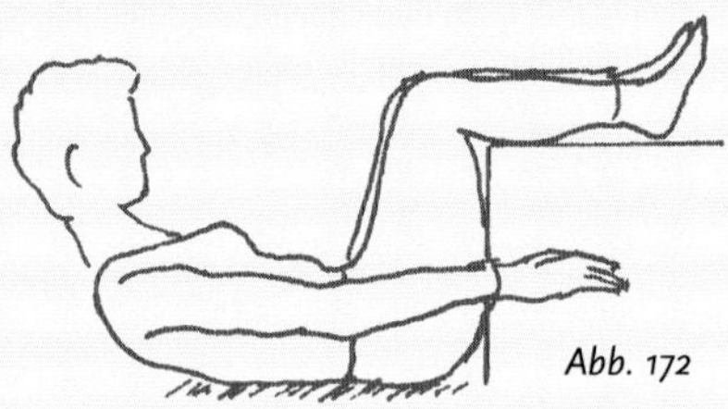
Abb. 172

c) **Ausgangsposition:** Rückenlage mit angestellten Beinen, Arme nach vorn strecken.
Ausführung: Oberkörper langsam aufrichten und Hände an den Beinen vorbeistrecken (Abb. 173).

d) **Ausgangsposition:** Rückenlage mit angestellten Beinen, Arme neben dem Körper nach unten strecken.

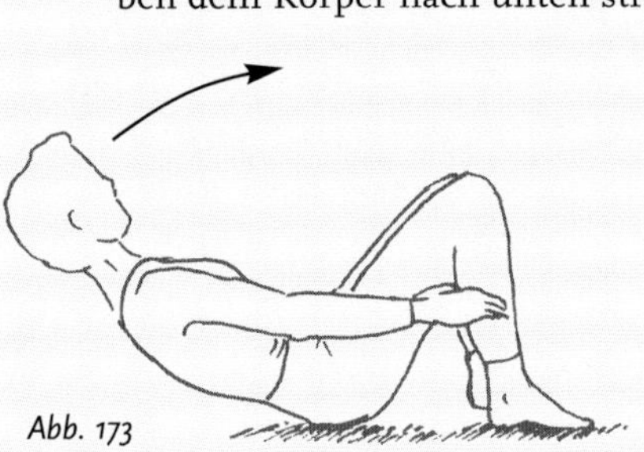
Abb. 173

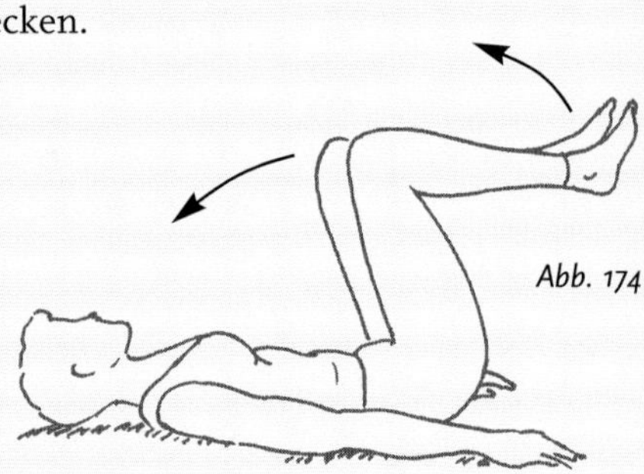
Abb. 174

Ausführung: Knie in Richtung Brustkorb ziehen, dabei Gesäß vom Boden lösen (Abb. 174).

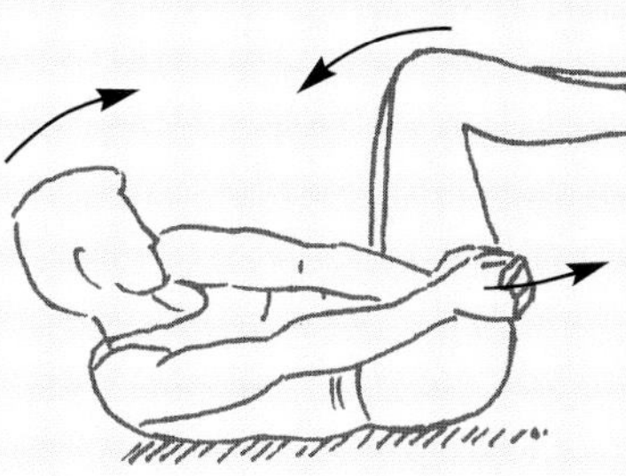

Abb. 175

e) **Ausgangsposition:** Rückenlage, Knie- und Hüftgelenke rechtwinklig beugen, Unterschenkel halten oder auf einen Stuhl legen.
Ausführung: Oberkörper aufrichten, linke Schulter vom Boden lösen und Hände am rechten Oberschenkel vorbeiführen (Abb. 175).

Abb. 176

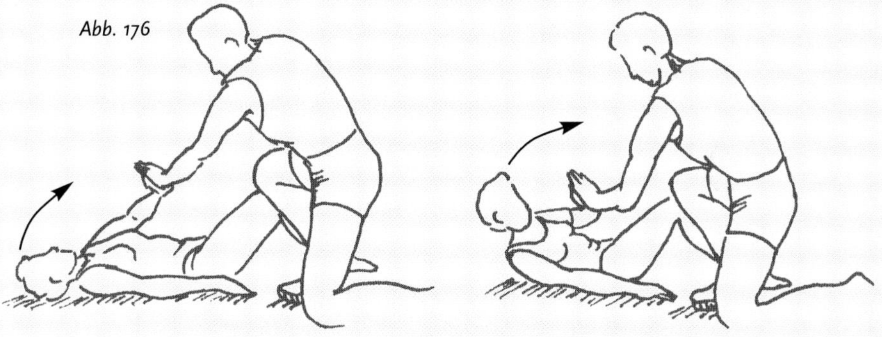

f) **Ausgangsposition:** Rückenlage, ein Partner nimmt mit der flachen Hand Druckkontakt mit Ihrem gestreckten Arm auf.
Ausführung: Schräg zur Seite aufrichten und mit dem gestreckten Arm Druck gegen die Hand des Partners ausüben (Abb. 176).

g) **Ausgangsposition:** Rückenlage, Arme auf dem Boden zur Seite strecken, Knie- und Hüftgelenke rechtwinklig beugen und Beine leicht öffnen.

Ausführung: Beine abwechselnd rechts oder links am Boden ablegen (Abb. 177).

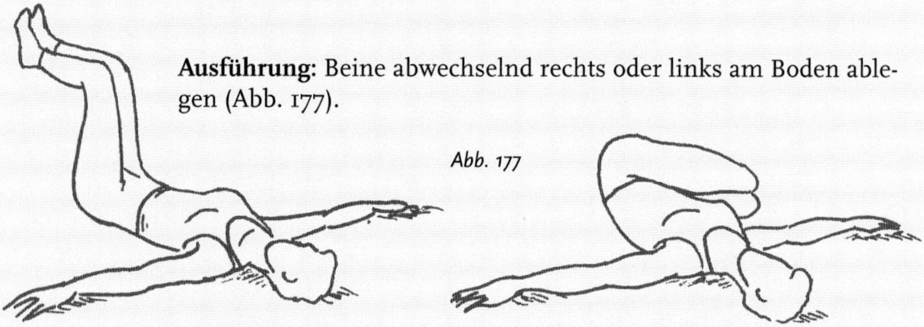

Abb. 177

h) **Ausgangsposition:** Rückenlage, Knie- und Hüftgelenke rechtwinklig beugen, die gestreckten Arme am Körper ablegen, Handflächen am Boden.
Ausführung: Kopf leicht anheben und Knie senkrecht nach oben schieben, ohne dass sich die Oberschenkel in Richtung Brust bewegen. Bewegung durch Druck der Handflächen auf den Boden unterstützen (Abb. 178).

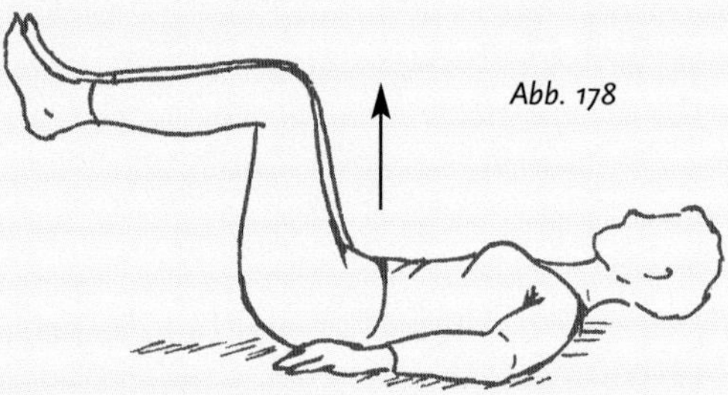

Abb. 178

i) **Ausgangsposition:** Ausgangslage wie in Übung h, aber Handrücken am Boden. Durch die Verringerung der Auflagefläche wird die Übung schwerer.
Ausführung: Wie in Übung h (Abb. 179).

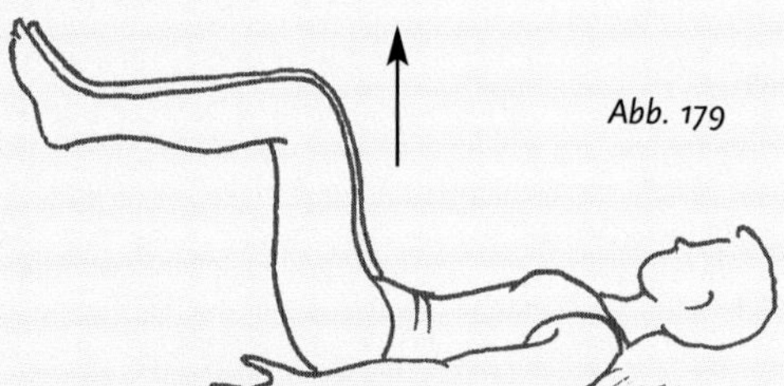

Abb. 179

Übungen zu 2 – Dehnung der vorderen und inneren Hüftbeuger

Der Aspekt der Verkürzung durch zu hohe Sehnen- und Muskelreflexe ist bereits im Kapitel „Schulterprobleme“ auf S. 59 dargestellt worden. Auch die Hüftbeuger können durch Reduzierung hoher Reflexe geschwächt werden, sodass das Becken besser mitschwingen kann, weil es nicht mehr so stark nach vorn kippt und blockiert.

a) Den vorderen Hüftbeuger spüren Sie, wenn Sie im Sitzen die Füße vom Boden lösen. Jetzt ist der Hüftbeuger in der Verlängerung des Oberschenkels angespannt. Setzen Sie das Bein wieder ab und machen Sie mit den Fingerkuppen massageähnliche Reibebewegungen nach rechts und links über den Muskel. Wenn das sehr unangenehm ist, vorsichtig beginnen und den Druck allmählich verstärken. Bei täglicher Behandlung wird der Hüftbeuger schnell geschmeidig (Abb. 180).

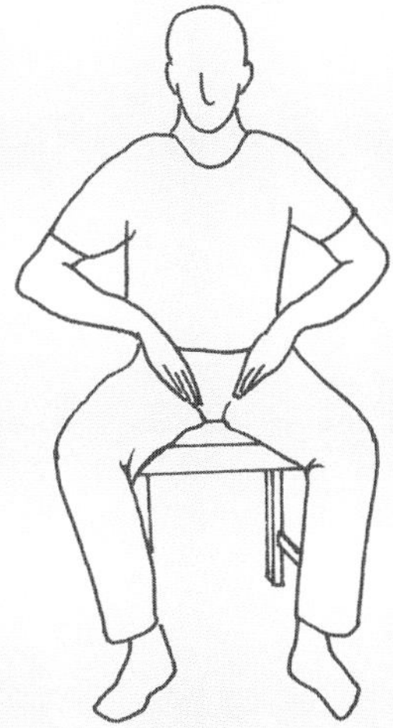

b) Die inneren Hüftbeuger (Klemmer, Adduktoren) können Sie durch eine Zupfmassage entspannen (Daumen und Zeigefinger/Mittelfinger drücken gegen den Muskel-Sehnen-Strang und zupfen daran) (Abb. 181). Sie sitzen mit geöffneten Beinen auf einem Stuhl und tasten den gesamten Muskel-Sehnen-Strang von den Knien bis zum Schambein zupfend ab. Das anfangs unangenehme Gefühl weicht bei täglicher Massage bald. (Zunächst kann die Behandlung zu blauen Flecken führen, weil das Gewebe verklebt ist).

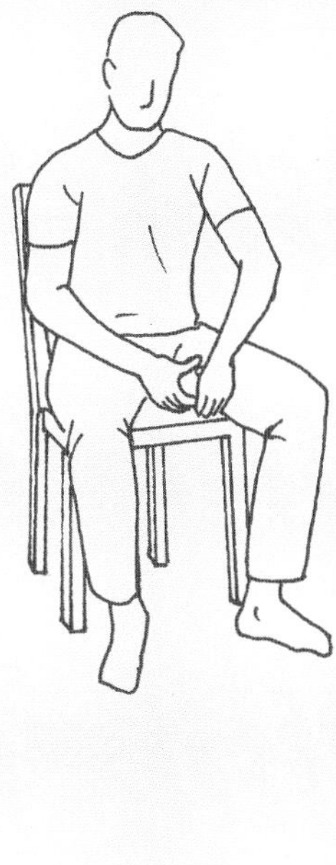

c) **Ausgangsposition:** Bauchlage, ein Arm nach vorn gestreckt, die andere Hand umfasst den Fußrücken.
Ausführung: Ferse in Richtung Gesäß ziehen (Abb. 182).
Achtung: Verstärkte Wirkung bei angezogener Fußspitze!

Abb. 182

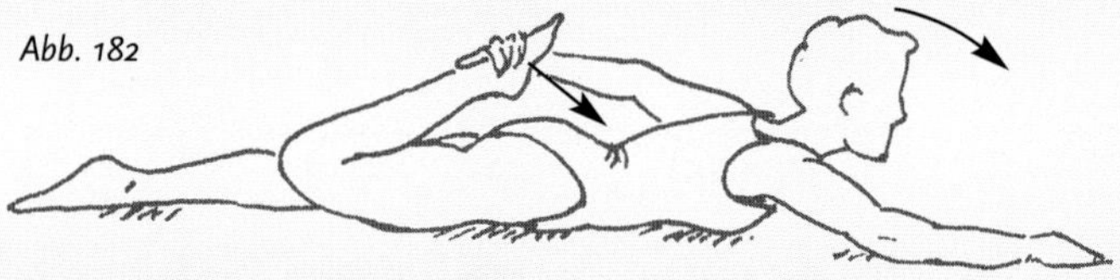

d) **Ausgangsposition:** Ausfallschrittstellung, den Unterschenkel des hinteren Beines ablegen, die gegenüberliegende Hand umfasst den Fußrücken.
Ausführung: Ferse in Richtung Gesäß ziehen (Abb. 183).
Achtung: Verstärkte Wirkung bei angezogener Fußspitze!

Abb. 183

e) Weitere Dehnübungen für die inneren Hüftbeuger (Adduktoren, Klemmer) sind bereits auf S. 45 (Abb. 40 – 44) beschrieben.

Übungen zu 4 – Dehnung der tiefen Rückenmuskulatur

a) „Massage für den Rücken" (S. 84 ff).

b) „Von links nach rechts rollen" und „Zum Sitzen rollen" unter „Hohlkreuz und Flachrücken" (S. 81).

c) **Ausgangsposition:** Rückenlage, angehockte Beine mit beiden Händen vor der Brust festhalten.
Ausführung: Knie in Richtung Brust ziehen, Kinn anziehen, Halswirbelsäule strecken (Abb. 184).
Intensivierung: Knie entsprechend der Dehnfähigkeit immer mehr in Richtung Kopf führen.

Abb. 184

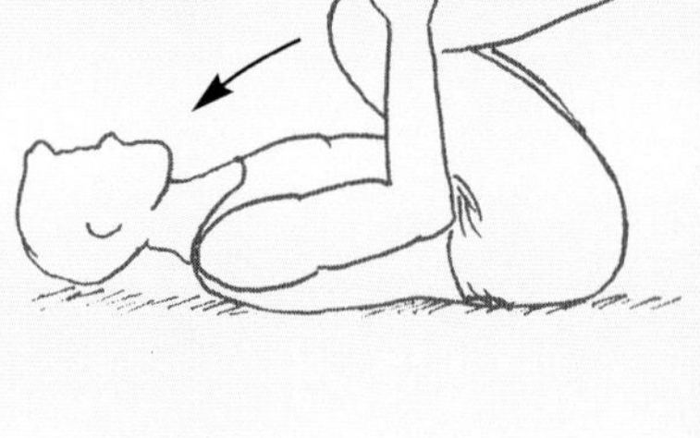

Übungen zu 5 – Kräftigung der Gesäßmuskeln (einschließlich hintere Oberschenkelmuskulatur und Körperrückseite)

a) Übungen g und h unter „Kräftigungsübungen für die Rückenstreckmuskulatur" im Kapitel „Vor der Bewegung sitzen" (S. 99)

.

b) **Ausgangsposition:** Rückenlage, Knie- und Hüftgelenke rechtwinklig beugen, Fersen auf einen Stuhl legen und Oberkörper auf den Boden stützen.
Ausführung: Gesäß weit vom Boden anheben (Abb. 185).

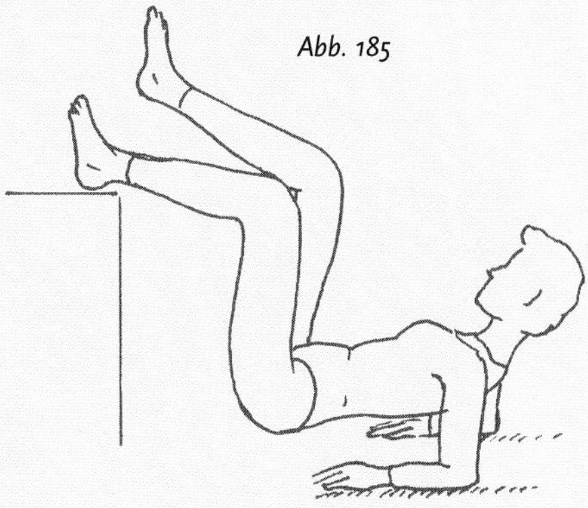

Abb. 185

c) **Ausgangsposition:** Rückenlage, Oberkörper auf den Unterarmen abstützen.
Ausführung: Gesäß langsam heben, bis die gesamte vordere Körperseite eine gerade Linie bildet (Abb. 186).

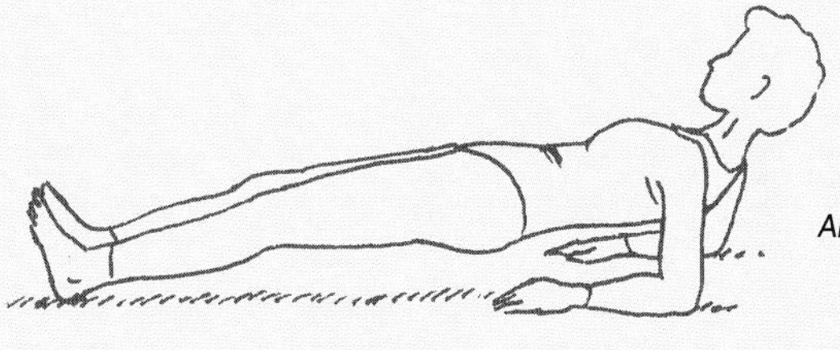

Abb. 186

d) **Ausgangsposition:** Wie in Übung c.
Ausführung: Gewicht nur auf ein Bein stützen und Gesäß langsam heben, bis die gerade Linie der gesamten vorderen Körperseite erreicht ist (Bein wechseln) (Abb. 187).

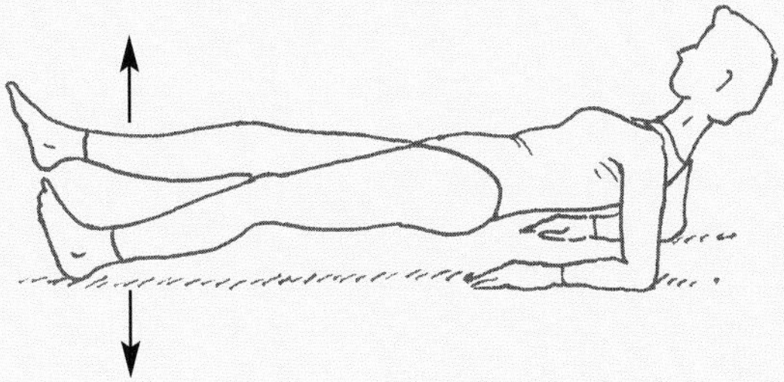

Abb. 187

Übung zu 6 – Kräftigung der seitlichen Rumpfmuskulatur

Übung 6 unter „Seitliche Verkrümmung der Wirbelsäule“ (S. 95ff).

Übungen zu 7 – Dehnen der Klemmer (Adduktoren)

Sechs Übungen sind im Kapitel „Wichtige Voraussetzungen bei Pferd und Equipment“ beschrieben (S. 43f.).

Übungen mit dem Flexi-Bar für Bauch, Gesäß, Hüfte etc.:

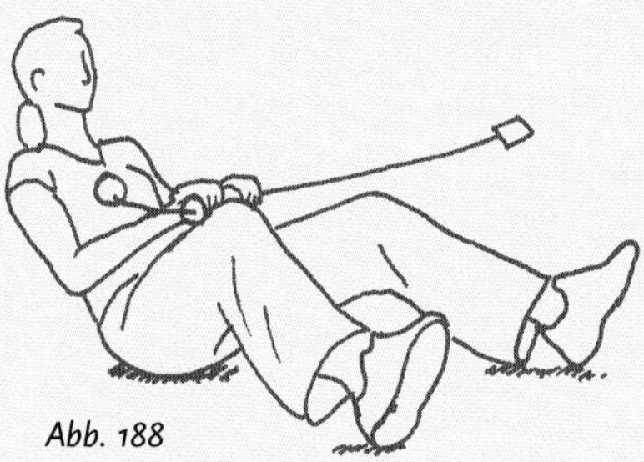

Abb. 188

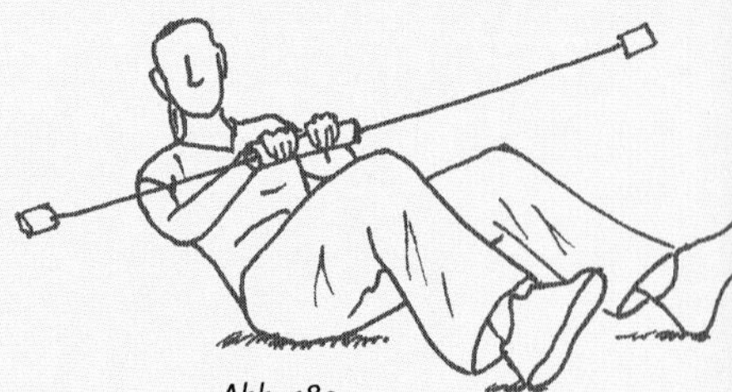

Abb. 189

Abb. 190

a) **Die Tulpe** (Abb. 188)
Ziel: Bauch.
Ausgangsposition: Mit gespreizten Beinen am Boden sitzen, Knie leicht beugen, Flexi-Bar mit den Händen quer brusthoch halten.
Bewegungsausführung: Parallel zu den Oberschenkeln schwingen, dabei den Oberkörper zurücknehmen und wieder aufrichten.

b) **Schräge Tulpe** (Abb. 189)
Ziel: schräge Bauchmuskulatur.
Ausgangsposition: Wie Tulpe, zusätzlich den Oberkörper zur Seite drehen.
Bewegungsausführung: Parallel zu den Oberschenkeln schwingen, dabei den Oberkörper zurücknehmen und wieder aufrichten.

c) **Der Bambus** (Abb. 190)
Ziel: Quer verlaufende Bauchmuskulatur, Beckenboden.
Ausgangsposition: Breit stehen, Körpergewicht auf den Fersen, Gesäß fest anspannen, Flexi-Bar locker mit beiden Händen halten.
Bewegungsausführung: Rechts – links.

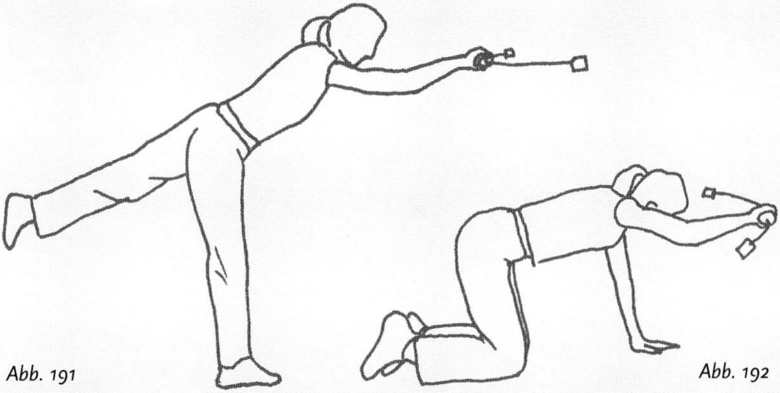

Abb. 191

Abb. 192

d) **Die Waage** (Abb. 191)
Ziel: Gesäß, Oberschenkel.
Ausgangsposition: Schrittstellung, Oberkörper nach vorn beugen, das hintere Bein anheben, nicht ins Hohlkreuz gehen.
Bewegungsausführung: Vor – zurück, mit einem Arm (beidseitig üben).

e) **Tiefe Waage** (Abb. 192)
Ziel: Gesäß, Oberschenkel.
Ausgangsposition: Vierfüßlerstand, ein Bein waagerecht nach hinten strecken, die gegenüberliegende Hand, die den Flexi-Bar hält, nach vorn strecken, Daumen nach unten, Blick in Richtung Boden.
Bewegungsausführung: Vor – zurück (beidseitig üben).

f) **Die Gabel** (Abb. 193)
Ziel: Gesäß, Beine, Arme.
Ausgangsposition: Seitstütz, unteres Bein leicht nach vorn anwinkeln, oberes Bein in Verlängerung der Wirbelsäule strecken, der obere Arm hält den Flexi-Bar, Daumen zeigt nach unten.
Bewegungsausführung: Vor – zurück, parallel zum Oberschenkel.

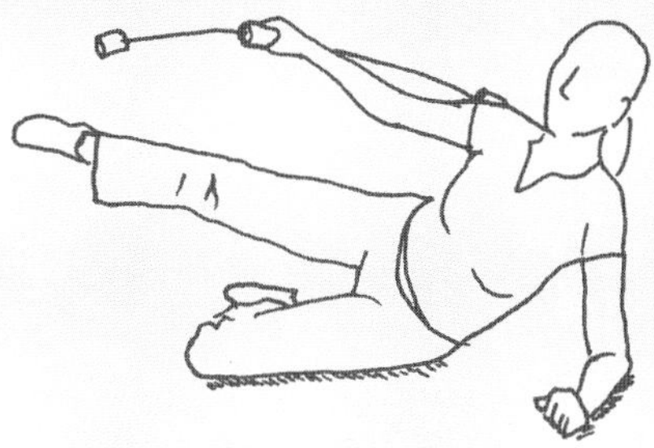

Abb. 193

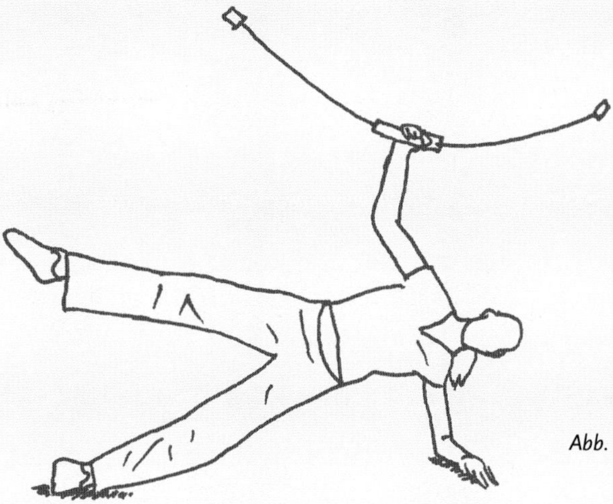

Abb. 194

g) **Die Schere** (Abb. 194)
Ziel: Beine, Hüfte.
Ausgangsposition: Seitstütz, das Becken anheben und das obere Bein nach oben spreizen, der obere Arm hält locker den Flexi-Bar und wird ebenfalls abgespreizt, der Daumen zeigt nach vorn.
Bewegungsausführung: Hoch – tief (beidseitig üben).
Wenn Probleme entstehen, zunächst das obere Bein auf dem unteren liegen lassen.

h) **Die Seerose** (Abb. 195)
Ziel: Gesäß.
Ausgangsposition: Rückenlage mit aufgestellten Beinen, Fersen in den Boden drücken, das Kinn leicht zum Hals ziehen, unteren Rücken auf den Boden drücken, Flexi-Bar mit beiden Händen halten, Daumen zeigen nach unten.
Bewegungsausführung: Vor – zurück, parallel zu den Oberschenkeln.

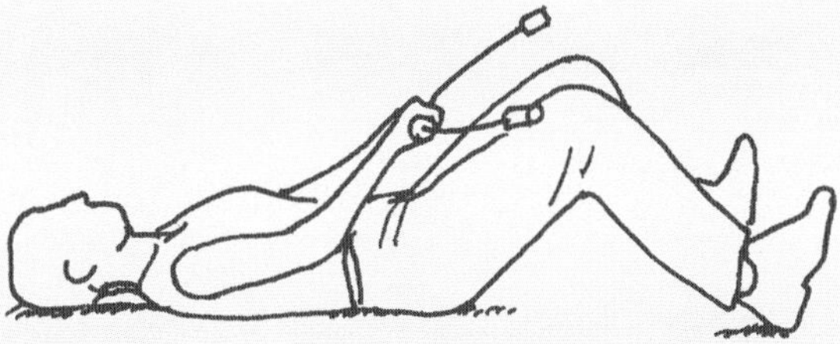

Abb. 195

Spezielle Bedingungen

Das Kreuz-Darmbein-Gelenk muss frei sein

Selbst wenn die angesprochene Muskulatur ausgewogen ist und harmonisch arbeitet, kann das Mitschwingen nicht funktionieren, wenn das Kreuz-Darmbein-Gelenk, auch als Iliosakralgelenk (ISG) bezeichnet (Abb. 196), blockiert ist. Ein Großteil der Rückenschmerzen hat seine Ursache im Bereich dieses Gelenks. Das Kreuz-Darmbein-Gelenk ist insofern wichtig für den Menschen, als es die natürlichen Bewegungsabläufe, die alle dreidimensional sind (vor – zurück, links – rechts, hoch – tief), blockieren kann.

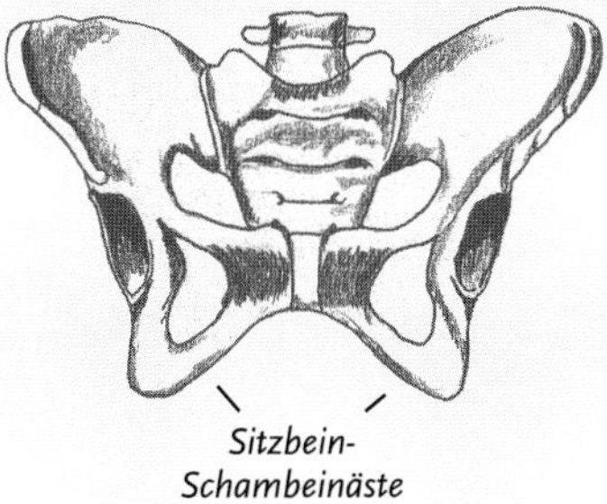

Abb. 196

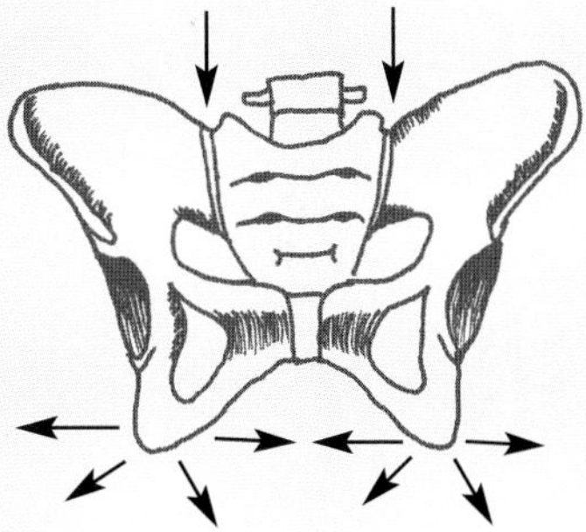

Abb. 197

Mobilisierungsübungen für das Kreuz-Darmbein-Gelenk

a) **Ausgangsposition:** Rückenlage, ein Bein strecken, das andere in Hüfte und Kniegelenk rechtwinklig anbeugen.
   Ausführung: Das angewinkelte Knie über das gestreckte Bein in Richtung Boden führen, wobei die Hand die Dehnbewegung noch unterstützen kann. Oberkörper in die entgegengesetzte Richtung drehen (Abb. 198).

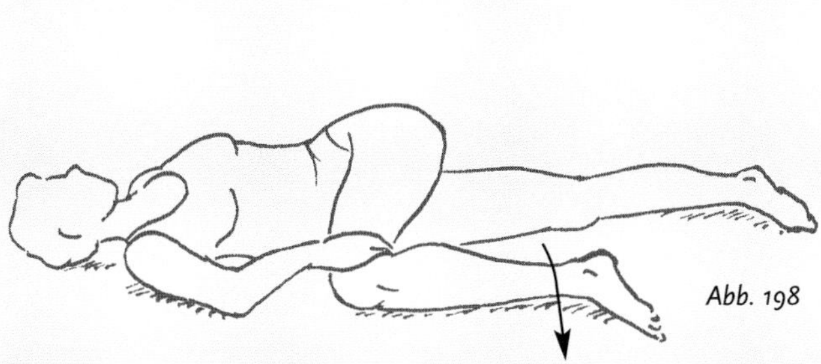

Abb. 198

88

b) **Aus dem Knien zum Sitzen** (Abb. 199) u. Foto 88
Beim Übergang vom Knien zum Sitzen wölbt sich der untere Rücken stark auf, weil der Kopf in den Nacken genommen wird (falsch organisiertes Zusammenwirken von Kopf, Hals, Schultern und Rücken). Das Neigen des Kopfes nach unten rundet den Rücken. Durch das Kombinieren einer neuen Bewegung zwischen Kopf und Becken wird die Gesamtbewegung elastischer, leichter. Das Überkreuzen eines Knies vor dem anderen macht die Notwendigkeit des bei der Vorwärtsbewegung nach hinten gerundeten Rückens noch deutlicher.

Abb. 199

c) **Akupressurübung** (Abb. 200)
Bei chronischen Beschwerden in diesem Bereich wirkt die Akupressur von Spezialpunkten lindernd. Rechts und links auf dem Beckenkamm liegen zwei Punkte, die bei Bandscheibenschäden und Beschwerden der Lendenwirbelsäule behandelt werden können. Üben Sie mit den Daumen starken Druck auf die angegebenen Stellen aus, den Sie 1 bis 2 Minuten halten. Sind die Beschwerden besonders stark, können Sie das Verfahren mehrmals täglich anwenden.

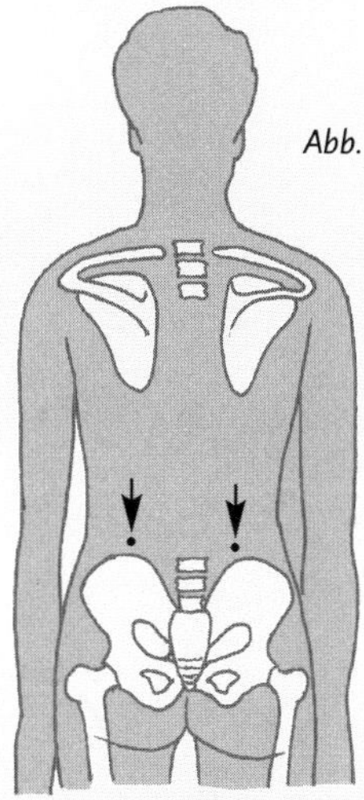

Abb. 200

Die Bewegungsmöglichkeiten des Beckens ermöglichen den aufrechten Reitersitz – der Balimo

Was heißt sitzen und bewegen auf dem Balimo?

Auf diesem Stuhl (siehe Abb. S. 115) ist es unmöglich, sich nicht zu bewegen, der Mensch sitzt also ständig unruhig. Das ist nötig, um den gesamten Körper in natürliche Schwingungen zu versetzen. Diese Schwingungen werden vom Motor des menschlichen Körpers – unserem Becken – bis zum Kopf und zu den Füßen übertragen. Feinfühliges Schwingen fordert und fördert eine erhöhte Beckenbeweglichkeit. Je größer die Vielfalt der Beckenbewegungen ist, desto besser wird der gesamte Körper natürlich ausgerichtet.

Normale Stühle lassen durch fehlende Beweglichkeit den Menschen unsensibel für den Umgang mit seinem eigenen Körper werden. Man spürt gar nicht mehr, was sich in welcher Situation wie bewegt. Je mehr Bewegungsmöglichkeiten dem Gehirn angeboten werden, desto besser kann es entscheiden, welche Bewegung für den entsprechenden Menschen die beste ist. Das Gehirn besitzt diese Weisheit nämlich noch (Feldenkrais). Seine körpereigenen Regeln gewinnt der Mensch nur dann zurück, wenn er aus einer Anzahl von Möglichkeiten auswählen kann. Aus diesem Grund lässt der Balimo seinem Benutzer viel Bewegungsspielraum.

Was leistet der Balimo?

Stimulierung der Tiefenstruktur der Rückenmuskeln:

Viele Menschen haben eine falsche Vorstellung von gesunder Körperhaltung. Sie meinen, sichtbar ausgeprägte Rückenmuskeln seien die Grundlage einer guten Haltung.
Das ist jedoch falsch, denn die Muskulatur für unsere aufrechte Haltung liegt in der Tiefe des Rückens und ist willentlich nicht zu beeinflussen.

Durch aktiv-dynamisches Sitzen auf dem Balimo werden die Reflexe der Tiefenstruktur wieder angeregt, sodass sich der Mensch natürlicher aufrecht halten kann, ohne sich ständig selbst maßregeln zu müssen.

Stärkung der Rückenmuskeln:

Muskeln müssen fortwährend bewegt werden, um ihr Kraftpotenzial zu behalten. Der Balimo ist ein Trainingsgerät, das die gesamten Rückenmuskeln durch sanfte Bewegungen kräftigt bzw. ihre Kraft erhält. Über das Becken werden ständig Bewegungsübertragungen bis zum Kopf und zu den Füßen hergestellt.

Das Becken ist der Motor des menschlichen Körpers (Feldenkrais), der alle Teile in Bewegung hält – jedoch nur, wenn dieser Motor sich ebenfalls ständig bewegen kann. Somit trainiert der Mensch über das Becken seinen Rücken und den gesamten Körper.

Ermüdungsfreies Sitzen:

Sitzen auf starren, weichen Stühlen lässt den Menschen ermüden, weil dem Körper seine körpereigenen Schwingungen entzogen werden und nicht in ihn zurückfließen. Auch Metallstühle entziehen dem Körper Energie.

Der Balimo ist überwiegend aus Holz hergestellt, mit einer relativ harten, aber angenehmen Oberfläche und einem Lederbezug. Der Mensch kann durch ständige Bewegungen aus dem Becken heraus in natürlicher Unruhe sein Körperbewusstsein schärfen.

Mobilisierung der Wirbelkörperverbindungen:

Die natürliche, doppelt geschwungene S-Form der Wirbelsäule wird durch die unterschiedlich langen Muskeln bestimmt, mit denen die einzelnen Wirbel verbunden sind.

Die ständigen Bewegungen beim Sitzen auf dem Balimo mobilisieren diese Wirbelköperverbindungen und erhalten somit die Wirbelsäule als elastisches System.

Trainieren der Beckenbeweglichkeit:
Entscheidend für einen aufrechten Sitz bzw. Gang im täglichen Leben sind mehrere Muskelbereiche, die am Becken ansetzen (siehe S. 101). Dabei entstehen Probleme durch eine verkürzte tiefe Rückenmuskulatur, schwache Gesäßmuskulatur, verkürzte vordere und hintere Oberschenkelmuskulatur, verkürzte Hüftbeuger, eine schwache gerade Bauchmuskulatur und seitliche Rumpfmuskulatur.

Durch entsprechende Übungen (gemäß Feldenkrais) auf dem Stuhl lernen die schwachen Muskeln (Bauch, Gesäß), die normalerweise zu wenig oder gar keine Arbeit leisten, zu arbeiten. Die Muskeln, die zu intensiv arbeiten und zu stark sind, werden durch Übungen dazu veranlasst, weniger Energie aufzuwenden. Somit entsteht eine harmonische Kräfteverteilung und die gesamte Beckenbeweglichkeit wird erhöht.

Mobilisierung des Kreuz-Darmbein-Gelenks:
Wenn das Kreuz-Darmbein-Gelenk blockiert ist, sind unsere Bewegungen nicht mehr dreidimensional, sondern reduziert, was zu verschiedenen Problemen des Körpers führen kann. Zentrale Überlegungen hierzu wurden bereits im Kapitel „Das Kreuz-Darmbein-Gelenk muss frei sein“ (S. 111) angestellt.

Schärfung der Sinne – Entwicklung des Bewegungsgefühls:
Die vollkommene Freiheit, sich mit der Sitzfläche in alle Richtungen bewegen zu können, stellt ständige Anforderungen an unseren Gleichgewichtssinn, der wiederum für die Entwicklung aller anderen Sinne zuständig ist. Durch die wechseln-

den Anregungen werden somit neben dem Gleichgewichtssinn alle anderen Sinne geschärft. Der Balimo ist also ein Instrument, das dem Menschen hilft, insgesamt ein besseres Körpergefühl und Körperbewusstsein zu entwickeln.

Wie soll der Balimo genutzt werden?

Der Balimo ist nicht nur als Stuhl, sondern auch als Übungsgerät zu verwenden, das heißt, man kann und sollte möglichst täglich darauf Übungen vollziehen, mit denen die Mobilität des gesamten Körpers aufrechterhalten bzw. erhöht wird (Übungsvorschläge siehe S. 117f.). Dauer und Umfang der Übungen sind dem Gefühl jedes Einzelnen überlassen. Falsche Bewegungen gibt es nicht.

Wie sollte man sich auf den Stuhl setzen?

Achtung: Die hohe Beweglichkeit der Sitzfläche kann leicht unterschätzt werden! Deshalb ist Vorsicht geboten, bis man sich an die Kippeligkeit gewöhnt hat.

Gerade zu Beginn der Nutzung ist es wichtig, erst die Sitzfläche anzufassen und sich dann so niederzulassen, dass der Stab, der die Sitzfläche stützt, die direkte Verlängerung der Wirbelsäule über das Steißbein hinaus bildet. Man soll so sitzen, dass die Sitzbeinhöcker neben dem Gelenk liegen und sich das Steißbein leicht dahinter befindet (Abb. 201).

Es entsteht quasi ein Dreieck. Auf der Sitzoberfläche befindet sich an dieser Stelle eine leichte Erhöhung.

Entscheidend ist die direkte Verlängerung der Wirbelsäule, weil dadurch die Längsachse des Menschen nicht schräg nach rechts oder links verschoben wird, wie es z. B. bei einem Sitzball der Fall ist.

Erst die Aufrechterhaltung der Körperlängsachse erzeugt die beschriebenen positiven Effekte.

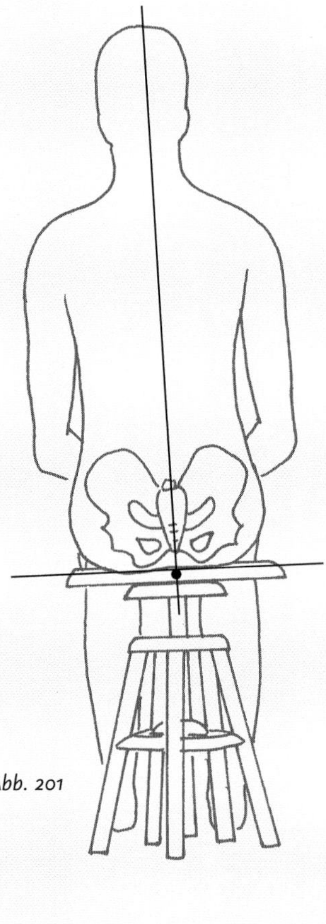

Abb. 201

Übungsmöglichkeiten mit dem Balimo

Die Übungen sollen überwiegend langsam und weich vollzogen werden. Durch Variationen in Tempo und Krafteinsatz lernt das Gehirn zwar, flexibel zu reagieren. Das langsame Tempo sollte jedoch vorherrschen, damit dem Gehirn ermöglicht wird, die Bewegungen zu verfolgen. Das steigert deren Qualität.

Sie sitzen auf dem Balimo, legen die Hände auf die Oberschenkel oder lassen sie neben dem Körper hängen. Die Füße stehen schulterbreit auseinander, der Körper bildet vier annähernd rechte Winkel: Füße–Unterschenkel, Unterschenkel–Oberschenkel, Oberschenkel–Oberkörper, Oberkörper–Kinnlinie. Die Position der Knie darf etwas tiefer als die der Hüftgelenke sein, jedoch nie höher.

1) Mobilisierung des Oberkörpers

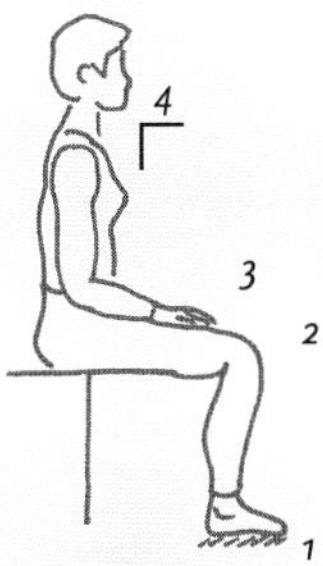

(1)

Ausgangsposition: Sie sitzen auf dem Balimo, die Hände liegen auf den Oberschenkeln. Die Füße stehen schulterbreit auseinander, der Körper bildet vier rechte Winkel: Füße–Unterschenkel, Unterschenkel–Oberschenkel, Oberschenkel–Oberkörper, Oberkörper–Kinn. (1)

- ▸ Drehen Sie den Oberkörper langsam nach rechts und nehmen Sie den Blick dabei mit. Dann wieder zurückdrehen, geradeaus schauen und entspannen.
  - Die Bewegungen sollen angenehm und leicht sein.
  - Nicht über Widerstände hinaus drehen und schauen.
  - Wenn Sie sich das erste Mal nach rechts drehen, merken Sie sich die Stelle, bis zu der Sie schauen können. So erkennen Sie später, wie viel gelenkiger Sie geworden sind. (2)

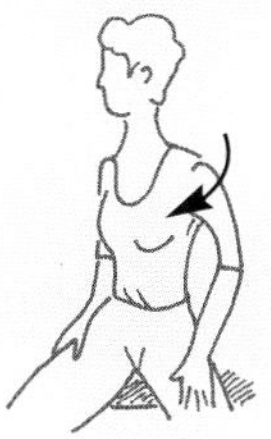
(2)

- ▸ Ihre Augen fixieren einen Punkt, der sich direkt vor Ihnen befindet. Der Blick bleibt darauf gerichtet, während Sie Kopf und Oberkörper nach rechts drehen. Dann wenden Sie sich wieder in die Ausgangsstellung zurück.
  - Keine Überanstrengungen unternehmen, nicht über Widerstände hinwegdehnen.
  - Beim Drehen ausatmen, um die Bewegung zu erleichtern.
  - Nacken, Schultern und Oberkörper entspannen. (3)

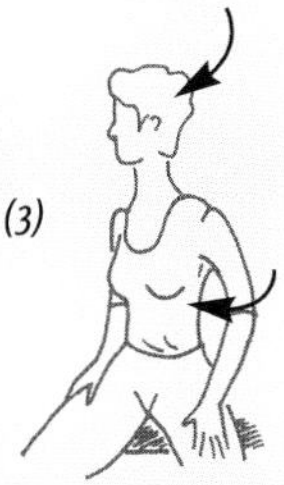
(3)

- ▸ Drehen Sie nochmals den Oberkörper einschließlich Augen langsam nach rechts. Können Sie nun bereits weiter schauen?
- ▸ Halten Sie Kopf und Augen in der Mittelposition, auf den Punkt vor Ihnen fixiert, und drehen Sie den Oberkörper langsam nach rechts, ohne den Kopf mitzunehmen.
- ▸ Drehungen langsam vollziehen. Beim Drehen ausatmen.

(4)
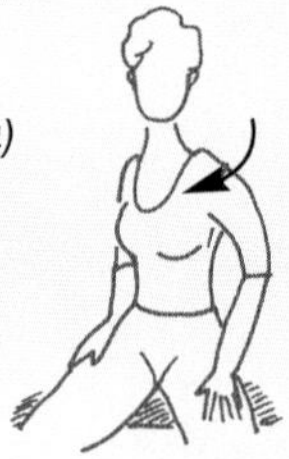

- Kiefer, Nacken und Schultern entspannen. Fühlen Sie, wie Ihre rechte Schulter nach hinten und Ihre linke nach vorn geführt wird? (4)

▸ Drehen Sie den gesamten Oberkörper (einschließlich Kopf und Augen) nach rechts, kehren Sie in die Ausgangsposition zurück und entspannen sie sich.
- Spüren Sie, wie die Bewegung nach rechts immer leichter und angenehmer wird? Fühlen Sie den Unterschied zwischen rechter und linker Schulter? Spüren Sie die Entspannung auf der linken Seite?

(5)
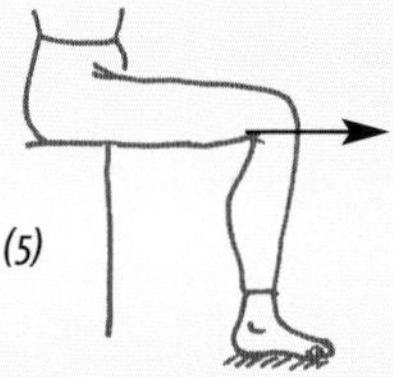

▸ Ihre Füße stehen weiterhin flach am Boden. Schieben Sie Ihr linkes Knie sanft nach vorn.
- Die Bewegung soll ganz klein sein.
- Entspannen Sie dabei das linke Bein.
- Beobachten Sie, wie sich Ihr Rücken, die Schultern und der Kopf ein wenig nach rechts drehen. (5)

▸ Wenn Sie das linke Knie nach vorn schieben, unterstützen Sie die Bewegung durch eine Drehung des Oberkörpers nach rechts.
- Spüren Sie, wie Sie beim Drehen ein wenig größer werden?
- Atmen Sie beim Drehen aus, um den Brustkorb beweglicher zu machen.
- Spüren Sie, wie sich beim Drehen Ihr Becken weich mitbewegt?
- Spüren Sie, wie sich Ihre linke Seite (von Kopf bis Becken) entspannt?

(6)
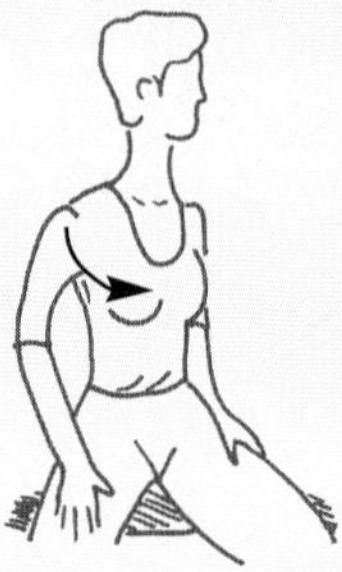

▸ Drehen Sie den Oberkörper langsam nach links, nehmen Sie den Blick dabei mit. Drehen Sie sich wieder zurück, schauen Sie geradeaus und entspannen Sie sich.
- Die Bewegungen sollen angenehm und leicht sein.
- Nicht über Widerstände hinaus drehen und schauen.
- Wenn Sie sich das erste Mal nach links drehen, merken Sie sich die Stelle, bis zu der Sie schauen können. So erkennen Sie später, wie viel gelenkiger Sie geworden sind. (6)

(7)
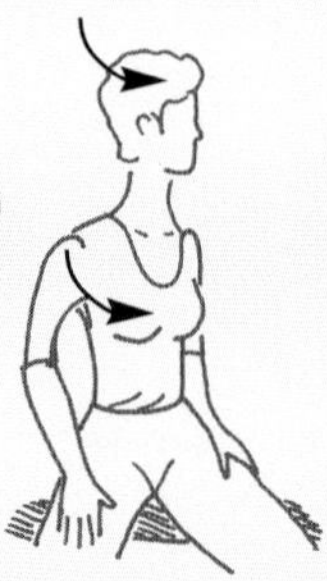

▸ Ihre Augen fixieren einen Punkt, der sich direkt vor Ihnen befindet. Der Blick bleibt darauf gerichtet, während Sie Kopf und Oberkörper nach links drehen. Dann wenden Sie sich wieder in die Ausgangsstellung zurück.
- Keine Überanstrengung unternehmen, nicht über Widerstände hinwegdehnen.
- Beim Drehen ausatmen, um die Bewegung zu erleichtern.
- Nacken, Schultern und Oberkörper entspannen. (7)

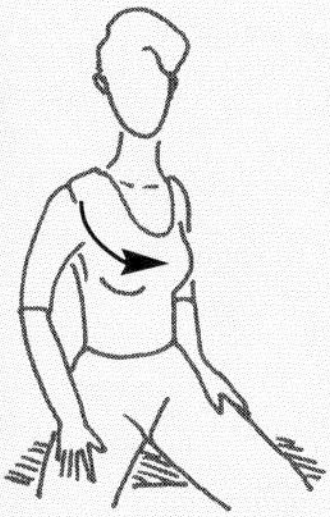

- Drehen Sie nochmals den Oberkörper samt Augen langsam nach links. Können Sie nun schon weiter schauen?
- Kopf und Augen in der Mittelposition halten, auf den Punkt vor Ihnen fixiert, und Oberkörper langsam nach links drehen.
  - Drehung langsam vollziehen. Beim Drehen ausatmen.
  - Kiefer, Nacken und Schultern entspannen. Fühlen Sie, wie Ihre linke Schulter nach hinten und die rechte nach vorn geführt wird? (8)
- Drehen Sie den gesamten Oberkörper (einschließlich Kopf und Augen) nach links, kehren Sie wieder in die Ausgangsposition zurück und entspannen Sie sich.
  - Spüren Sie, wie die Bewegung nach links immer leichter und angenehmer wird? Spüren Sie die Entspannung der rechten Seite?

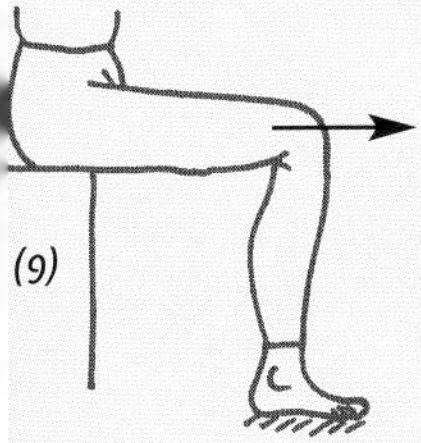

(9)

- Ihre Füße stehen weiterhin flach am Boden. Schieben Sie Ihr rechtes Knie sanft nach vorn.
  - Die Bewegung soll ganz klein sein.
  - Entspannen Sie dabei das rechte Bein.
  - Beobachten Sie, wie Ihr Rücken, die Schultern und der Kopf sich ein wenig nach links drehen. (9)

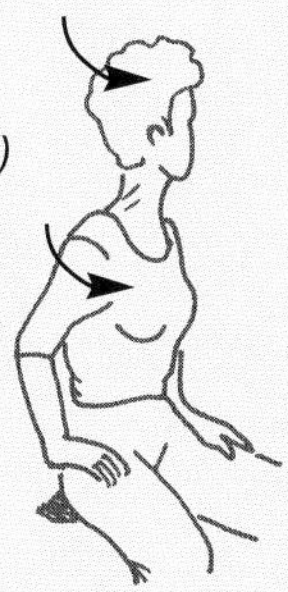

(10)

- Wenn Sie das rechte Knie nach vorn schieben, unterstützen Sie die Bewegung durch eine Drehung des Oberkörpers nach links.
  - Spüren Sie, wie Sie beim Drehen ein wenig größer werden?
  - Atmen Sie beim Drehen aus, um den Brustkorb beweglicher zu machen.
  - Spüren Sie, wie sich Ihr Becken beim Drehen weich mitbewegt?
  - Spüren Sie, wie sich Ihre rechte Seite (von Kopf bis Becken) entspannt? (10)

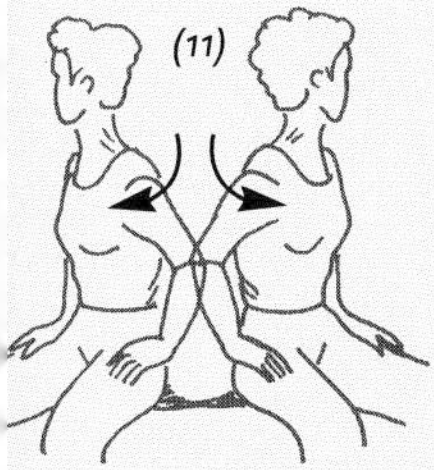

(11)

- Schieben Sie Ihr linkes Knie leicht nach vorn und drehen Sie Ihren Oberkörper nach rechts. Kehren Sie in die Ausgangsposition zurück, schieben Sie Ihr rechtes Knie nach vorn und drehen Sie den Oberkörper nach links.
  - Die Bewegungen sollen sanft und fließend sein.
  - Ihre Hände gleiten auf den Oberschenkeln, wenn Sie sich nach rechts und links drehen.
  - Ihre Beine sollen entspannt sein. (11)
- Fixieren Sie Ihren Kopf und die Augen auf einen Punkt genau vor Ihnen. Drehen Sie den Oberkörper nach rechts und links.
  - Entspannen Sie Gesicht, Hals und Schultern.

- Atmen Sie fließend und halten Sie Ihre Füße am Boden. (12)

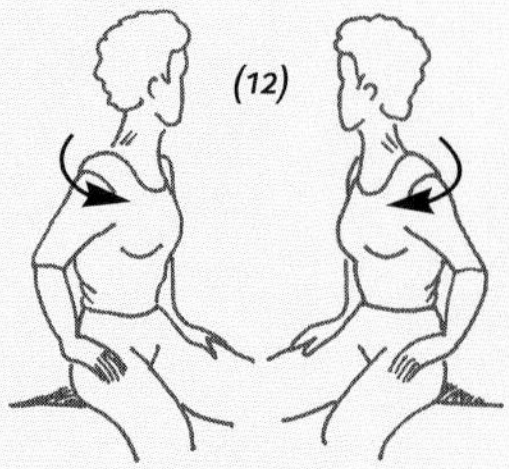

(12)

▸ Drehen Sie Ihren Oberkörper und das Becken nach rechts, während Sie Ihren Kopf nach links drehen. Danach drehen Sie Ihren Oberkörper und das Becken nach links, während Sie Ihren Kopf nach rechts drehen.
- Vollziehen Sie alle Bewegungen weich und langsam.
- Dehnen Sie nicht mit Kraft über Widerstände hinweg.
- Kiefer, Nacken, Schultern und Becken sollen entspannt sein.
- Atmen Sie fließend in die Dehnbewegung hinein. (13)

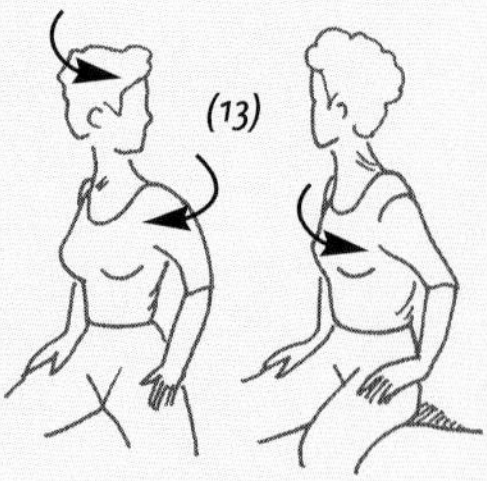

(13)

▸ Stellen Sie jetzt die Fortschritte fest: Führen Sie Ihr linkes Knie nach vorn und drehen Sie den Oberkörper nach rechts. Dann führen Sie das rechte Knie nach vorn und drehen den Oberkörper nach links. Alle Bewegungen sollen ohne Kraftanstrengung erfolgen.
- Vergleichen Sie die Drehbewegungen mit Ihrem ersten Versuch: Können Sie erheblich weiter nach rechts und links drehen und schauen?
- Sie sind ohne Kraftanstrengung gelenkiger geworden!
- Spüren Sie beim Sitzen, wie sich Ihr Gewicht gleichmäßig auf Ihre beiden Gesäßknochen verteilt?
- Fühlen Sie sich ein wenig größer und leichter?
- Ihre Muskeln sind entspannt und Ihre Haltung ist aufrechter!
- Ihr gesamter Körper ist elastischer geworden und kann anschließend besser mit der Pferdebewegung mitschwingen! (14)

(14)

2) Mobilisierung des Beckens

Ausgangsposition: Sie sitzen auf dem Balimo, die Hände liegen auf den Oberschenkeln. Die Füße stehen schulterbreit auseinander, der Körper bildet vier rechte Winkel: Füße–Unterschenkel, Unterschenkel–Oberschenkel, Oberschenkel–Oberkörper, Oberkörper–Kinn. (1)

(1)

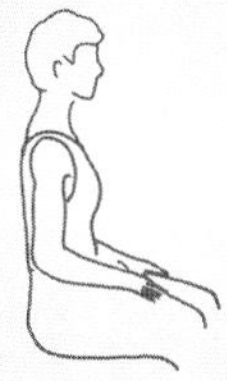

- ▸ Kippen Sie Ihr Becken langsam und weich ein wenig nach hinten, sodass sich Ihr Rücken leicht krümmt. Danach kippen Sie das Becken nach vorn, sodass sich der Rücken ein wenig durchbiegt. Vollziehen Sie diese Bewegungen fließend, weich und ohne Kraftanstrengung. Atmen Sie bei jeder Kippbewegung aus. Sie spüren, wie sich Ihr Körpergewicht auf den Gesäßknochen verlagert. Es ist eine Rollbewegung wie auf einer Kufe.
  - Sie werden bei den Kippbewegungen spüren, wie der Kopf die Beckenbewegungen in kleinerem Umfang nachvollzieht: Wenn das Becken nach vorn kippt, nähert sich das Kinn der Brust; kippt das Becken nach hinten, entfernt sich das Kinn von der Brust.
  - Beide Kippbewegungen nach vorn und hinten werden weich miteinander verbunden. (2/3/4)

(2)

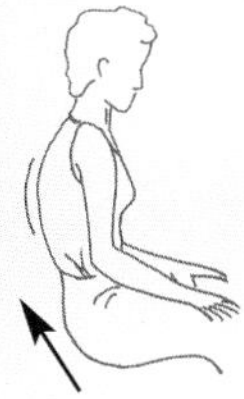

(3)

(4)

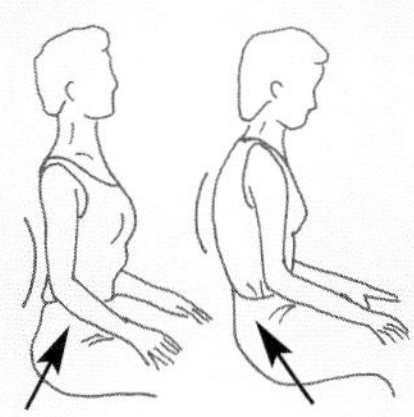

- ▸ Kippen (rollen) Sie das Becken langsam und weich in Richtung linkes Knie. Sie werden spüren, wie sich Ihr Körpergewicht auf den linken Gesäßknochen verlagert und die rechte Gesäßhälfte angehoben wird. Dies entspricht der einseitigen Gewichtshilfe beim Reiten. Der Rücken wird ein wenig gebogen, der Kopf dreht sich geringfügig nach links und der Körper richtet sich auf. Die linke Schulter bewegt sich bei der Kippbewegung automatisch ein wenig nach hinten während die rechte sich ein wenig nach vorn bewegt. (5)

(5)

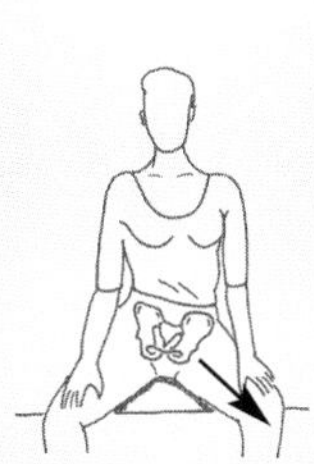

(6)

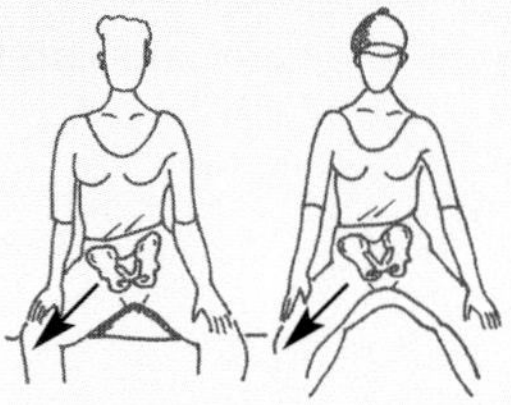

- Kippen (rollen) Sie Ihr Becken ein wenig in Richtung rechtes Knie. Das Gewicht ruht auf der rechten Gesäßhälfte, die linke wird angehoben, der Kopf dreht sich geringfügig nach rechts und der Körper richtet sich auf. Die rechte Schulter bewegt sich bei der Kippbewegung automatisch ein wenig nach hinten, während die linke sich ein wenig nach vorn bewegt. (6)
- Verbinden Sie beide Kippbewegungen miteinander. Zunächst kippt das Becken in Richtung linkes Knie, danach in Richtung rechtes. Bei den Kippbewegungen schieben sich die Rippen auf der entsprechenden Seite enger zusammen. Der Kopf geht mit den Beckenbewegungen immer ein wenig mit. Bemühen Sie sich, die Kippbewegungen in beide Richtungen gleich weich und leicht zu vollziehen. Das wird am Anfang nicht leicht sein, weil jeder Mensch eine Lieblingsseite hat, die er bevorzugt. Deshalb werden sich die Kippbewegungen zu Beginn nicht auf beiden Seiten gleich anfühlen. (7)

(7)

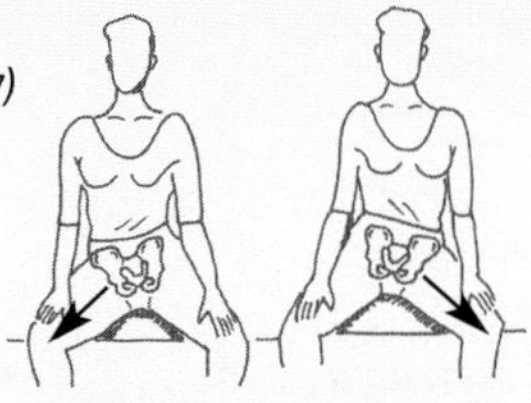

Bei den folgenden Bewegungen stellen Sie sich vor, unter dem Balimo wäre ein Zifferblatt auf den Boden gemalt: Wenn Sie das Becken nach hinten kippen, kippen Sie es auf die 6. Nach vorn kippen Sie es auf die 12. Wenn Sie das Becken in Richtung linkes Hüftgelenk kippen, kippen Sie es auf die 9 – in Richtung rechtes Hüftgelenk auf die 3. Atmen Sie bei allen Bewegungsabläufen fließend!

(8)

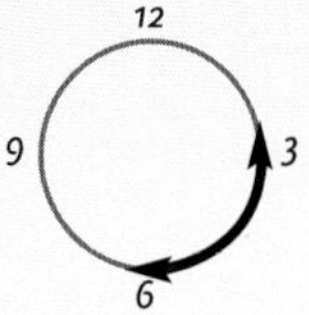

- Kippen Sie das Becken auf die 6, Ihr Rücken ist gekrümmt. Lassen Sie das Becken langsam und weich auf die 3 rollen. Kehren Sie zur 6 zurück. (8)
- Kippen Sie das Becken auf die 12, Ihr Rücken ist leicht durchgebogen (Hohlkreuz). Lassen Sie das Becken langsam auf die 3 rollen. Kehren Sie zur 12 zurück. (9)

(9)

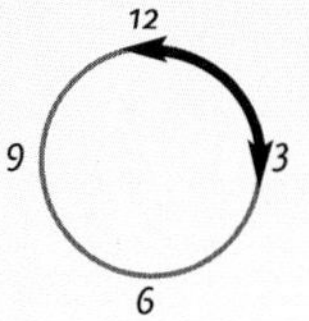

(10)

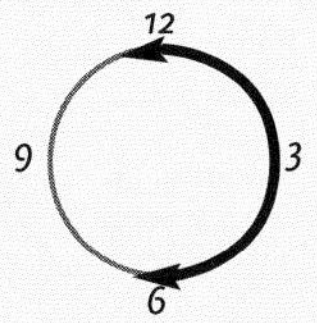

- Rollen Sie das Becken ganz langsam von der 6 über die 3 zur 12 und wieder zurück. Vollziehen Sie im Geiste nach, bei welcher Stunde Ihr Becken gerade angelangt ist. Werden Sie sich dieser Zeiten bewusst. Sie werden spüren, wie Kopf, Brustkorb und Rücken der Beckenbewegung folgen. (10)

(11)

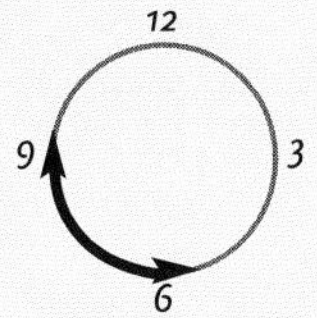

- Kippen Sie das Becken auf die 6, Ihr Rücken ist gekrümmt. Lassen Sie das Becken langsam und weich auf die 9 rollen. Kehren Sie zur 6 zurück. (11)

(12)

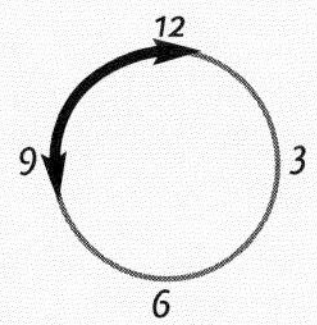

- Kippen Sie das Becken auf die 12, Ihr Rücken ist leicht durchgebogen (Hohlkreuz). Lassen Sie das Becken langsam auf die 9 rollen. Kehren Sie zur 12 zurück. (12)

(13)

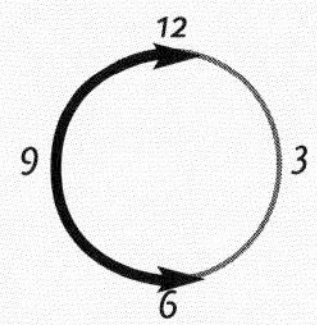

- Rollen Sie das Becken ganz langsam von der 6 über die 9 zur 12 und wieder zurück. Vollziehen Sie im Geiste nach, bei welcher Stunde Ihr Becken gerade angelangt ist. Werden Sie sich dieser Zeiten bewusst. Sie werden spüren, wie Kopf, Brustkorb und Rücken der Beckenbewegung folgen. (13)

(14)

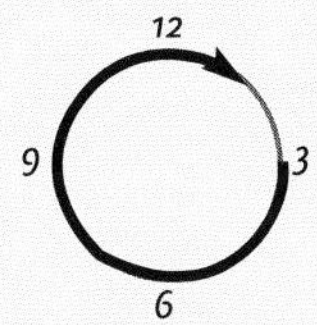

- Kippen Sie das Becken auf die 12 und lassen Sie es langsam im Uhrzeigersinn auf dem Zifferblatt rollen. Werden Sie sich jeder Uhrzeit bewusst, auf der sich das Becken gerade befindet. Wenn sich einige Stellen nicht angenehm anfühlen, versuchen Sie nicht, mit Kraft dagegen anzugehen. Durch wiederholtes Üben werden auch diese Stellen immer beweglicher. (14)

(15)

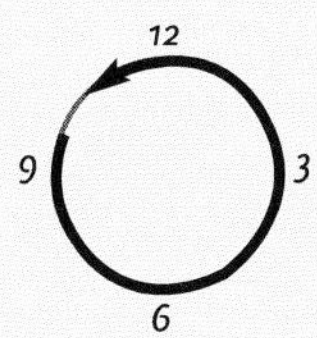

- Kippen Sie das Becken auf die 12 und lassen Sie es langsam entgegengesetzt zum Uhrzeigersinn auf dem Zifferblatt rollen. Werden Sie sich jeder Uhrzeit bewusst, auf der sich das Becken gerade befindet. Wenn sich einige Stellen nicht angenehm anfühlen, versuchen Sie nicht, mit Kraft dagegen anzugehen. Durch wiederholtes Üben werden auch diese Stellen immer beweglicher. (15)

3) Übung 7 unter „Neue Bewegungsmuster des Kopfes aktivieren“ auf S. 55

Diese Übung ist auch auf S. 59 f. im Kapitel „Schulterprobleme“ zu finden. Dabei ist der Sitz auf dem Balimo insofern verändert, als der Reiter mit beiden Sitzbeinhöckern auf der Sitzfläche sitzt.

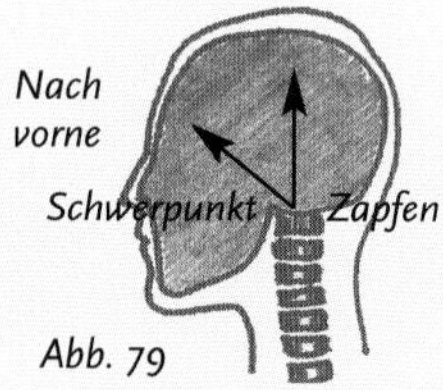

Abb. 79

4) Übung 12 unter „Elastische Wirbelsäule“ auf S. 86

5) Übung 11 unter „Massage für den Rücken“ auf S. 87

6) Übung 1 unter „Der Körper in der Balance“ auf S. 88

7) Einseitige Gewichtshilfe

Den meisten Reitern ist nicht bewusst, wie die einseitige Gewichtshilfe zu geben ist. Viele Pferde galoppieren z. B. auf den äußeren Schenkel an, wobei die Reiter auf die einseitige Gewichtsbelastung nicht zu achten brauchen. Bei anderen Reitern sieht man einen Hüftknick bei der einseitigen Gewichtshilfe. Auch das Vorbringen der inneren Hüfte ist keine Lösung, weil dann automatisch die äußere Schulter zurückgeht und der Reiter dadurch nicht mit der Pferdebewegung mitschwingen kann.

Wie die einseitige Gewichtshilfe richtig zu geben ist, kann man nirgends nachlesen. Auf dem Balimo ist der Vorgang relativ einfach zu erlernen. Der Reiter stellt sich ein Zifferblatt vor, auf dem er in Richtung 6 rollt und dann direkt (ohne seitliche Ausweichbewegungen) auf die 10, also nach vorn in Richtung linkes Knie. Dasselbe kann er auch in Richtung rechtes Knie vollziehen, also zur 2 auf dem Zifferblatt

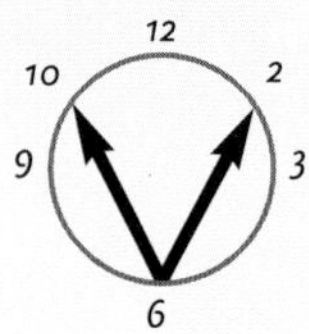

Abb. 202 richtig

(Abb. 202). Wichtig ist wie gesagt, dass man keine Ausweichbewegung vollzieht. Viele Reiter rollen nämlich von der 6 über 7, 8, 9 zur 10 oder von der 6 über 5, 4, 3 zur 2 (Abb. 203).

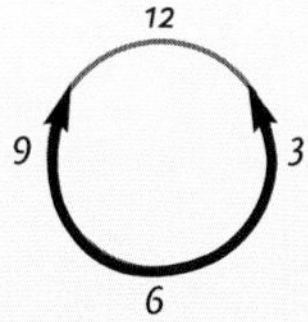

Abb. 203 falsch

Bei der korrekten Ausführung der einseitigen Gewichtshilfe gerät auf dem Balimo automatisch das entsprechende Knie nach vorn – auf dem Pferd würde es sich in die Tiefe senken.

Mobilisierung der Hüftgelenke

Die Hüftgelenke werden im Alltag und im Sport falsch bewegt, das heißt, sie werden nicht mehr als Kugelgelenke benutzt.

Beim ständig gleichen Geradeausgehen wirken sie wie Scharniergelenke, sodass bestimmte Muskeln zu viel Arbeit übernehmen, andere zu wenig oder gar nichts leisten.

Würden wir auf vielfältigere Weise gehen oder ständige Richtungswechsel vornehmen, würden wir die natürliche Struktur des Gelenks besser nutzen.

Nur wenn die Hüftgelenke frei von Verspannungen sind, kann der Reiter sein Bein locker fallen lassen – woraus sich automatisch der federnde Absatz ergibt. Das Nach-unten-Federn des Absatzes ist kein aktiver Vorgang, wie häufig von Ausbildern gefordert wird.

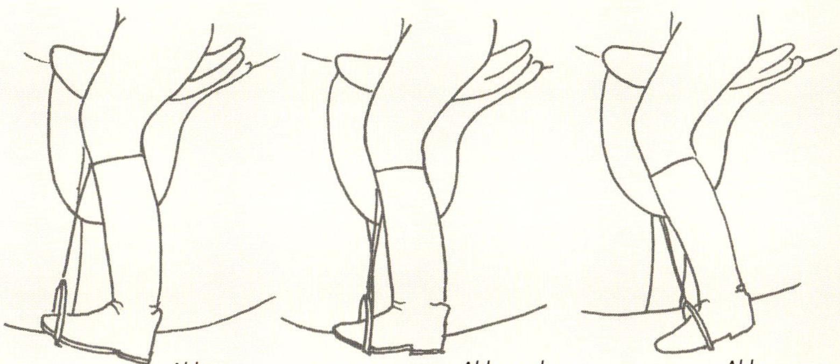

Abb. 204a *Abb. 204b* *Abb. 204c*

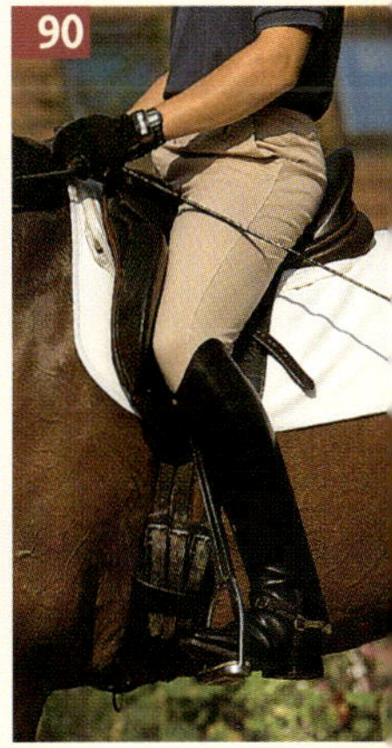

Würde ein Reiter Druck in die Bügel legen, um den Absatz zum tiefsten Punkt zu machen, würde er sich dadurch nämlich im Becken blockieren.

Der Absatz kann außerdem nur dann locker nach unten federn, wenn sich der Bügel direkt unter der Mitte des Ballens befindet (Abb. 204b u. Foto 90).

Liegt der Bügel zu weit vorn (Abb. 204a) unter der Fußspitze oder zu weit hinten beim Absatz (Abb. 204c), so blockiert sich der Reiter vom Fuß bis zum Hals-Nacken-Bereich (Abb. 204 a/b/c) u. Foto 90.

Alle beschriebenen Übungen auf dem Balimo stimulieren auch die Hüftgelenke. Die folgenden Übungen gehen noch einmal ganz speziell auf die Struktur der Hüftgelenke ein.

Spezielle Übungen für die Hüftgelenke

1) Vielfältig gehen (Abb.205 u. Foto 91, 92, 93, 94)
Gehen Sie normal geradeaus und fühlen Sie sich ganz bewusst in Ihren Gang ein, um danach die Unterschiede zu spüren.

Anschließend gehen Sie je 10 Schritte auf den Absätzen, Ballen, Außenkanten und Innenkanten des Fußes. Das gesamte Programm sollte 2- bis 3-mal wiederholt werden. Danach wird sich das Gehen elastisch, leicht und weich anfühlen.

Sie können bei diesen Versuchen die Hände auf die Hüftgelenke legen und spüren, wie vielfältig sich die Gelenke bei den unterschiedlichen Gehweisen bewegen.

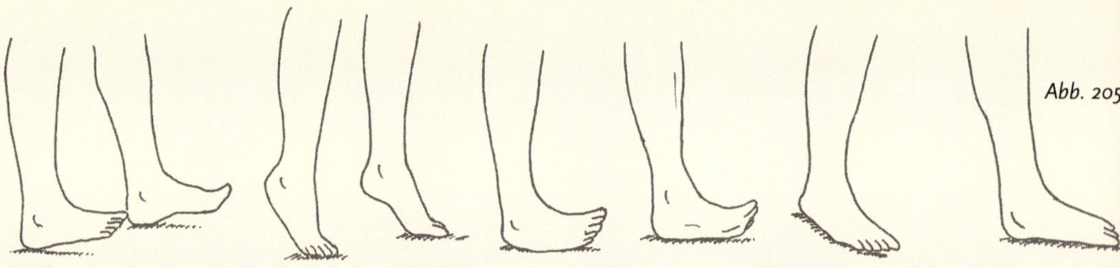

Abb. 205

2) Lendenwirbelsäule und Hüftgelenke mobilisieren (Abb. 206)
Ausgangsposition: Mit leicht geöffneten, gebeugten Beinen und aufrechter Beckenstellung stehen, Hände auf die Hüften stützen.
Ausführung: Becken aufrichten, indem die Bauch- und Gesäßmuskulatur angespannt wird. Becken nach unten kippen und die Spannung wieder lösen.

3) Knie- und Hüftgelenke mobilisieren (Foto 95, 96)
Ausgangsposition: Leichte Grätschstellung, Fußspitzen zeigen leicht nach außen, Hände auf die Oberschenkel stützen.
Ausführung: Kniegelenke im Wechsel beugen und strecken.
Achtung: Knie nicht über den Fuß hinaus nach vorn neigen, weil sonst die Bänder im Knie- und Fußgelenk zu stark belastet werden!

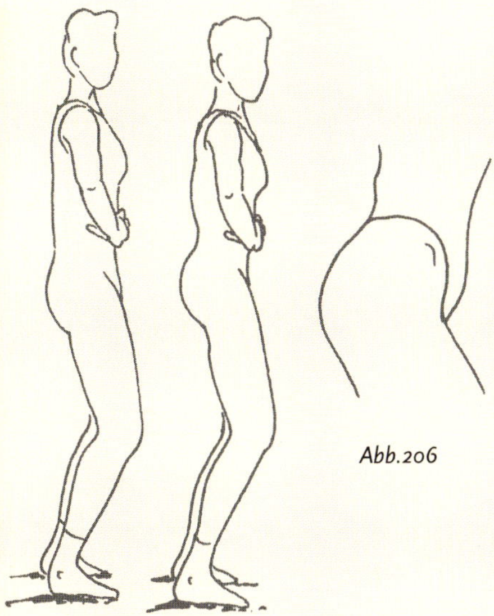

Abb.206

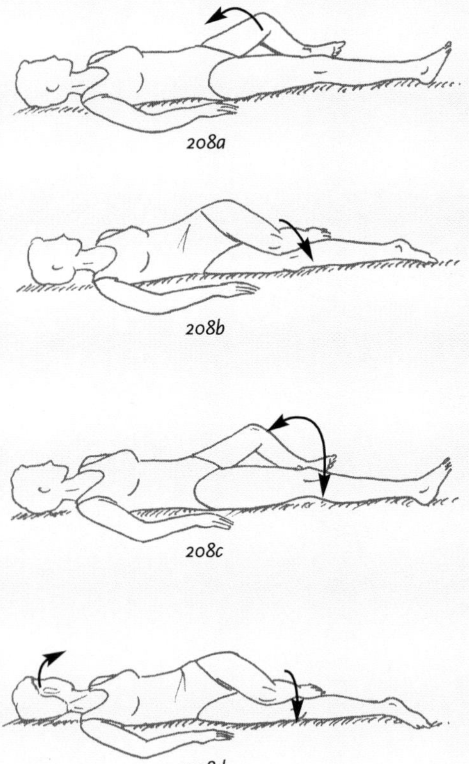

208a

208b

208c

208d

Abb. 208

4) Knie aktiv nach rechts und links bewegen (Abb. 208)

Ausgangsposition: Stellen Sie in Rückenlage ein Bein an, das andere Bein bleibt lang auf dem Boden liegen.

- Führen Sie das angestellte Bein nach außen zum Boden und wieder zurück. Dabei soll das Bein nur so weit zum Boden gesenkt werden, wie es leicht möglich ist. Sie dürfen nicht mit Kraft nachdrücken. Danach wechseln Sie die Beine und das andere Bein vollzieht dieselben Bewegungen.
- Stellen Sie das zuerst übende Bein wieder auf und führen Sie nun das Knie über das am Boden liegende Bein – nur so weit, wie es ohne Kraft möglich ist. Auch diese Bewegungen mit dem anderen Bein vollziehen.
- Verbinden Sie beide Bewegungen miteinander: Das Knie wird nach außen zum Boden und über das am Boden liegende lange Bein geführt; Wechsel der Beine vornehmen.
- Zum Abschluss kann der Kopf in die Gesamtbewegung mit einbezogen werden. Er bewegt sich immer entgegengesetzt zum Knie.

Diese cross-koordinative Bewegung aktiviert zusätzlich zur Mobilisierung der Hüfte beide Gehirnhälften.

5) Entspannte Schultern und Hüften

Ausgangsposition: Sie können die Bewegungsabläufe der Übung „Lockere Schultern“ (S. 60 ff.)auch in der Seitenlage ausführen (rechte Winkel Unterschenkel-Oberschenkel, Oberschenkel-Oberkörper, Oberkörper-Kinn). Der obere Arm ruht locker entlang des Oberkörpers, das Handgelenk etwa auf Höhe des Hüftgelenks. (Abb. 209)

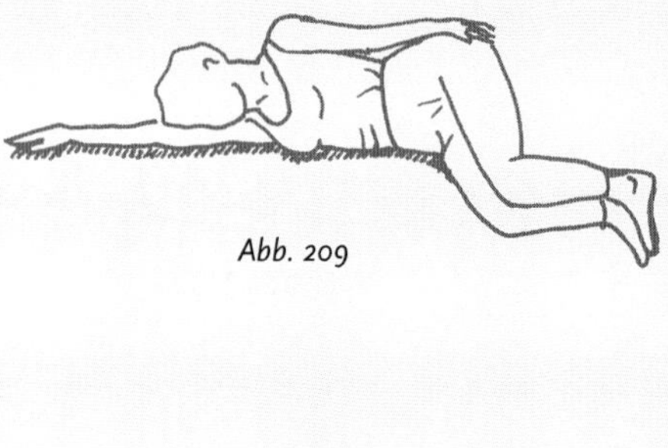

Abb. 209

- Zunächst führen Sie die auf S. 60 ff. beschriebenen Bewegungen mit der oberen Schulter aus. Danach werden die gleichen Bewegungen auch mit dem oberen Hüftgelenk vollzogen. Dabei darf die freie Hand die Bewegungen des Hüftgelenks unterstützen.
  - Wenn Sie auf der einen Seite geübt haben, legen Sie sich auf den Rücken und heben beide Arme und Beine nacheinander ein paar Zentimeter an. Sie werden spüren, dass sich Arm und Bein der vorher bewegten Körperseite leicht anheben lassen, während sich Arm und Bein der anderen Seite ganz schwer anfühlen.
  - Wenn Sie danach auch mit der anderen Körperseite üben, fühlen sich beide Seiten gleich leicht an. Falls Sie sich ein wenig mit mentalen Prozessen auskennen, können Sie nach dem Üben auf der einen Seite die andere Seite nur mental üben lassen. Sie legen sich auf die vorher bewegte Körperseite, schließen die Augen und vollziehen im Geist mit der Schulter und dem Becken Kreisbewegungen nach vorn und hinten.
  - Alle Bewegungen werden mindestens 10-mal wiederholt. Wenn Sie sich danach wieder auf den Rücken legen und Arme und Beine leicht anheben, hat sich der Unterschied zwischen linker und rechter Seite durch die bloße Vorstellung von der Bewegung ausgeglichen.

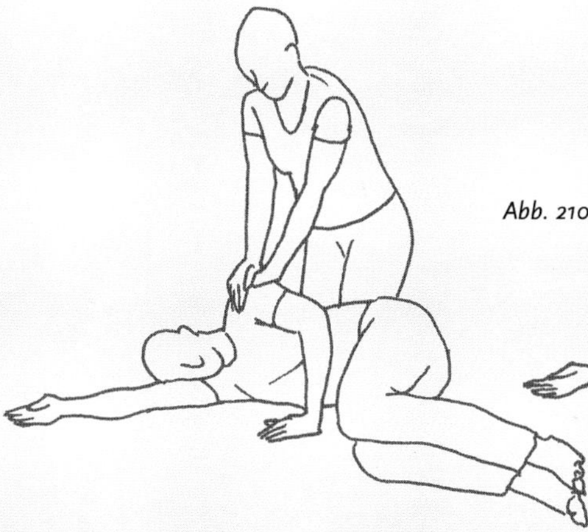

Abb. 210

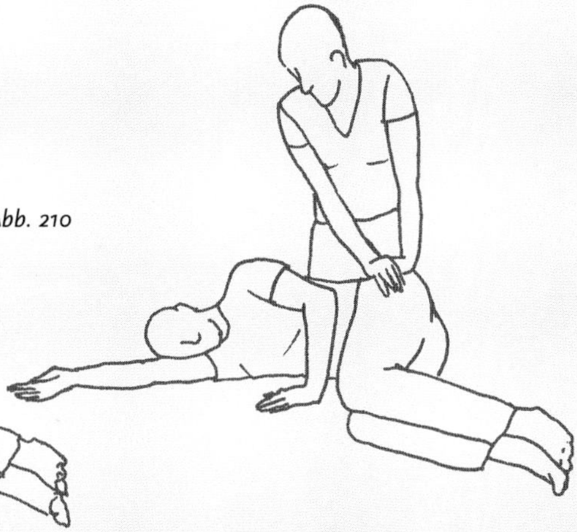

6) Manuelle Beeinflussung durch einen Partner (Abb. 210)
Die Bewegungen der Übung „Entspannte Schultern und Hüften" können auch mit Hilfe eines Partners vorgenommen werden. Dabei liegt der Reiter in der Seitenlage wie bei Übung 5. Der Partner übt

mit seinen Händen leichten Druck auf das Schulter- bzw. Hüftgelenk aus und vollzieht so die Bewegungsabfolgen für die Schultern und Hüften (siehe Übungen „Entspannte Schultern und Hüften"(S. 129) sowie „Lockere Schultern" (S.60).

7) Vielfältige Bewegungen des Knies (Abb. 211)
Neue Strukturen gewinnt Ihr Körper immer dann, wenn er bestimmte Bewegungsabläufe nicht aktiv vollzieht, sondern von einem Partner oder von Ihnen selbst mithilfe der Hände bewegt wird. So können Sie z. B. in Rückenlage ein Knie anziehen und mit Ihrer Hand die verschiedensten Bewegungsmöglichkeiten des Knies ausloten (Kreise nach links und rechts, oben und unten, Achten). Dabei sollten Sie die Bewegungen mit unterschiedlichen Schwingungsweiten (groß/klein) und Geschwindigkeiten (langsam/schnell) ausführen.

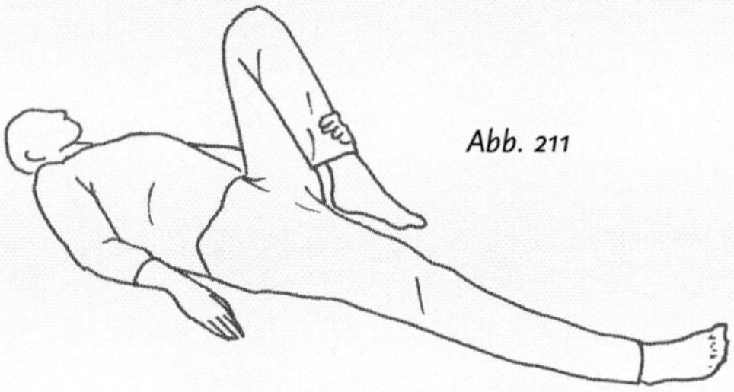

Abb. 211

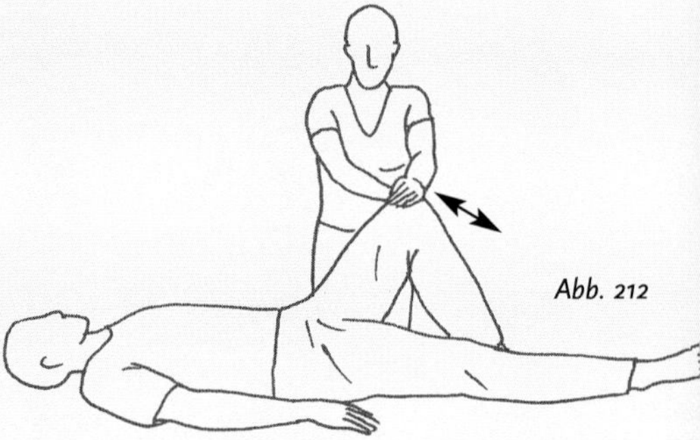

Abb. 212

8) Schüttelbewegungen am Knie (Abb. 212)
Beugen Sie in Rückenlage ein Bein. Der Partner kniet vor Ihnen auf dem Boden, umfasst Ihr Knie und führt in unterschiedlichen Positionen kleine Schüttelbewegungen damit aus. Sie sollen Ihr Bein völlig dem Partner anvertrauen und nicht muskulär gegensteuern.

9) Aktive und reaktive Bewegungen der Knie (Abb. 213)
In Rückenlage mit angestellten Beinen führen Sie die Knie nach links und rechts zum Boden. Ein Knie wird aktiv bewegt, während das andere reaktiv folgt.

Abb. 213

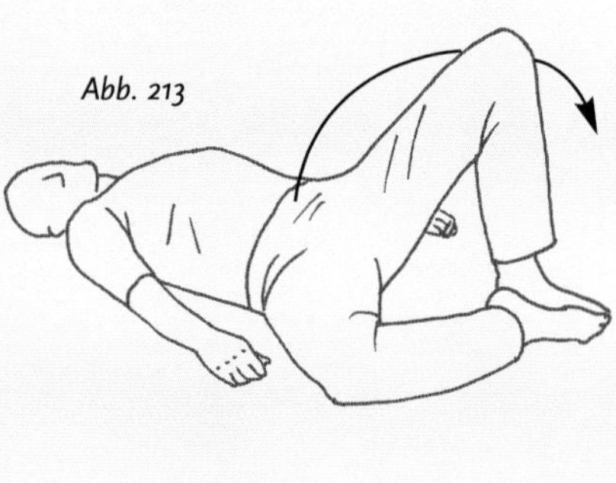

Diese Abläufe können auch von einem Partner von außen vollzogen werden.

Sie können die Übung variieren, indem Sie dem aktiven Knie das andere ebenfalls aktiv in 10 cm Abstand folgen lassen. Wenn Sie beide Varianten nacheinander durchgeführt haben, können Sie sie im Wechsel miteinander kombinieren.

10) Schüttelbewegungen am Bein

(Abb. 214)

In Bauchlage winkeln Sie die Unterschenkel senkrecht nach oben an. Der Partner umfasst ein Bein am Knöchel, hebt es leicht vom Boden ab und vollzieht kleine Schüttelbewegungen mit dem angewinkelten Bein. Er vollzieht diese Bewegungen in unterschiedlichen Winkeln des Knies zur Körperlängsachse. (Beidseitig üben.)

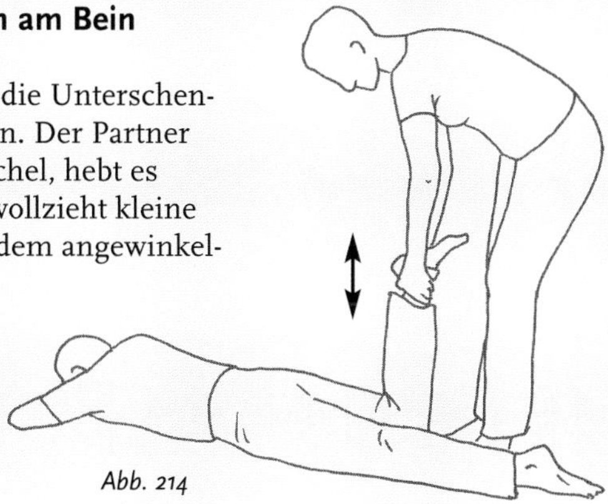

Abb. 214

11) Leichte Druckbewegungen (Abb. 215)

Sie liegen mit angewinkelten Knien in Rückenlage. Die Knie sind leicht nach außen geneigt. Der Partner nimmt das eine Knie, führt es leicht nach außen und führt leichte Druckbewegungen in Richtung Becken aus. Dabei soll die Bewegung schräg durch den gesamten Körper fließen. (Beidseitig üben.)

Abb. 215

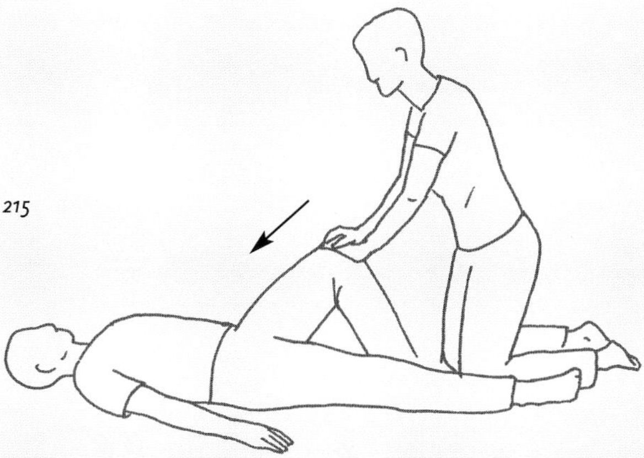

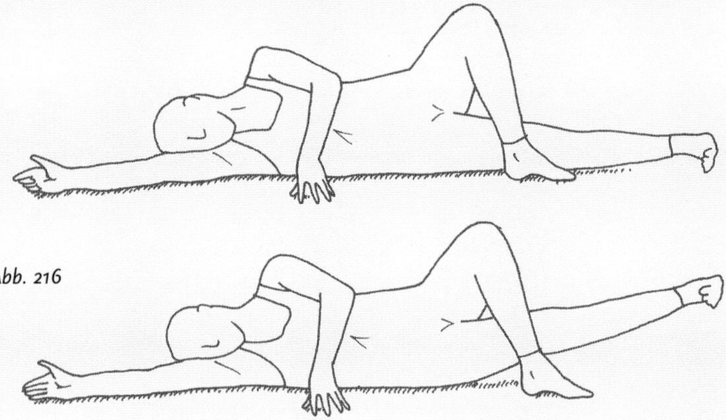

Abb. 216

12) Das gestreckte Bein nach innen pendeln lassen (Abb. 216)
Sie liegen in Seitenlage, der untere Arm und das untere Bein bilden lang ausgestreckt eine Linie. Das obere Bein wird angewinkelt nach vorn über das gestreckte Bein geführt. Der Kopf liegt auf dem Oberarm, die Halswirbelsäule ist die direkte Verlängerung der gesamten Wirbelsäule. Aus dieser Position pendelt der Oberschenkel nach innen, das heißt, das gestreckte Bein wird langsam gehoben und gesenkt. Dabei ist der Fußrücken in Richtung Schienbein angezogen.

13) Das gestreckte Bein aus dem Hüftgelenk rotieren lassen (Abb. 217)
Ausgangslage wie in 12. Nach dem Anheben des Beines wird es aus dem Hüftgelenk heraus gedreht.

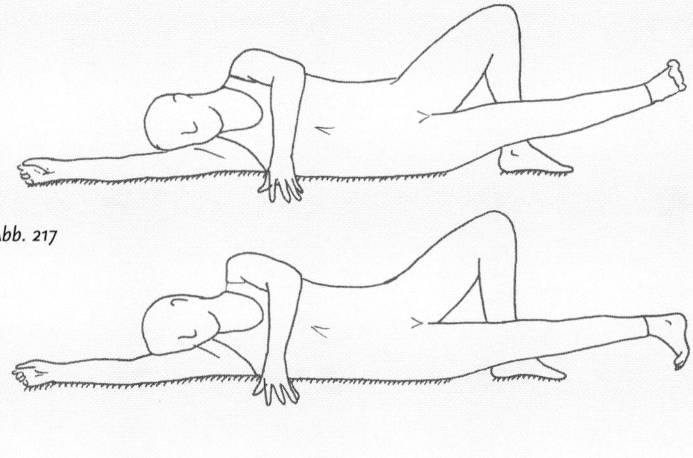

Abb. 217

Probleme der Beine

Klemmen, flatterndes Bein, hoher Absatz

Das Klemmen ist ein weit verbreiteter Reitfehler. Bei den meisten Reitern sind die Adduktoren (Klemmer) stärker als ihre Gegenspieler, die Gesäßmuskeln. Deshalb muss man sie dehnen (Abb. 40–44) bzw. die Reflexe entlasten (siehe S. 45 „Dehnung der vorderen und inneren Hüftbeuger"). (Foto 98)

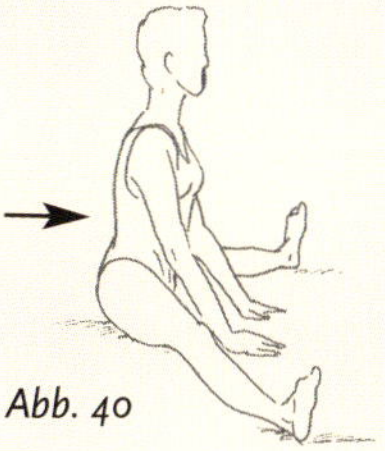

Abb. 40

98

Abb. 41

Abb. 42

Viele Reiter üben in den Bügeln zu starken Druck aus und blockieren damit ihre Hüften – teilweise durch die Anweisung veranlasst, der Absatz müsse tiefster Punkt sein. Dieser Denkansatz ist falsch. Wie im Kapitel zur Mobilisierung der Hüftgelenke (S. 125ff.) betont wird, ist der nach unten federnde Absatz eine automatische Reaktion auf das locker aus der freien Hüfte fallende Bein.

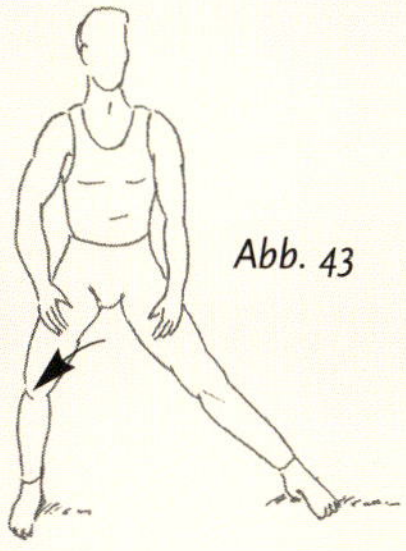

Abb. 43

Außer der blockierten Hüfte gibt es jedoch noch weitere Verhinderer dieses Federvorgangs, nämlich zu hohe Reflexe der Knie- und Achillessehne. Deren Spannung können Sie durch Zupfmassage reduzieren.

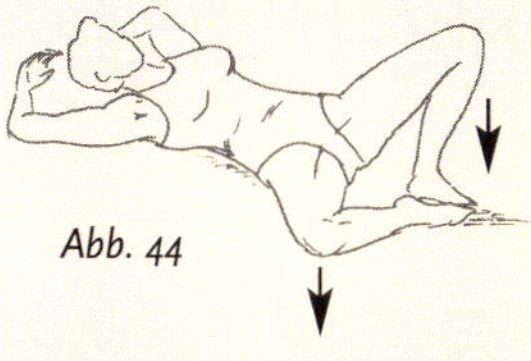

Abb. 44

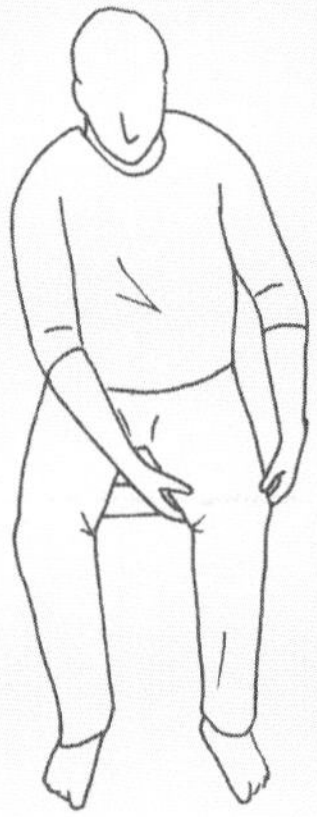

Abb. 218

Setzen Sie sich bequem auf einen Stuhl, sodass Ober- und Unterschenkel in etwa einen rechten Winkel bilden. Mit den Fingern fassen Sie unter den Oberschenkel im Übergang zum Kniebereich. Dort spüren Sie rechts und links unter dem Knie Sehnenstränge, die Sie mehrere Male zupfen (Abb. 218).

Um die Achillessehne zu massieren, schlagen Sie auf dem Stuhl ein Bein so über, dass der Fuß auf dem Knie des anderen Beines liegt. Danach zupfen Sie die Achillessehne mit Daumen und Zeigefinger (Abb. 219).

Abb. 219

Weitere Übungen für die Funktionsfähigkeit der Beine

1) Mobilisierung der Fußgelenke

a) **Ausgangsposition:** Mit geschlossenen Beinen stehen, Arme zur Seite strecken.
Ausführung: Körper in den Zehenstand heben, Fersen wieder absenken. Danach Fußspitzen leicht nach oben ziehen (Abb. 220).
Achtung: Bei Gleichgewichtsproblemen stützen Sie sich in Schulterhöhe an der Wand ab!

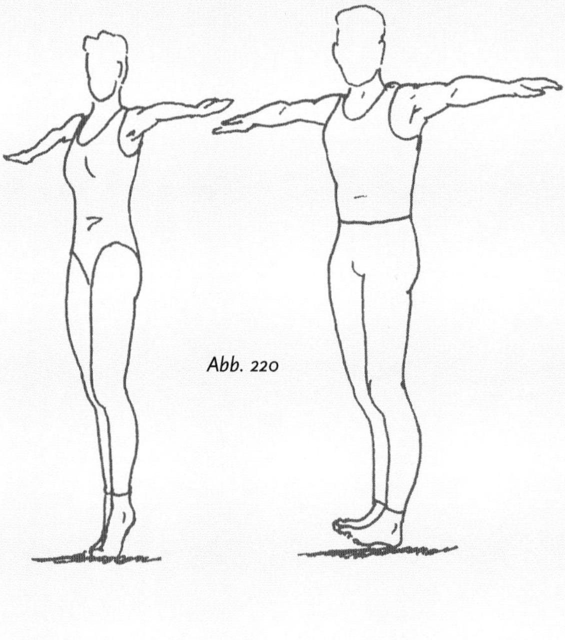

Abb. 220

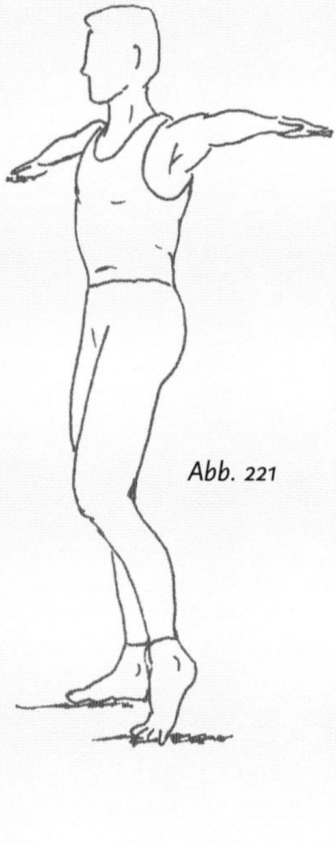

Abb. 221

b) **Ausgangsposition:** Mit leicht geöffneten, gebeugten Beinen und aufrechter Beckenstellung stehen, Arme zur Seite strecken.
Ausführung: Rechte und linke Ferse im Wechsel heben und senken (Abb. 221).
Achtung: Füße nicht nach außen wegknicken lassen!

Balancierte Muskulatur des gesamten Beines

Alle Muskeln des Beines müssen insgesamt stimmig ausbalanciert sein (ausgewogene Zug- und Dehnfähigkeit). Zu starke vordere Oberschenkelmuskeln lassen das Bein nicht fallen, zu geringe Kraft in den hinteren Oberschenkelmuskeln führen zu einem Treiben mit wenig Einwirkung (siehe S. 14ff.). Die folgenden Dehn- und Kräftigungsübungen können die Struktur der Beinmuskeln in einen ausbalancierten Zustand bringen.

Dehnübungen für Oberschenkel- (vorn/hinten) und Wadenmuskeln:

1) **Ausgangsposition:** Bauchlage, einen Arm nach vorn strecken, mit der anderen Hand den Fußrücken umfassen.
Ausführung: Ferse in Richtung Gesäß ziehen (Abb. 222).
Achtung: Verstärkte Wirkung bei angezogener Fußspitze!

Abb. 222

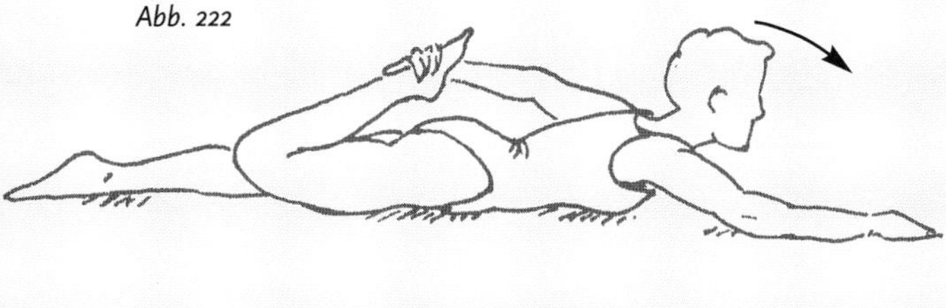

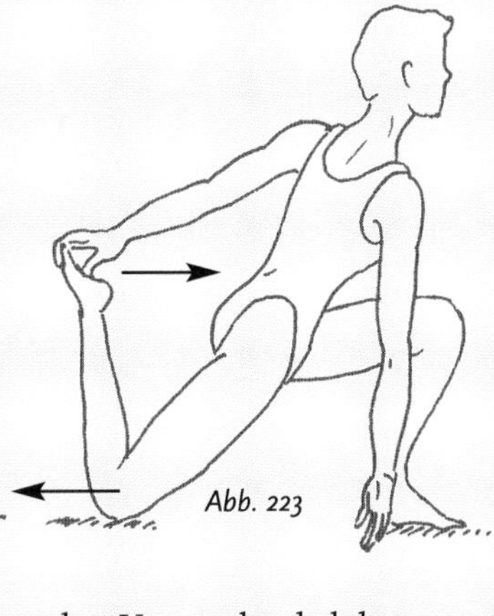

Abb. 223

2) **Ausgangsposition:** Ausfallschrittstellung, den Unterschenkel des hinteren Beines ablegen, mit der gegenüberliegenden Hand den Fußrücken umfassen.
Ausführung: Ferse in Richtung Gesäß ziehen (Abb. 223).
Achtung: Verstärkte Wirkung bei angezogener Fußspitze!

Abb. 224

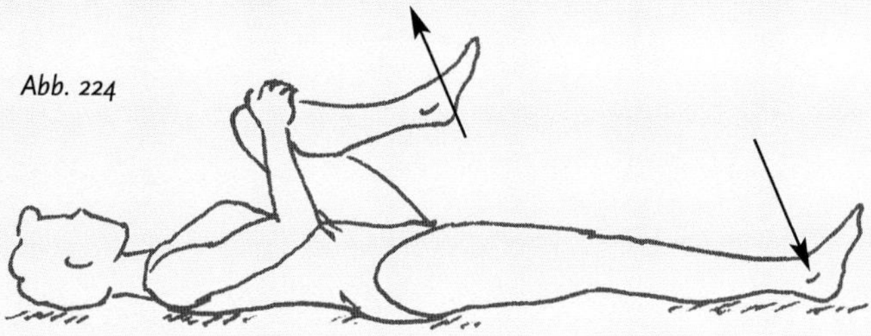

3) **Ausgangsposition:** Rückenlage, beide Beine anstellen, einen Oberschenkel mit beiden Händen umfassen.
Ausführung: Bein zur Brust ziehen, dabei das andere Bein langsam strecken und am Boden ablegen (Abb. 224).

Abb. 225

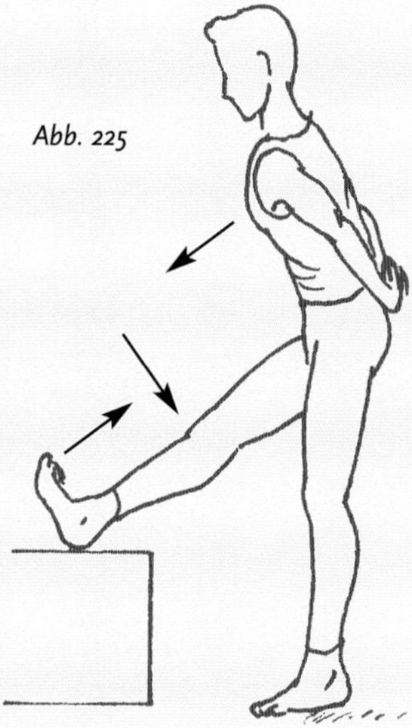

4) **Ausgangsposition:** Aufrecht stehen, Ferse vorn auf einem Stuhl ablegen, Hände hinter dem Oberkörper verschränken.
Ausführung: Fußspitze so weit wie möglich anziehen, Oberkörper und Becken langsam nach vorn neigen (Abb. 225).
Achtung: Nicht im Becken einknicken und keinen Rundrücken bilden! Knie leicht gebeugt lassen, nicht nach unten durchstrecken. Bei Gleichgewichtsproblemen abstützen.

Abb. 226

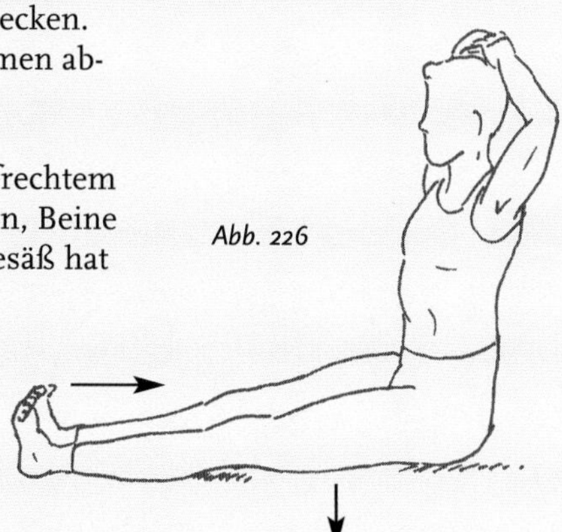

5) **Ausgangsposition:** Mit aufrechtem Rücken an die Wand setzen, Beine zunächst anziehen, das Gesäß hat Kontakt mit der Wand.
Ausführung: Beine langsam strecken, Zehen in Richtung Oberkörper ziehen (Abb. 226).

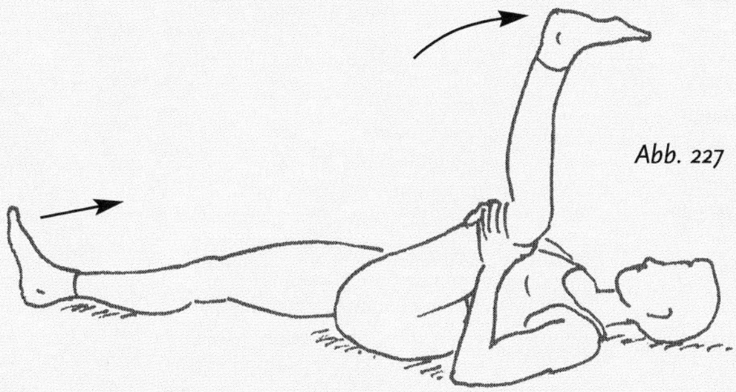

Abb. 227

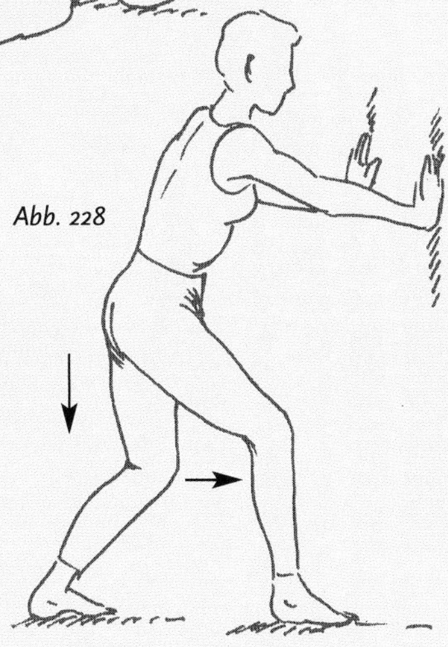

Abb. 228

6) **Ausgangsposition:** Rückenlage, Beine anstellen, ein Bein mit beiden Händen umfassen.
Ausführung: Knie in Richtung Brust ziehen, gleichzeitig das andere Bein strecken, beide Fußspitzen anziehen (Abb. 227).
Achtung: Der Oberschenkel des angewinkelten Beines darf sich beim Streckvorgang des Unterschenkels nicht vom Oberkörper entfernen!

7) **Ausgangsposition:** Mit den Händen an der Wand abstützen.
Ausführung: Hüfte und Knie beugen, bis im unteren Bereich der Wadenmuskulatur ein Dehngefühl entsteht. Fersen nicht vom Boden lösen (Abb. 228).

Abb. 229

8) **Ausgangsposition:** Mit den Händen an der Wand abstützen, vorderes Bein beugen, hinteres Bein so weit nach hinten führen, dass die Fußsohle noch den Boden berühren kann.
Ausführung: Hinteres Bein bewusst strecken und Becken intensiv nach vorn drücken (Abb. 229) .
Achtung: Nicht ins Hohlkreuz fallen! Ferse des hinteren Beines nicht vom Boden lösen!

Kräftigungsübungen für die Beinmuskulatur/Beinabspreizer:

1) **Ausgangsposition:** Seitenlage, unteren Arm strecken, Oberkörper mit der anderen Hand vor dem Körper auf dem Boden abstützen. **Ausführung:** Oberes Bein nur so weit abspreizen, dass keine Beugung in der Hüfte entsteht (Abb. 230).

Abb. 230

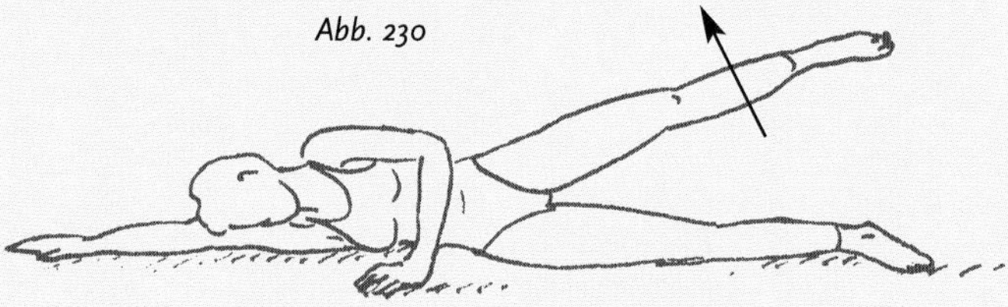

2) **Ausgangsposition:** Im Stand auf eine Stuhllehne stützen. **Ausführung:** Bein bis 45 Grad abspreizen, Fußspitze anziehen und nach innen drehen (Abb. 231).

Abb. 231

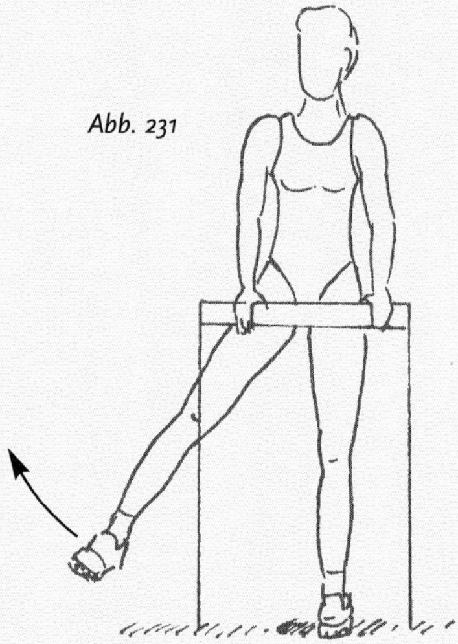

3) **Ausgangsposition:** Seitenlage, Körper auf unteren Arm stützen, die freie Hand stützt sich vor dem Körper ab. **Ausführung:** Becken anheben, bis die obere Körperseite eine Linie bildet (Abb. 232). **Achtung:** Nicht im Becken abknicken, Ganzkörperstreckung (vordere/hintere Rumpfseite) muss erhalten bleiben.

Abb. 232

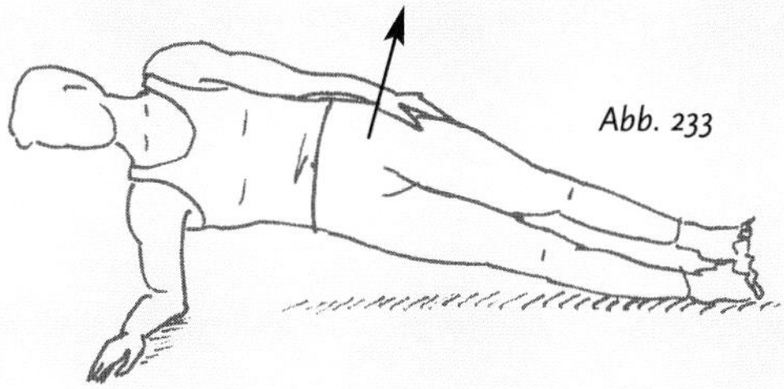

Abb. 233

4) **Ausgangsposition:** Seitenlage, Körper auf unteren Arm stützen.
Ausführung: Becken anheben, bis die obere Körperseite eine Linie bildet (Abb. 233).
Achtung: Im Becken nicht abknicken, Ganzkörperstreckung (vordere/hintere Rumpfseite) muss erhalten bleiben!

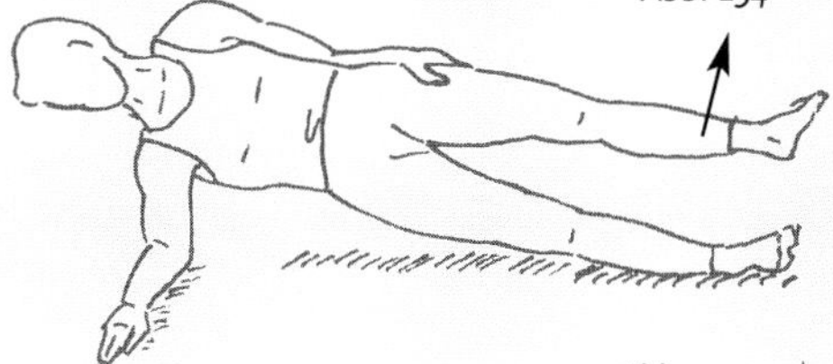

Abb. 234

5) **Ausgangsposition:** Wie in Übung 4.
Ausführung: Wie in Übung 4, aber nach erreichter Streckung oberes Bein anheben (Abb. 234).

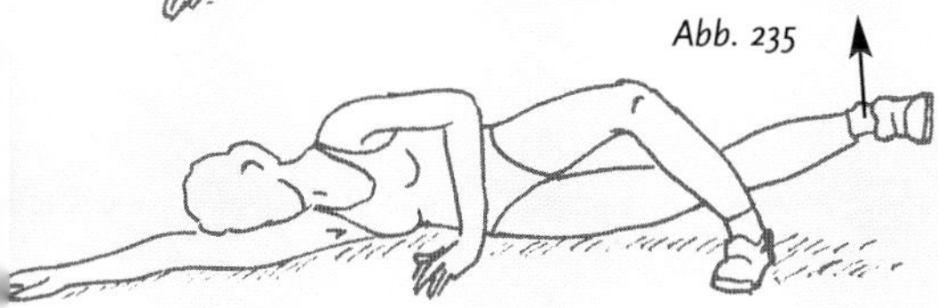

Abb. 235

6) **Ausgangsposition:** Seitenlage, oberes Bein im Hüftgelenk beugen und vor dem Körper aufstellen.
Ausführung: Unteres Bein anheben (Abb. 235).

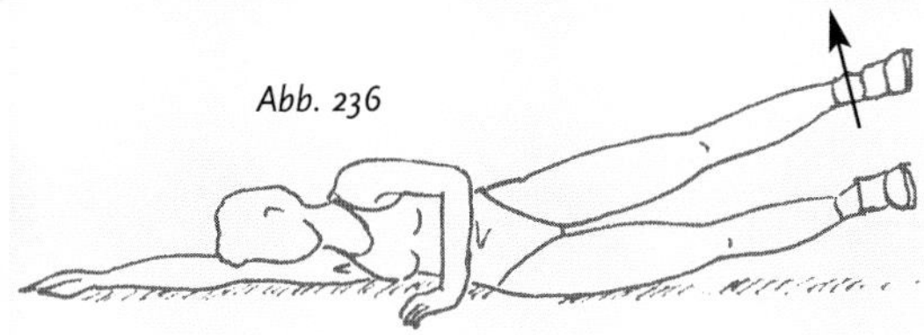

Abb. 236

7) **Ausgangsposition:** Seitenlage, Körper völlig strecken.
Ausführung: Beide Beine anheben und leicht öffnen (Abb. 236).

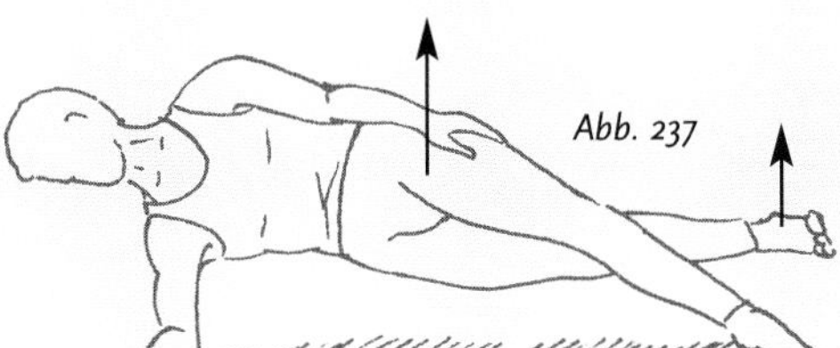

Abb. 237

8) **Ausgangsposition:** Seitenlage, Beine überkreuzen, Körper auf den unteren Arm und das obere Bein stützen.
Ausführung: Becken anheben, unteres Bein so hoch wie möglich anheben (Hüftbeugung vermeiden) (Abb. 237).

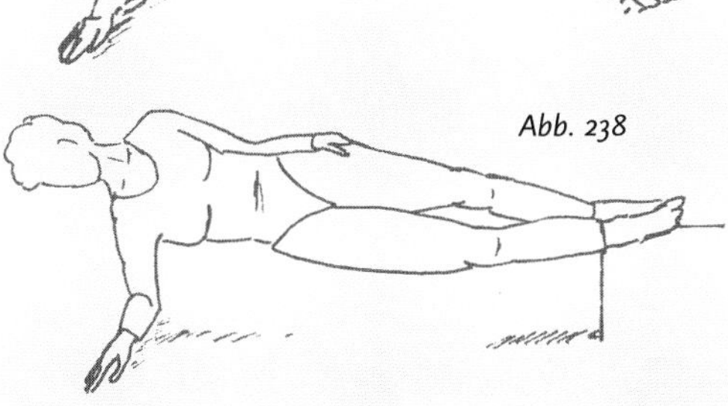

Abb. 238

9) **Ausgangsposition:** Seitenlage, Körper auf den unteren Arm stützen, oberes Bein auf einen Stuhl stützen, unteres Bein im Kniegelenk beugen.
Ausführung: Becken heben, ohne die Hüfte zu beugen, unteres Bein vor dem oberen hochführen (Abb. 238).

Abb. 239

10) **Ausgangsposition:** wie in Übung 9.
Ausführung: Unteres Bein an das obere heranführen (Abb. 239).

11) **Ausgangsposition:** Seitenlage, unteres Bein im Hüft- und Kniegelenk rechtwinklig beugen.
Ausführung: Bein gegen den Widerstand eines Partners anheben (Abb. 240).
Achtung: Der Partner hält nur gegen, er drückt das Bein nicht nach unten!

Abb. 240

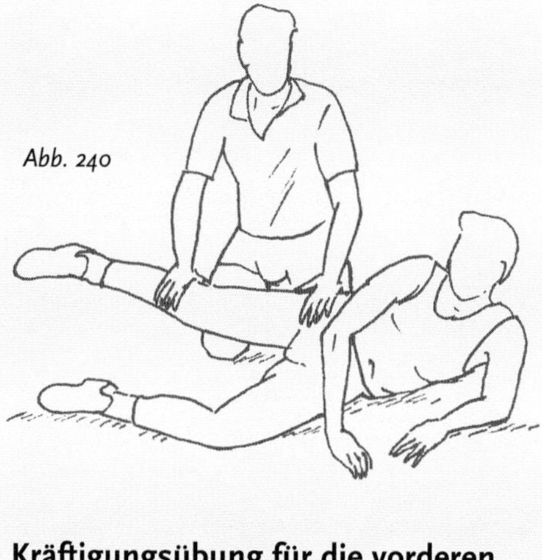

Abb. 241

Kräftigungsübung für die vorderen Oberschenkelmuskeln:

Ausgangsposition: Fersensitz, Hände in die Hüfte stützen.
Ausführung: Langsam in den Kniestand heben, dann langsam wieder senken (Abb. 241).

Kräftigungsübungen für die hintere Oberschenkelmuskulatur:

Siehe nächstes Kapitel „Kräftigungsübungen für die Treibemuskulatur“.

Richtiges/falsches Treiben

Der hohe Absatz ist ein weit verbreiteter Reitfehler. Dabei sind den Ausbildern, ebenso wie den Reitern selbst, oft die Hintergründe nicht bewusst, sonst würden sie diese Schwäche nicht mit der Anweisung „Fußspitze anziehen!" oder „Absatz durchdrücken!" korrigieren.

Der hohe Absatz ist deshalb so weit verbreitet, weil den Reitern nie klar gemacht wurde, wie der Vorgang des Treibens eigentlich abläuft. Richtiges Treiben, also der richtige Einsatz der hinteren Oberschenkelmuskeln, erzeugt automatisch einen tiefen Absatz.

99

Wenn die Wade (Fußspitzen zeigen leicht nach außen) ans Pferd geführt werden soll, ist es notwendig, die hintere Oberschenkelmuskulatur anzuspannen. Der Einsatz dieser Muskulatur bewirkt ein noch stärkeres Winkeln im Knie, sodass automatisch die Wade ans Pferd gerät. Dieser Vorgang muss jedoch rhythmisch erfolgen, das heißt, beim Treiben wird die hintere Oberschenkelmuskulatur im Wechsel angespannt und locker gelassen und aktiviert so die Hinterbeine des Pferdes. (Foto 99)

Viele Reiter treiben jeden Schritt, Tritt oder Galoppsprung „aus dem Pferd heraus". Dabei wird ständig die Bauchmuskulatur des Pferdes gereizt, was zum Abstumpfen und zu fehlender Losgelassenheit führen kann. Rick Klaassen beschreibt das Treiben bei seinen Lehrgängen mit einem plastischen Bild: Der Schenkel funktioniert wie der Thermostat einer Heizung. Allerdings regelt er nicht die Temperatur, sondern das Tempo, in dem das Pferd gehen soll. Wenn der Reiter mit dem Tempo zufrieden ist, atmet der Schenkel am Pferdeleib lediglich mit. Geht das Pferd zu langsam, „springt der Schenkel an" – wie der Thermostat bei der Heizung – und setzt einen neuen Reiz. Eilt das Pferd, so muss der Reiter es mit halben Paraden zurückführen.

100

Beim Treiben wird auch die hintere Oberschenkelmuskulatur angespannt.

Falsch treibende Reiter arbeiten nicht mit der hinteren Oberschenkelmuskulatur, sondern setzen den Zwillingsmuskel ein, der sich im hinteren Kniebereich befindet. Der Einsatz des Zwillingswadenmuskels führt automatisch zu einem hohen Absatz und außerdem zu einem angezogenen Knie. Durch eine falsche Vorstellung vom Treiben „springt“ dieser Muskel an, bevor die richtigen Treibemuskeln zum Einsatz kommen können.

Viele Reiter treiben auch aufgrund der Anweisung „Fußspitzen nach innen!“ falsch. Wenn aus dieser Fußstellung die Forderung „Mit der Wade treiben!“ umgesetzt werden soll, können die Reiter die Wade nur ans Pferd bekommen, indem sie die Klemmer anspannen. Das führt jedoch zu Verkrampfungen, stellt das Becken fest, lässt den Reiter nicht geschmeidig sitzen und blockiert das Pferd im Rücken.

So spüren Sie den grundlegenden Bewegungsablauf des Treibens

Legen Sie sich auf den Bauch und erhöhen Sie die Hüfte leicht durch eine Unterlage, damit Sie sich beim Einsatz der Kniebeugemuskeln nicht „ins Hohlkreuz ziehen“. Die Beine sind lang ausgestreckt. Nun beugen Sie ein Bein im Knie und führen den Absatz bis zum Gesäß. Das soll zunächst langsam geschehen, um die Bewegung bewusst zu spüren. Danach können Sie auch schnellkräftige Bewegungsabläufe vollziehen, wie sie der blitzartigen Treibebewegung auf dem Pferd entsprechen.

Wenn Sie bei der Beugebewegung bewusst die Fußspitze anziehen, setzen Sie fälschlicherweise den Zwillingsmuskel ein, der sich im Kniekehlbereich befindet.

Beim richtigen Treiben wird durch die hintere Oberschenkelmuskulatur eine natürliche Tonisierung der Wadenmuskulatur erzeugt, die automatisch (ohne bewussten Bewegungsvollzug) zu einem Anziehen der Fußspitze führt. (Foto 101)

Wie beim federnden Absatz wird deutlich, dass sich der Ausbilder darüber im Klaren sein muss, was aktiv erzeugt wird und was reaktiv (automatisch) abläuft.

Werden beim aktiven Durchfedern des Absatzes oder beim bewussten Anziehen der Fußspitze beim Treiben zusätzliche Muskelbereiche einbezogen, ist eine natürliche Übertragung der Reiterbewegungen auf das Pferd (korrekte Schenkelhilfen) nicht mehr möglich. Es entstehen Verkrampfungen beim Reiter, seine Bewegungen werden unrhythmisch und das Pferd kann sie kaum als eindeutige Hilfen verstehen.

101

Übungen zum bewussten Treiben

1) **Ausgangsposition:** Bauchlage, Beine lang ausstrecken und leicht öffnen, kleine Unterlage unter der Hüfte.
   Ausführung: Rechte und linke Ferse im Wechsel in Richtung Gesäß führen.

2) Wie Übung 1, nur wirkt ein Partner mit der Hand als Widerstand leicht gegen den Unterschenkel Ihres treibenden Beines. Dieser Widerstand kann je nach Ihrer Kraft erhöht werden (Foto 102).

3) Statt mit der Hand kann der Widerstand auch durch ein Gymnastikband oder einen stabilen Fahrradschlauch erzeugt werden: Bauchlage wie in Übung 1, das Gymnastikband wird bei langem Bein um den Knöchel gewickelt und an einem feststehenden Gegenstand, z. B. einem Tischbein, befestigt. Nun ziehen Sie die Ferse in Richtung Gesäß. Sie können den Widerstand und damit Ihren Kraftaufwand erhöhen, indem Sie ein Stück von dem Gegenstand wegrutschen, an dem das Gymnastikband befestigt ist.

Kräftigungsübungen für die Treibemuskulatur (hintere Oberschenkelmuskulatur):

1) **Ausgangsposition:** Bankstellung rücklings auf Füßen und Unterarmen.
Ausführung: Hüftgelenk durchstrecken, sodass eine Linie Beine–Oberkörper entsteht (Abb. 245).

Abb. 245

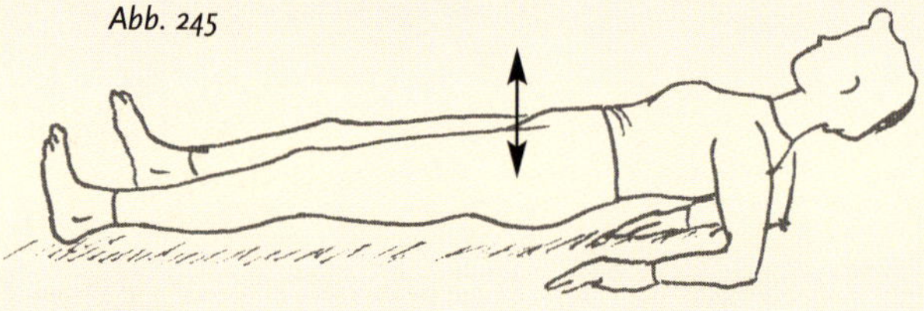

2) **Ausgangsposition:** Schrittstellung, Gesicht zur Wand, Hände stützen sich gegen die Wand.
Ausführung: Hinteres Bein abheben und beugen und strecken (Abb. 246).
Achtung: Unterschenkel nicht so schwungvoll hochführen, dass ein Hohlkreuz entsteht!

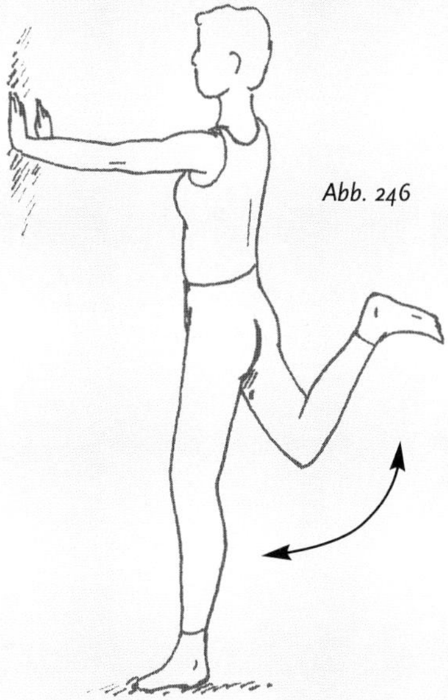

Abb. 246

3) **Ausgangsposition:** Rückenlage, Hüft- und Kniegelenke rechtwinklig beugen, Fersen auf einen Stuhl legen und Oberkörper auf den Boden stützen.
Ausführung: Gesäß weit vom Boden abheben (Abb. 247).

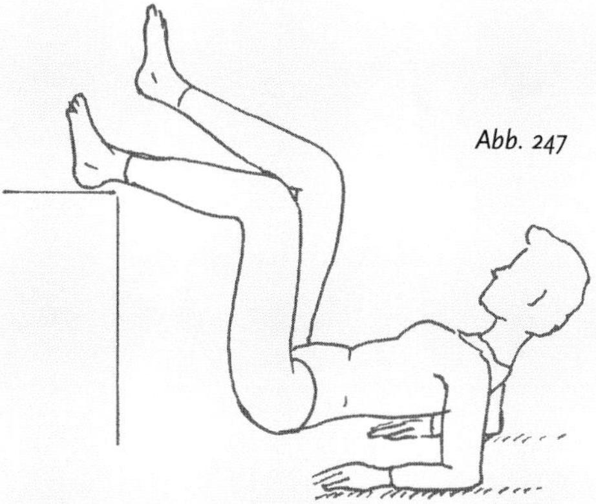

Abb. 247

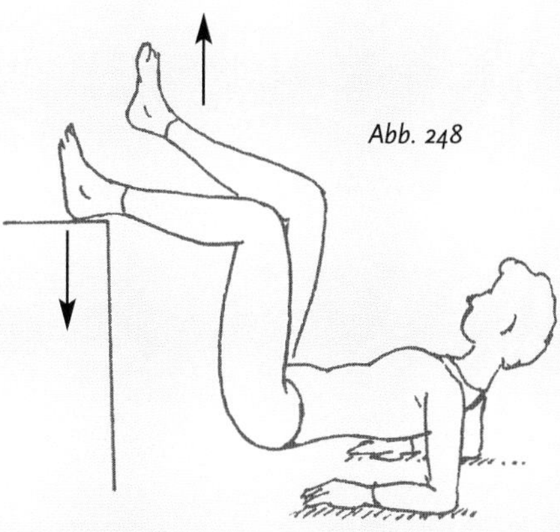

Abb. 248

4) **Ausgangsposition:** Wie in Übung 3, aber nur mit einem Bein auf den Stuhl stützen.
Ausführung: Mit einem Bein Gesäß weit vom Boden abheben (Abb. 248).

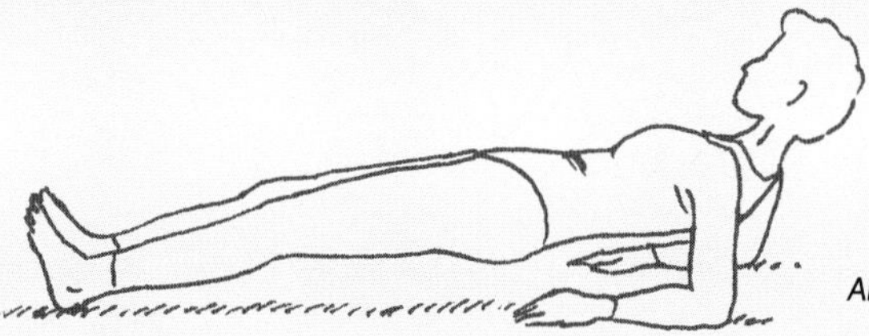

Abb. 249

5) **Ausgangsposition:** Rückenlage, Oberkörper auf den Unterarmen abstützen.
Ausführung: Gesäß langsam heben, bis die gesamte vordere Körperseite eine gerade Linie bildet (Abb. 249).

Dehnübungen für die Kniebeugemuskulatur:

1) **Ausgangsposition:** Aufrecht stehen, eine Ferse auf einem Stuhl ablegen, Hände hinter dem Oberkörper verschränken.
Ausführung: Fußspitze so weit wie möglich anziehen, Oberkörper und Becken langsam nach vorn neigen (Abb. 250).
Achtung: Nicht im Becken einknicken und keinen Rundrücken bilden!
Knie leicht gebeugt lassen, nicht nach unten durchstrecken oder überdehnen. Bei Gleichgewichtsproblemen abstützen.

Abb. 250

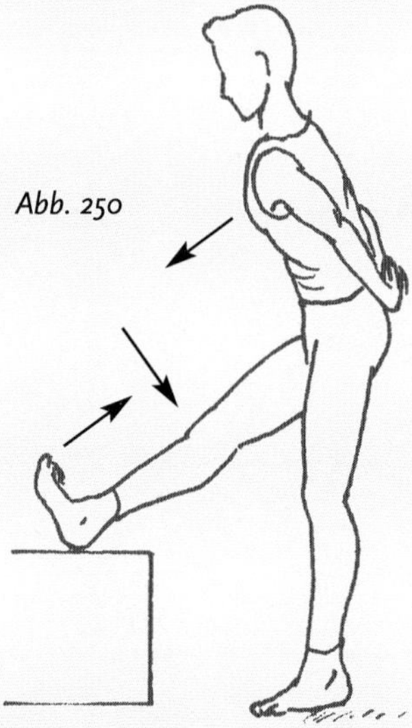

2) **Ausgangsposition:** Mit aufrechtem Rücken an die Wand setzen, Beine zunächst anziehen, Gesäß hat Kontakt mit der Wand.
Ausführung: Beine langsam strecken, Zehen in Richtung Oberkörper ziehen (Abb. 251).

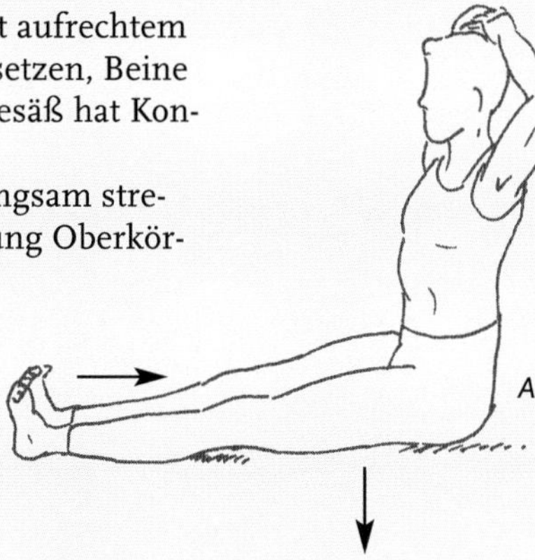

Abb. 251

3) **Ausgangsposition:** Rückenlage, ein Bein mit beiden Händen umfassen.
Ausführung: Knie in Richtung Brust ziehen, gleichzeitig das andere Bein strecken, beide Fußspitzen anziehen (Abb. 252).
Achtung: Der Oberschenkel des angewinkelten Beines darf sich beim Streckvorgang des Unterschenkels nicht vom Oberkörper entfernen!

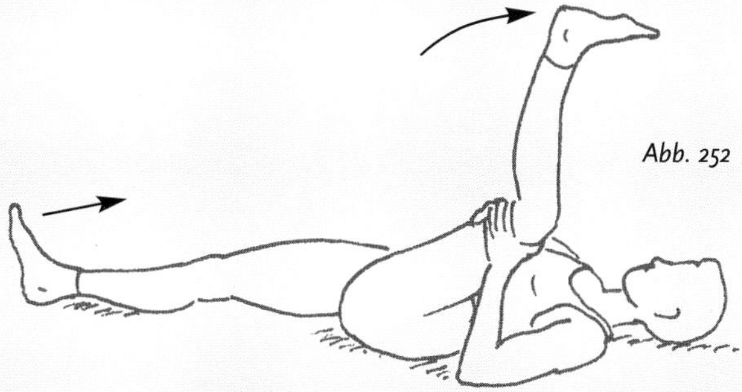

Abb. 252

Der aufrechte Reiter im Drehsitz

Was bedeuten die Begriffe „aufrecht" und „Drehsitz"?

Um die bewegungsunterstützenden Hilfen (Gewichtshilfen) optimal einsetzen zu können, wird in der Reiterei der so genannte gestreckte Sitz gefordert. Dieser an sich richtigen und wichtigen Forderung kommen heutige Reiter jedoch oft in übertriebener Form nach. In der Dressur wird immer häufiger mit zu langen Bügeln geritten; die Reiter strecken sich teilweise, bis sie mit den Fußspitzen in den Bügeln stehen. Dadurch wird das Becken blockiert und die Reiter können nicht in der Mittelpositur mitschwingen.

Von außen betrachtet mag dieser übertrieben an der Form orientierte Sitz gut aussehen – er ist jedoch nicht funktional. Für die korrekte Bügellänge gibt es kein Rezept. Reiter und Ausbilder müssen individuell herausfinden, bei welcher Länge das Gefühl entsteht, so geschmeidig wie möglich im Becken mitschwingen zu können.

Statt des „gestreckten" müsste eigentlich der „aufrechte" Reitersitz gefordert werden. Der Reiter soll sich ohne Kraftanstrengung aufrichten und im so genannten Drehsitz sitzen, um den Pferdebewegungen folgen zu können.

103

Ein lockerer Sitz ist das Ergebnis ganzheitlicher Körperfunktionen.

Die Unterrichtssprache im Reiten thematisiert meist nur Teile des Körpers: „Kopf hoch!“, „Absatz tief!“, „Hände aufrecht!“ usw. Dabei wird vergessen, dass der Reiter ganzheitlich funktioniert. Die Ursache eines Fehlers ist niemals dort, wo man ihn sieht – dennoch wird er fast immer an der wahrgenommenen Stelle korrigiert. Deshalb verbessern sich die Reiter auch nicht. Sie verändern ausschließlich die äußere Form ihres Sitzes, ohne dadurch Funktionen der Einwirkung zu erzeugen. Umgekehrt ist es richtig: die korrekte äußere Form als Ergebnis körpergerechter Funktionen.

Die Begriffe für einen als richtig betrachteten Sitz – „elastisch“, „losgelassen“, „ausbalanciert“, „mitschwingend“ – sind zwar passend, treffen aber nicht das Gesamte eines optimalen Sitzes. Der Begriff „aufrecht“ ist insofern sachgemäßer, als damit gemeint ist, dass sich der Reiter so groß machen kann, wie es seiner Körperstruktur entspricht, ohne übermäßigen Kraftaufwand zu erzeugen. Das kann nur dann geschehen, wenn alle Muskeln miteinander korrespondieren, das heißt optimal koordiniert sind. Ayres (1984) hat herausgefunden, dass bei uns die Beuger (z. B. Brustmuskeln, tiefe Rückenmuskeln, innere und vordere Hüftbeuger) aufgrund der Erdanziehungskräfte immer stärker sind als die Strecker (oberer Schultergürtelbereich, Bauch- und Gesäßmuskeln). Diese muskulären Ungleichgewichte gilt es auszumerzen.

Wie bereits auf S. 30 unter „Grundlegende Hindernisse für einen gefühlvollen Sitz" erörtert, ist mit „Drehsitz" gemeint, dass der Reiter mit seiner Schulter parallel zur Schulter des Pferdes und mit seinem Becken parallel zum Becken des Pferdes sitzt, um sich dem Pferd ganzkörperlich anzupassen. Diese Bewegungen sind so genannte Kreuzmusterbewegungen.

Zusammenfassend sollen die Funktionszusammenhänge verdeutlicht werden, um mit den dann folgenden Übungen nicht wie bisher nur Einzelbereiche des Körpers zu verändern, sondern die Ganzkörperkoordination zu verbessern. Auf viele Einzelprobleme ist bereits intensiv eingegangen worden; an dieser Stelle soll der Gesamtzusammenhang verdeutlicht werden.

Ursachen und Vermeidung muskulärer Ungleichgewichte

Jede Reiterin und jeder Reiter hat muskuläre Ungleichgewichte, die Reitschwächen oder -fehler verursachen. Reiter und Reitausbilder sollten deshalb wissen, welche generellen Tendenzen die für das Reiten wichtigen Muskeln bzw. Muskelgruppen aufweisen. In Abb. 253 sind die Gesamtzusammenhänge dargestellt.

Die einseitigen Belastungen des täglichen Lebens, Fehlbelastungen, Überbelastungen, mangelhafte oder falsche Gymnastik führen zur weiteren Verkürzung von Muskeln, die ohnehin bereits dazu neigen. Daraus ergibt sich die Notwendigkeit, diese Verkürzungen

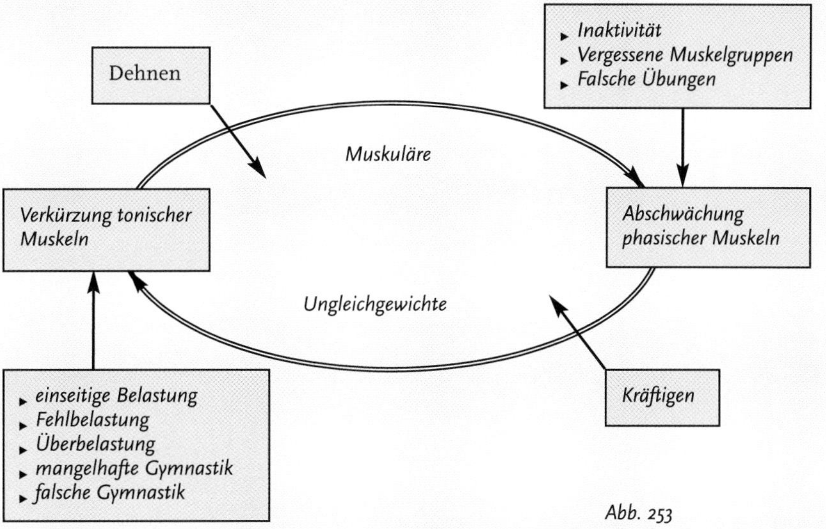

Abb. 253

durch gezieltes Dehnen aufzuheben. Inaktivität, vergessene Muskelgruppen und falsche Gymnastikübungen führen andererseits dazu, dass bereits zur Abschwächung neigende Muskeln noch weiter geschwächt werden. Daraus ergibt sich für den Ausbilder die Aufgabe, diese Muskeln gezielt zu kräftigen, um das Ungleichgewicht nicht noch größer werden zu lassen.

Auch psychische Belastungen greifen negativ in die dargestellten Zusammenhänge ein. Psychische Zustände hinterlassen Spuren im Körper: Der Ängstliche zieht die Schultern hoch, der Herrschsüchtige arbeitet übermäßig mit Kraft, sodass sein Körperrhythmus gestört ist, der Aggressive neigt zu unkontrollierten Krafteinsätzen. All diese Zustände können muskuläre Ungleichgewichte verstärken.

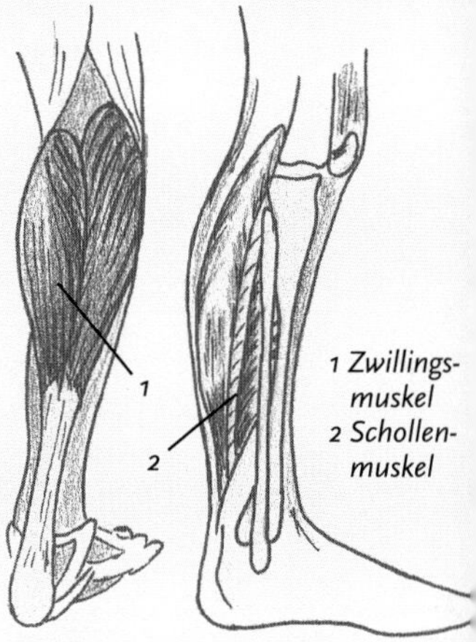

1 Zwillingsmuskel
2 Schollenmuskel

Abb. 257
Hintere Unterschenkelmuskulatur (Wadenmuskulatur)

Die **Wadenmuskulatur** ist in der Regel verkürzt, während die **Schienbeinmuskeln** zur Abschwächung neigen. Das kann – neben falschem Treiben mithilfe des Zwillingsmuskels – zu einem hohen Absatz führen.

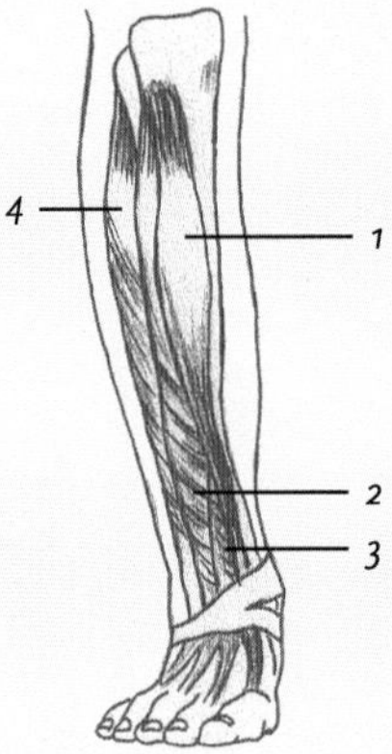

Abb. 258
Vordere Unterschenkelmuskulatur (Schienbeinmuskeln)
1 vorderer Scheinbeinmuskel
2 langer Zehenstrecker
3 langer Großzehenstrecker
4 langer und kurzer Wadenbeinmuskel

Die **hintere Unterschenkelmuskulatur** (Wadenmuskulatur, Abb. 257) neigt zur Verkürzung, sodass generell die Schwierigkeit besteht, den Absatz beim Reiten zu senken. Dabei darf es nicht zu einem willentlichen Durchdrücken des Absatzes kommen, weil dann wieder das Fußgelenk blockiert wird. Ein permanent tiefer Absatz führt zu einer Starrheit des Reiters bis in den Hals-Nacken-Bereich.

Es sollte eine Ausgewogenheit von hinterer und **vorderer Unterschenkelmuskulatur** (Schienbeinmuskulatur, Abb. 258) angestrebt werden. Dieses Gleichgewicht ist nicht von vornherein vorhanden, weil die Schienbeinmuskulatur zur Abschwächung neigt. Eine natürliche Haltung im Steigbügel ist nur dadurch zu erreichen, dass die Wadenmuskulatur intensiv gedehnt wird und die Schienbeinmuskeln gleichzeitig gekräftigt werden. Ist eine Balance beider Muskelgruppen vorhanden, braucht der Ausbilder den tiefen Absatz nicht mehr zu thematisieren.

Die **vordere Oberschenkelmuskulatur** (Abb. 259) neigt grundsätzlich zur Verkürzung, wobei der innere Schenkelmuskel zur Ab-

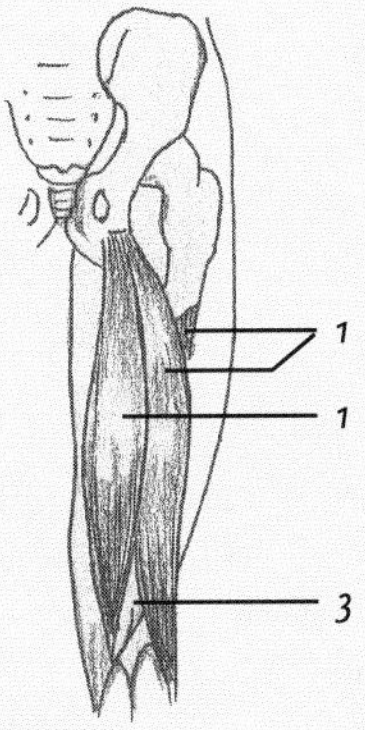

Abb. 260
1 zweiköpfiger Schenkelmuskel
2 Halbsehnenmuskel
3 Plattenmuskel

schwächung neigt. Da gleichzeitig auch die entgegenwirkende **hintere Oberschenkelmuskulatur** (Abb. 260) zur Verkürzung neigt, treten häufig Knieprobleme auf, weil sich hohe Spannungen durch die Verkürzungen schmerzhaft am Knie bemerkbar machen können. Beim Reiter führen diese Verkürzungstendenzen zu einem hohen Knie. Beide Bereiche müssen durch Dehnen elastischer gemacht werden, um das natürlich lange Bein zu erzeugen. Ein oft vom Ausbilder gefordertes Strecken des Beines führt unweigerlich zu muskulären Anspannungen, die ein rhythmisches Einwirken unmöglich machen, weil das Becken blockiert.

Die hintere Oberschenkelmuskulatur ist die Treibemuskulatur. Die Hüftrotatoren öffnen das Bein, sodass es lang am Pferdeleib herunterhängen kann. Durch das Beugen des Knies über die hintere Oberschenkelmuskulatur gelangt die Wade ans Pferd. Die Beugemuskulatur ist außerdem für die natürliche Tonisierung (Anspannung) der Wadenmuskeln zuständig, sodass der Absatz beim richtigen Treiben automatisch optimal tief ist.

Durch die verkürzende Tendenz der **inneren Hüftmuskulatur** (Klemmer, Beinanzieher) besteht grundsätzlich die Neigung zu einer Klemmbewegung, denn die entgegenwirkende Muskulatur (**Gesäßmuskeln/Beinabspreizer**, Abb. 261) neigt zur Abschwächung und kann keinen muskulären Ausgleich zur Klemmbewegung der Hüftmuskulatur bilden. Die Gesäßmuskulatur hat unter anderem die Aufgabe, das Becken zu stabilisieren. Wenn sie schwach ist, unterstützt sie eine Hohlkreuzbildung. Der falsche Einsatz der Klemmer beim Treiben führt nicht nur zu einer Klemmbewegung, sondern automatisch zu einem hohen Knie. Die Klemmbewegung wird leider durch das oft geforderte „Fußspitzen nach innen!" gefördert.

Am Bewegungszentrum des Reiters, dem **Becken**, setzen unterschiedliche Muskeln an, die einem Mitschwingen in der Mittelpositur entgegenwirken können. Die vordere und innere Hüftmuskulatur, die so

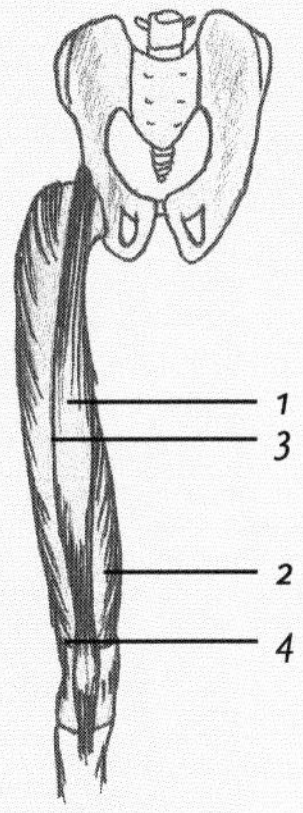

Abb. 259
1 gerader Schenkelmuskel
2 innerer Schenkelmuskel
3 mittlerer Schenkelmuskel
4 äußerer Schenkelmuskel

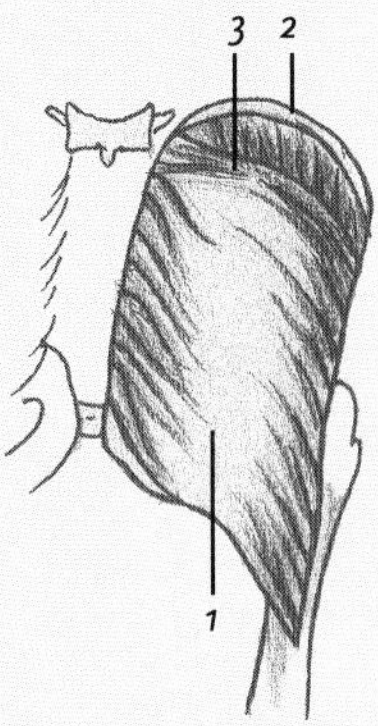

Abb. 261
1 großer Gesäßmuskel
2 mittlerer Gesäßmuskel
3 kleiner Gesäßmuskel

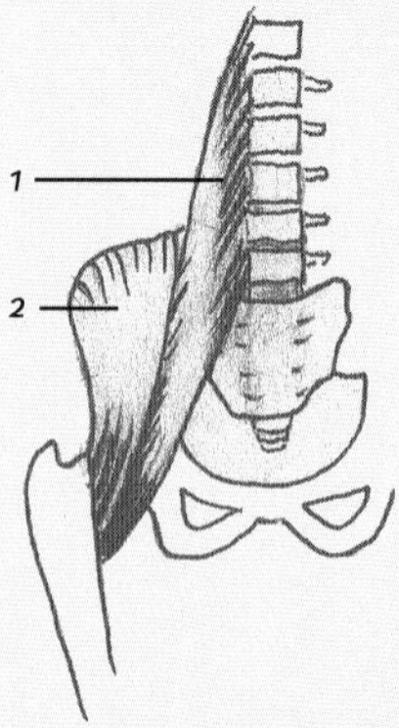

Abb. 262
Vordere Hüftmuskulatur (Lendendarmbeinmuskel)
1 großer Lendenmuskel
2 Darmbeinmuskel

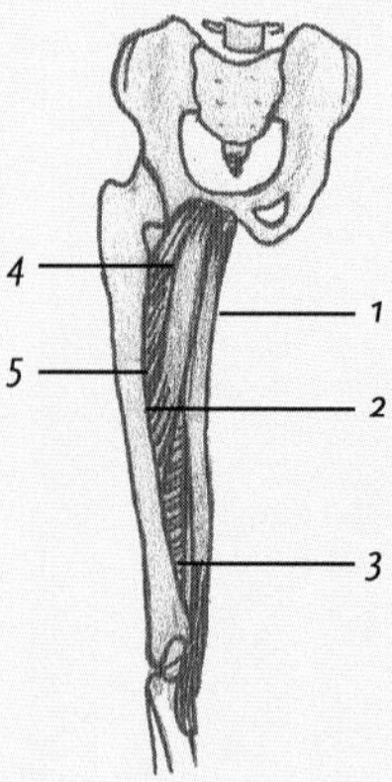

Abb. 263
Innere Hüftmuskulatur (Adduktoren)
1 schlanker Muskel
2 langer Schenkelanzieher
3 großer Schenkelanzieher
4 Kamm-Muskel
5 kurzer Schenkelanzieher

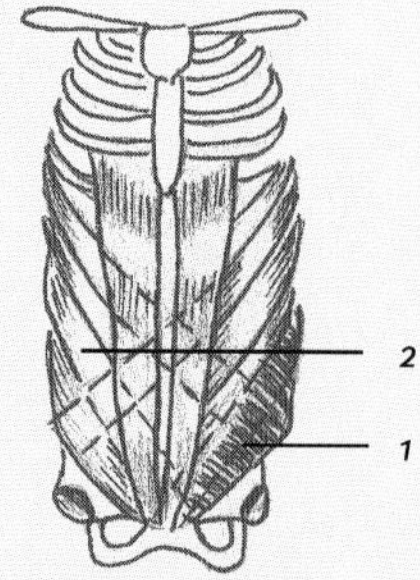

Abb. 264
1 innerer schräger aktiv
2 äußerer schräger passiv (stabilisierend wirkend)

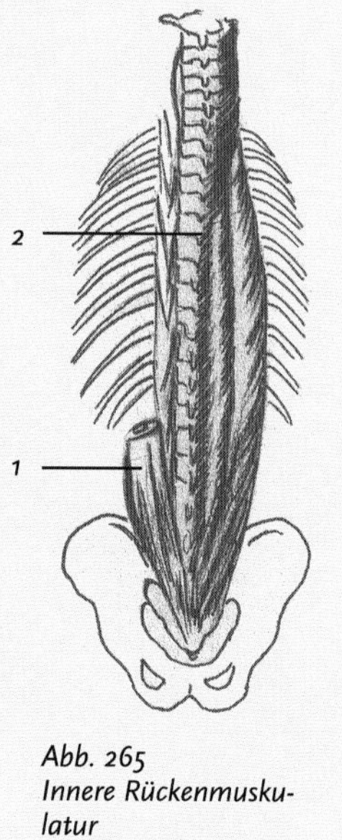

Abb. 265
Innere Rückenmuskulatur
1 Rückenstrecker im Lendenbereich
2 Rückenstrecker im Brustwirbelbereich

genannten Hüftbeugemuskeln, neigen zur Verkürzung (Abb. 262 und Abb. 263). Sie lassen das Becken nach vorn kippen, sodass eine Tendenz zum Hohlkreuz entsteht. Der Reiter neigt seinen Oberkörper automatisch nach vorn.

Die **Gesäßmuskulatur** ist außerdem für das Öffnen (Abspreizen) der Beine zuständig, während die Klemmer die Beine schließen/anziehen. Um beim Reiten ein langes, rhythmisch einwirkendes Bein zu erreichen, müssen die Hüftbeuger intensiv gedehnt und die Gesäßmuskeln gekräftigt werden.

Die **Bauchmuskulatur** (Abb. 264) neigt zur Abschwächung. Sie hat die Aufgabe, das Becken zu stabilisieren. Dabei wird sie durch die Gesäßmuskulatur und die hintere Oberschenkelmuskulatur unterstützt. Wenn das Becken nicht optimal gestellt ist, resultiert daraus ein in sich nicht geschlossener Sitz.

Nur wenn alle am Becken ansetzenden Muskeln ausgewogen sind, ist ein elastisches Mitschwingen im Becken möglich. Der Reiter kann sich dann an die Bewegungen des Pferdes anpassen und gezielte Einwirkungen erreichen. Erst dadurch wird Reiten als Dialog möglich.

Die **geraden Bauchmuskeln** lassen das Becken kurzzeitig kippen, um Übergänge einzuleiten, das Pferd zum Halten zu veranlassen oder kurze Impulse zur Intensivierung von Gangarten zu geben. Ein ständig gekipptes Becken belastet das Pferd zu stark im Rücken. Der Reiter kann nicht mehr losgelassen mitschwingen.

Der **äußere schräge Bauchmuskel** ist Voraussetzung für einen geschlossenen Sitz, weil durch ihn ein Zurückgehen der Schulter verhindert wird. Dies ist besonders auf gebogenen Linien wichtig. Der Reiter sitzt vermehrt innen (einseitige Gewichtshilfe durch

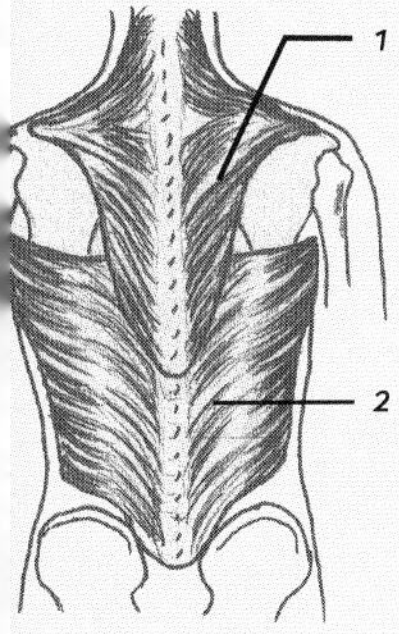

Abb. 266
Äußere Rückenmuskulatur
1 Kapuzenmuskel
2 breiter Rückenmuskel

den **inneren schrägen Bauchmuskel**). Die Geschlossenheit des Sitzes ist nur aufrechtzuerhalten, wenn die äußere schräge Bauchmuskulatur die Schulter am Zurückweichen hindert.

Die **innere Rückenmuskulatur** (langer Rückenstrecker vom Brust- bis zum Lendenbereich (Abb. 265), sorgt für einen aufrechten Sitz, also dafür, dass die Wirbelsäule gestreckt ist. Grundlage für einen aufrechten Verlauf der Wirbelsäule ist die korrekte Beckenstellung, die Bewegungsübertragungen über die Wirbelsäule bis zum Kopf ermöglicht. Der Rückenstrecker im Lenden- und Halsbereich neigt zur Verkürzung; Hohlkreuzneigung und hochgezogene Schultern sind die Folge. Im Brustbereich neigt der Rückenstrecker zur Abschwächung, was einen Rundrücken zur Folge haben kann.

Die **äußere Rückenmuskulatur** (Schultergürtel und Trapezmuskel, Abb. 266, zeigt zwei Tendenzen: Der untere Teil der Schultergürtelmuskulatur neigt zur Verkürzung und unterstützt die negative Tendenz zur Verkürzung des Rückenstreckers im Lendenwirbelbereich (mögliche Hohlkreuzbildung). Der mittlere und obere Teil des Schultergürtels (Trapezmuskel) neigt zur Abschwächung. Da die Tendenz der Abschwächung bereits beim Rückenstrecker im Brustwirbelbereich vorhanden ist und der entgegenwirkende Brustmuskel zur Verkürzung neigt (Abb. 267), ergibt sich bei muskulären Ungleichgewichten eine generelle Tendenz zum Rundrücken.

Da seitliche Verkrümmungen der Wirbelsäule heute bei fast allen Menschen vorliegen, ist die **seitliche Rumpfmuskulatur** (Lendenmuskulatur) von hoher Bedeutung für einen aufrechten Sitz ohne Seitwärtsneigung. Die seitliche Rumpfmuskulatur ist für die seitliche Stabilisierung des Oberkörpers bei uns generell nicht intensiv genug ausgebildet, sodass ein seitlicher Ausweichsitz bei vielen Reitern zu beobachten ist.

Die Kenntnis der für den Reitersitz grundsätzlich wichtigen Muskelgruppen ist Voraussetzung für den richtigen Einsatz von Körperübungen.

Nur wenn die Grundlagen bekannt sind, können gezielte Übungen ausgewählt werden, die der Abschwächung und Verkürzung entgegenwirken. Die althergebrachte Gymnastik schädigte unseren Körper. Solche unfunktionellen Kraft- und Beweglichkeitsübungen sind in den Abb. 268 und 269 dargestellt.

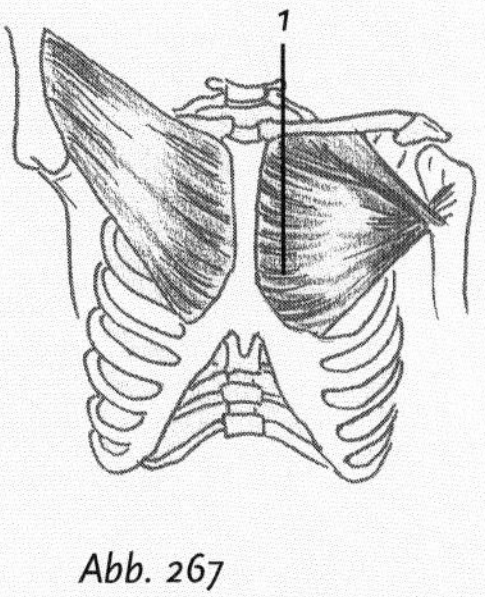

Abb. 267
Brustmuskulatur
1 großer Brustmuskel

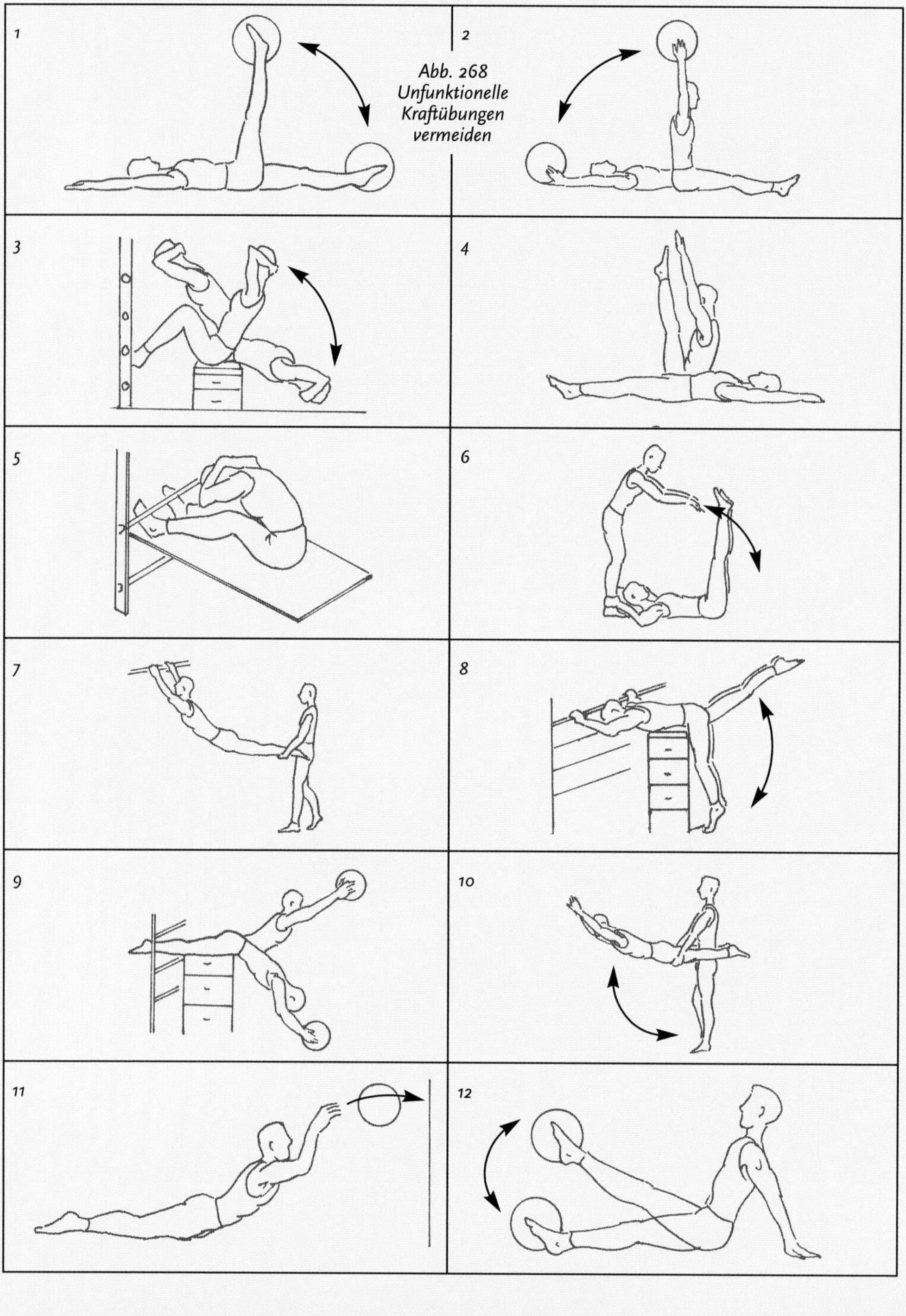

Abb. 268 Unfunktionelle Kraftübungen vermeiden

Abb. 69
Unfunktionelle Beweglichkeitsübungen vermeiden

Wenn der Reiter sein Bewegungsgefühl verbessern möchte, dann ist eine Sensibilisierung für die Bewegungsabläufe des eigenen Körpers und seiner Teile wichtig.

Heute sind unter gesundheitlichen und funktionalen Gesichtspunkten unterschiedliche Rückenschulkonzepte entstanden. Alle Übungen aus diesen Konzepten sind vier Funktionskreisen zuzuordnen. Jeder Funktionskreis ist eine in sich geschlossene Einheit, die jedoch von anderen Einheiten nicht isoliert werden darf. Jeder Funktionskreis überlappt sich mit mindestens einem Nachbarkreis und steht mit ihm in einem Bedeutungszusammenhang.

Folgende Körperteile gehören zu den entsprechenden Funktionskreisen:

Funktionskreis I: Halswirbelsäule mit Kopf, Brustwirbelsäule bis zum fünften Brustwirbel.

Funktionskreis II: Brustwirbelsäule vom fünften bis zwölften Brustwirbel, Lenden-Becken-Hüftbereich.

Funktionskreis III: untere Lendenwirbelsäule, Hüftgelenk und Kreuzbeinbereich, Beine.

Funktionskreis IV: Schultergelenk mit Schulterblatt und Schlüsselbein, Arme.

Abb. 270

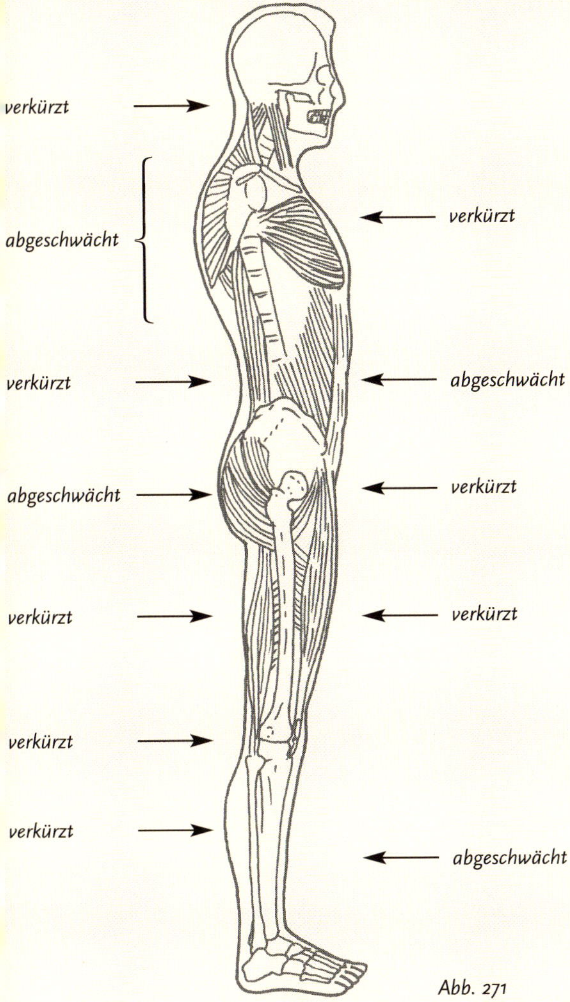

Abb. 271

Folgende Muskeln sind verkürzt oder abgeschwächt:

VERKÜRZUNG

Wadenmuskulatur
hintere Oberschenkelmuskulatur
vordere Oberschenkelmuskulatur
unterer Teil Trapezmuskulatur
Brustmuskulatur
tiefe Rückenmuskulatur
Hüftbeugemuskulatur

ABSCHWÄCHUNG

Schienbeinmuskulatur
Gesäßmuskulatur
Bauchmuskulatur (gerade/schräge)
oberer/mittlerer Teil Trapezmuskulatur
seitliche Rumpfmuskulatur

Für die einzelnen Muskelbereiche sind bereits in den vorherigen Kapiteln entsprechende Übungen beschrieben worden. In diesem Kapitel geht es darum, die einzelnen Bereiche zu integrieren, damit eine optimale Ganzkörperkoordination des Reiters gewährleistet ist bzw. Bewegungsübertragungen von den Füßen bis zum Kopf und umgekehrt ablaufen können.

104

Übungen für die Ganzkörperbewegung und den Drehsitz

1) Die gut ausgeführte „Affenhaltung"

Diese Haltung ist auch auf dem Pferd immer wieder einzunehmen. Sie entspricht eigentlich dem leichten Sitz, den jedoch viele Reiter nicht korrekt beherrschen. Besonders steife Reiter gewinnen durch das Reiten in der „Affenhaltung" an Lockerheit, weil alle Gelenke einen hohen Freiheitsgrad erreichen. Der Reiter selbst muss sich für diese Haltung sensibilisieren. Der Ausbilder muss Kriterien für eine sprachliche Korrektur von außen entwickeln bzw. mit seinen Händen Veränderungen an der Reiterhaltung vornehmen. Die „Affenhaltung" kann im Trab wie im Galopp eingenommen werden. Beim Traben entfernt sich das Gesäß vom Sattel und bleibt in dieser Haltung, sitzt also nicht, wie beim Leichttraben, wieder ein. Galoppiert wird im leichten Sitz mit stark verkürzten Bügeln.

Diese beiden Übungen öffnen unter anderem die großen Gelenke (Knie und Hüfte). Danach sind feste Reiter erheblich lockerer; untertonisierte (zu schlaffe) Reiter sitzen mit erheblich mehr Körperspannung.

Abb. 272 zeigt die „Affenhaltung": Die Knie ragen über die Zehen hinaus, damit der Rücken lang werden kann.

In Abb. 273 wird deutlich, dass die Hüften wie in Scharnieren hängen und nach hinten gehen, die Knie bleiben jedoch vorn. Der Kopf gewinnt bei dieser Haltung Freiheit in drei Richtungen. Wenn Unterschenkel und Oberkörper parallel verlaufen, ist die Haltung korrekt. Genau dieser Verlauf ist bei vielen Reitern im leichten Sitz nicht vorhanden.

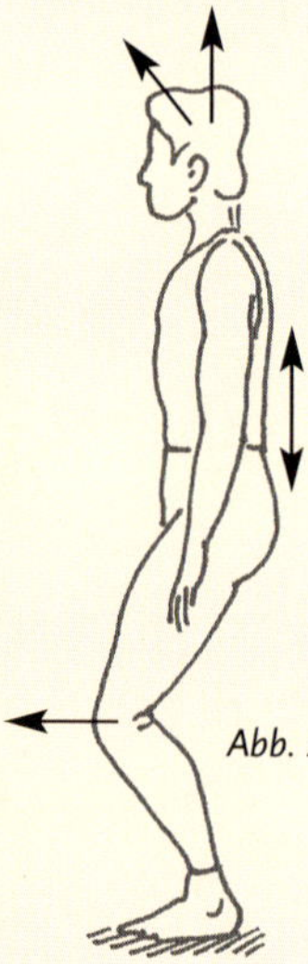

Abb. 272

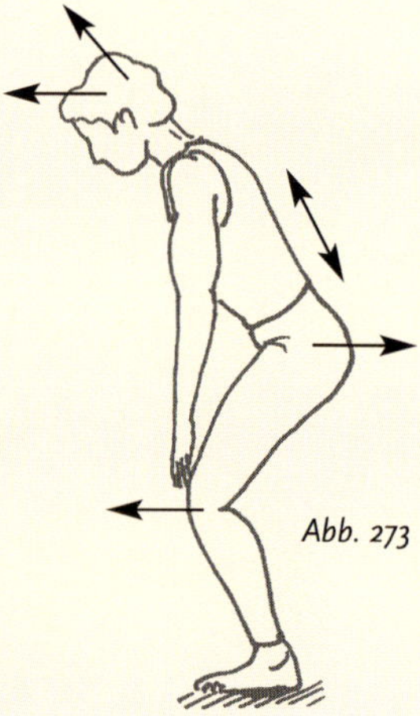

Abb. 273

2) Auf einen Kasten aufsteigen (Abb. 274)

Ausgangsposition: Neben einem Kasten stehen, ein Bein auf dem Kasten platzieren.
Ausführung: Strecken Sie sich, bis Sie mit einem Bein auf dem Kasten stehen. Achten Sie darauf, dass sich beim Strecken des Beines der gesamte Körper aufrichtet: Bringen Sie die Hüfte vor und richten Sie den Oberkörper auf. Die Bewegung fließt wie eine Schraube durch den Körper (beidseitig üben).

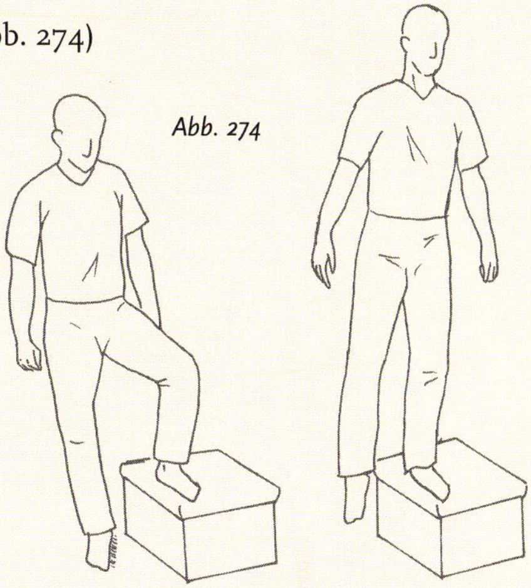

Abb. 274

3) Den Körper durchkämmen (Foto 105-110)

Ausgangsposition: Rückenlage, Beine lang auf dem Boden.
Ausführung: Knie leicht beugen, sodass die Fersen dem Gesäß 10 cm näher kommen. Beide Knie parallel nach rechts und links langsam in Richtung Boden bewegen, der Kopf beschreibt die entgegengesetzte Bewegung. Nach jeweils 10 Wiederholungen werden die Füße wieder um 10 cm herangeholt, bis die Fußsohlen nahe dem Gesäß voll auf dem Boden stehen. Danach entfernen sich die Füße auf dieselbe Art vom Gesäß, bis die Beine wieder lang auf dem Boden liegen.

Je weiter die Füße vom Gesäß entfernt sind, desto intensiver kommen die Bewegungen der Knie bei den Schultern an. Sind sie nahe dem Gesäß, wird hauptsächlich das Becken mobilisiert.

4) Cross-koordinative Bewegungen Beine gegen Kopf (Abb. 276)
Ausgangsposition: Rückenlage, Beine anstellen und leicht öffnen.
Ausführung: Beine parallel nach rechts und links führen. Dabei vollzieht der Kopf die entgegengesetzte Bewegung.

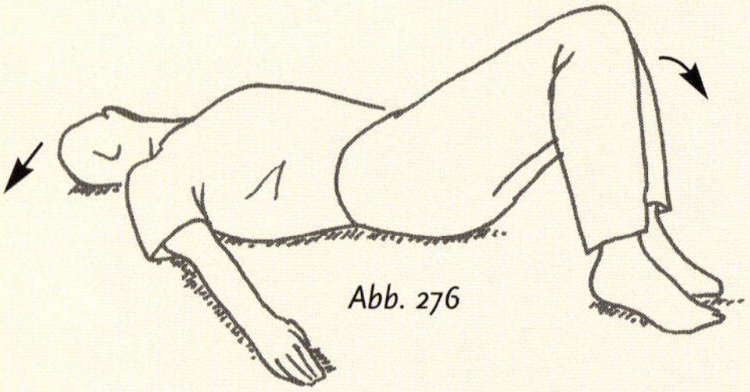

Abb. 276

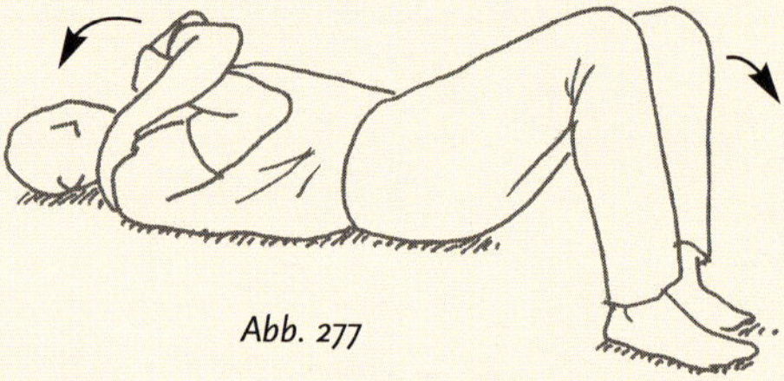

Abb. 277

5) Cross-koordinative Bewegungen Oberkörper gegen Beine (Abb. 277)
Ausgangsposition: Wie in Übung 4. Die Hände umfassen von außen die Schultern.
Ausführung: Beine nach rechts und links führen. Dabei ziehen die Hände den Oberkörper entgegengesetzt nach links und rechts.

6) Cross-koordinative Bewegungen Armdreieck gegen Beine (Foto 111)
Ausgangsposition: Wie in Übung 4. Die Hände werden gefaltet und senkrecht in die Höhe gestreckt, sodass aus Schulter und gefalteten Händen ein Dreieck entsteht.
Ausführung: Beine nach rechts und links führen, das Dreieck dabei entgegengesetzt nach links und rechts bewegen, soweit es problemlos geht.

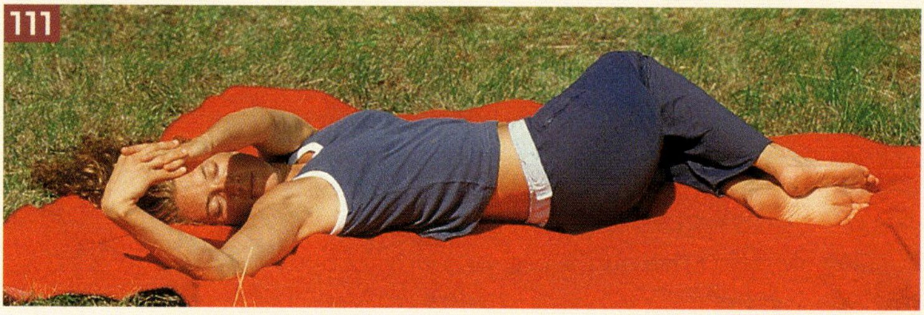

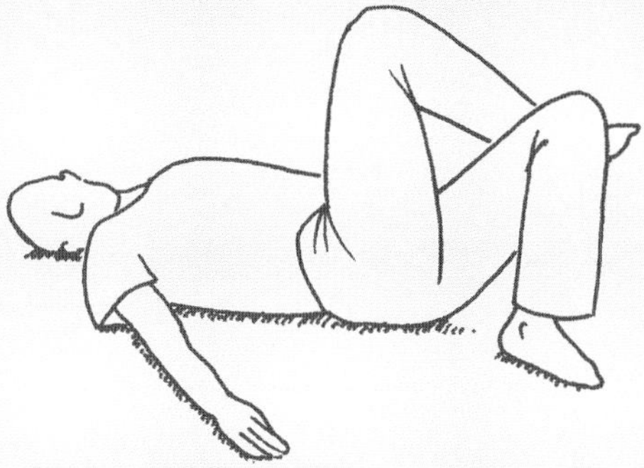

Abb. 279

7) Cross-koordinative Bewegungen mit aufgelegtem Bein (Abb. 279)
Die Übungen 4 bis 6 wiederholen, wobei zusätzlich ein Bein mit dem Knöchel auf das Knie des anderen Beines gelegt wird (Bein nicht überschlagen, weil dadurch die Adduktoren eingeengt werden). Beine wechseln.

8) Kreisende Bewegungen in Seitenlage (Abb. 280)
Ausgangsposition: Seitenlage, Kopf durch ein Kissen stützen, Beine so platzieren, dass Oberkörper-Oberschenkel und Oberschenkel-Unterschenkel einen rechten Winkel bilden, wobei das obere Knie leicht vor dem unteren auf dem Boden liegt. Arme im rechten Winkel nach vorn strecken, Handflächen aufeinander legen.
Ausführung: Mit der oberen Hand am Boden einen Kreis ziehen – über den Kopf, weiter hinter dem Rücken und dann über die Hüfte wieder nach vorn. Die Hand soll möglichst am Boden bleiben, was am Anfang sehr schwer ist, und auch das Knie, das vor dem anderen am Boden liegt, darf den Boden nicht verlassen. Wenn die Bewegungen mehrmals durchgeführt werden, bekommt die Hand immer mehr Bodenkontakt. Es bedarf jedoch einiger Wiederholungen, um Verbesserungen zu spüren.
Der Kopf bleibt zunächst normal liegen. Danach verfolgen die Augen die Bewegungen

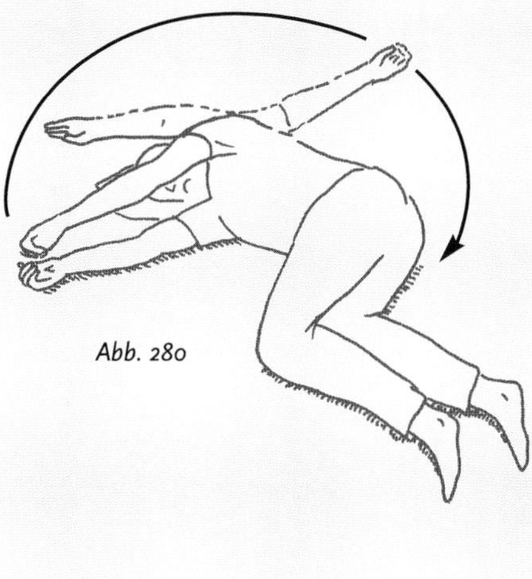

Abb. 280

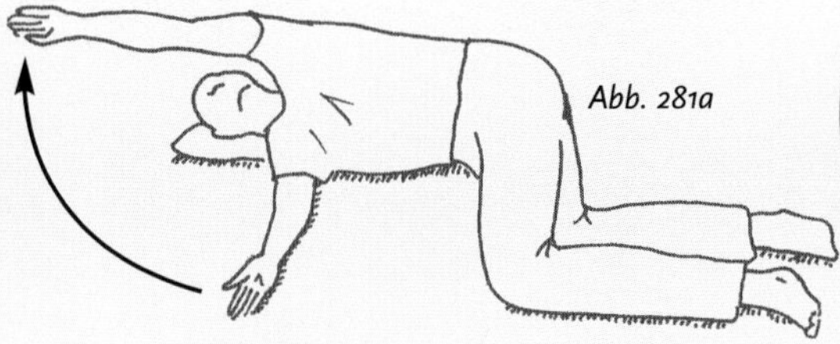

Abb. 281a

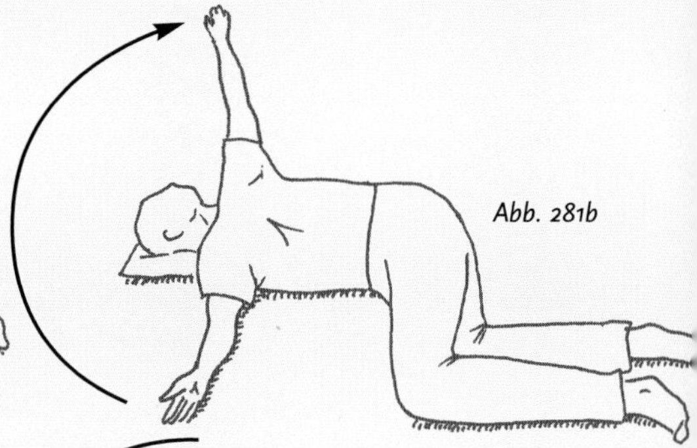

Abb. 281b

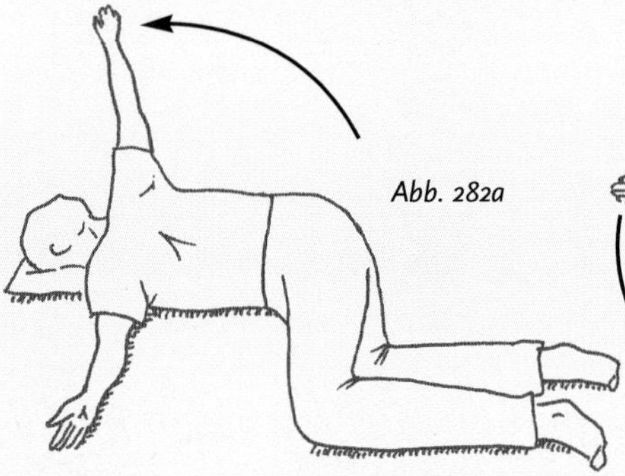

Abb. 282a

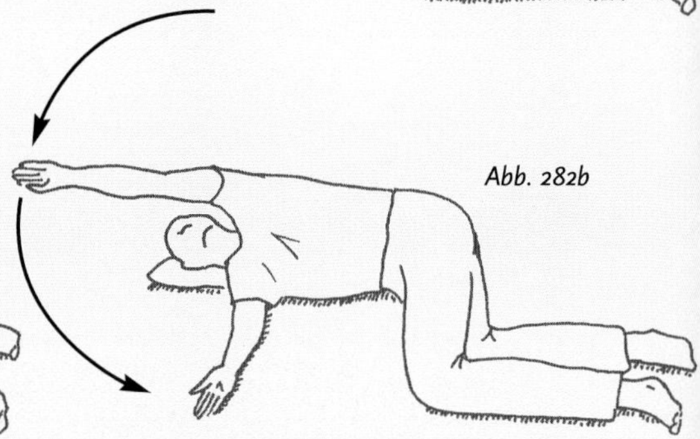

Abb. 282b

der Hand, ohne sie aus dem Blick zu verlieren (Abb. 281).
Die Kreise auch in die andere Richtung ziehen (nach unten, über das Becken nach hinten und über den Kopf wieder nach vorn) (Abb. 282). Beidseitig üben.

9) Geradlinige Bewegungen von Boden zu Boden

Ausgangsposition: Bodenlage wie 9. Seitenlage wie in Übung 8.

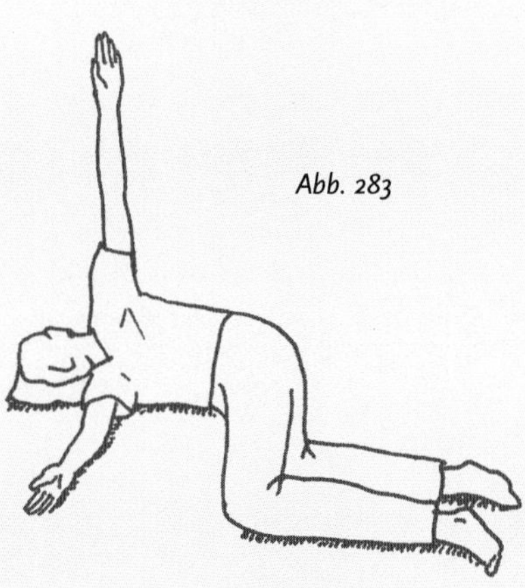

Abb. 283

Abb. 284

Ausführung: Den oberen Arm auf Schulterhöhe gestreckt bis zur Senkrechten nach oben und wieder zurück führen. Dabei bleibt der Kopf normal liegen (Abb. 283). Nach mehreren Wiederholungen darf der Blick die Hand verfolgen (Abb. 284). Dann zwischen beiden Arten der Bewegung abwechseln.

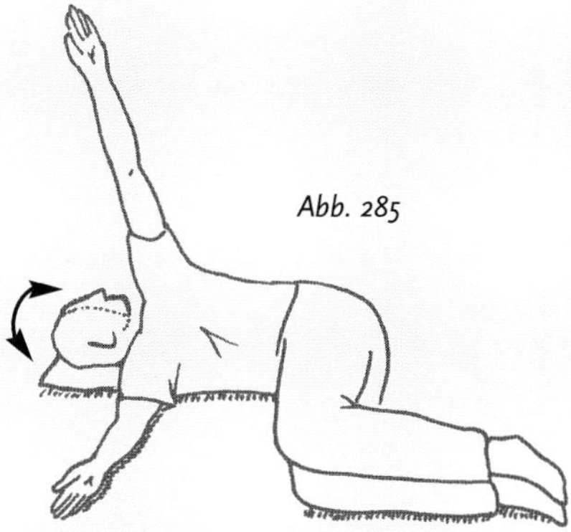

Abb. 285

Nun den Arm (genau auf Schulterhöhe) immer weiter hinter den Oberkörper in Richtung Boden führen, ohne jedoch mit Kraft gegen Widerstände anzugehen. Die Bewegungen sollen fließend und leicht sein. Auch bei diesen Bewegungen darf der Kopf nach mehrmaligen Wiederholungen die Hand verfolgen, um dann beide Bewegungen abwechselnd zu vollziehen (Abb. 285). Achten Sie darauf, dass das obere Knie den Boden nicht verlässt. Sie werden spüren, dass Sie den Arm immer leichter hinter den Körper führen können, bis er schließlich sogar den Boden berührt (beidseitig üben) (Abb. 286).

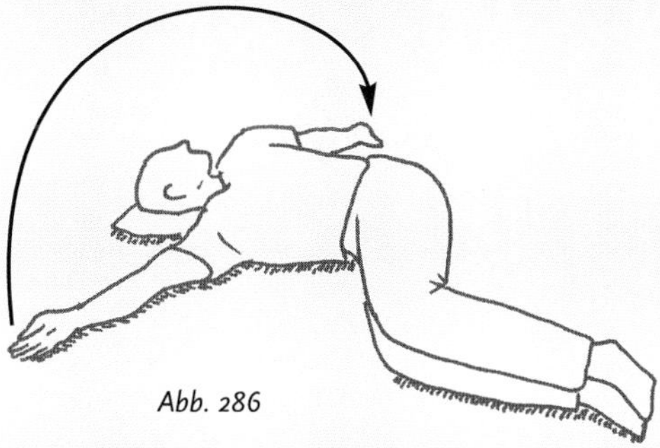

Abb. 286

10) Das Becken überträgt Bewegungen durch den gesamten Körper

Ausgangsposition: Sie ruhen in drei Positionen auf dem Boden: zunächst auf die Arme gestützt, dann auf die Unterarme und schließlich in der flachen Bodenlage. Die Beine sind in allen Lagen angezogen, die Fußsohlen berühren einander (Abb. 287 a/b/c).

Alle Bewegungen, die Sie unter „Mobilisierung des Beckens" (S. 121) auf dem Balimo vollzogen haben, werden nun in Bodenlage ausgeführt. Dabei sind die unterschiedlichen Positionen des Oberkörpers wichtig, weil beim Menschen (Reiter) erst dann von

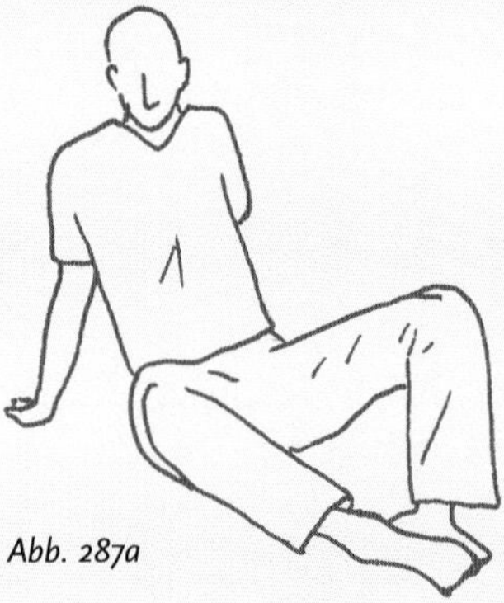

Abb. 287a

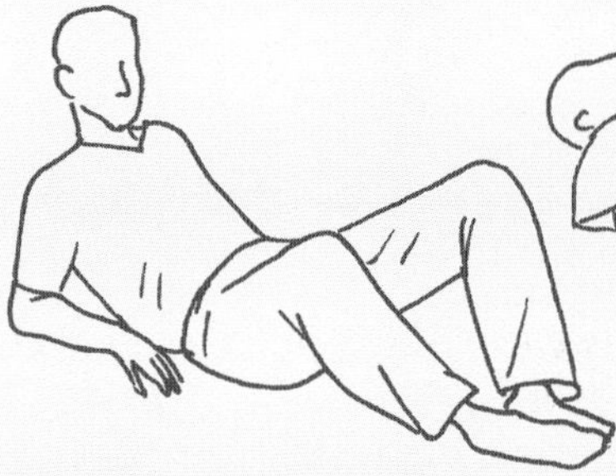

Abb. 287b

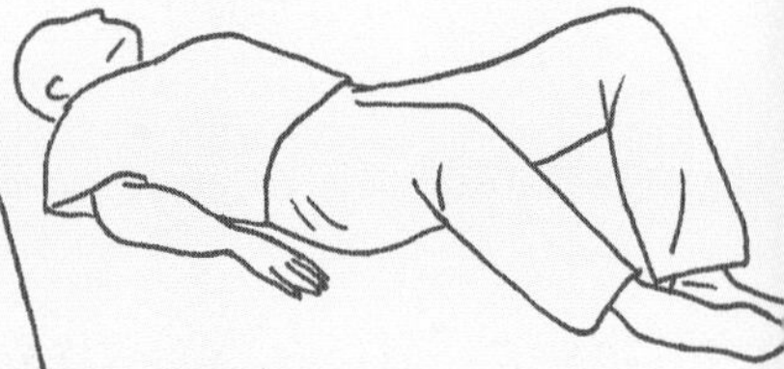

Abb. 287c

Beweglichkeit gesprochen werden kann, wenn er Bewegungen auf unterschiedliche Weise oder in unterschiedlichen Körperhaltungen vollziehen kann. Somit sind diese Bewegungen eine Ergänzung zu den Balimo-Übungen. Sie lassen am Ende spüren, wie flach der Körper auf dem Boden liegt, vermitteln Ihnen also das Gefühl des Aufgerichtetseins.

11) Beine in Bauchlage nach rechts und links ablegen

Ausgangsposition: Bauchlage, die Stirn ruht auf den übereinander gelegten Händen, Beine sind leicht geöffnet und im Knie abgewinkelt, Fußsohlen zeigen zur Decke.

Ausführung: Die Unterschenkel parallel nach rechts und links in Richtung Boden führen (Abb. 288). Sie können die Bewegung variieren, indem Sie den Kopf in die Richtung mitdrehen, in die Sie die Füße absenken (Abb. 289). Danach drehen Sie den Kopf immer entgegensetzt zu den Füßen (Abb. 290).

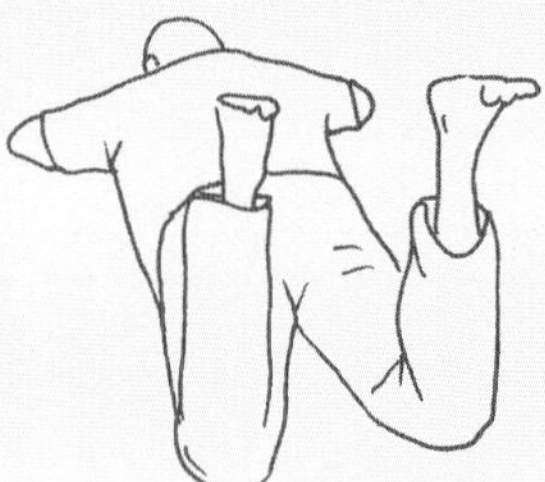

Abb. 288a

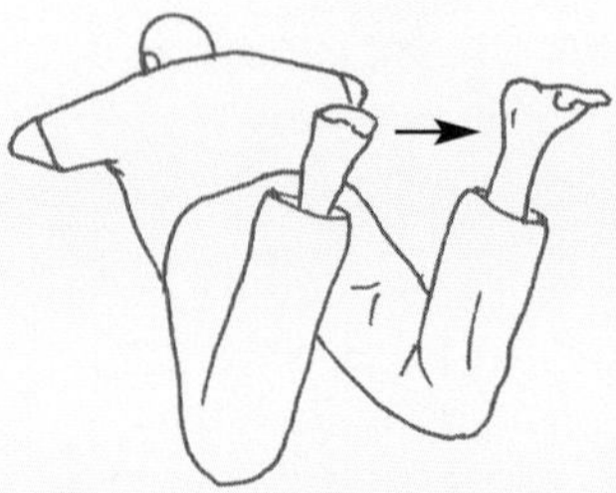

Abb. 288b

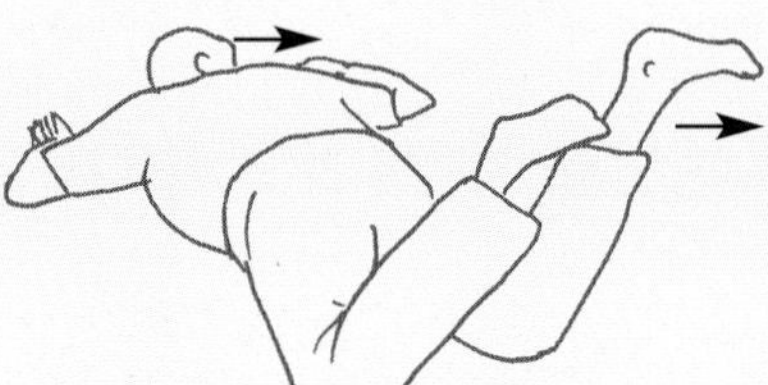

Abb. 289

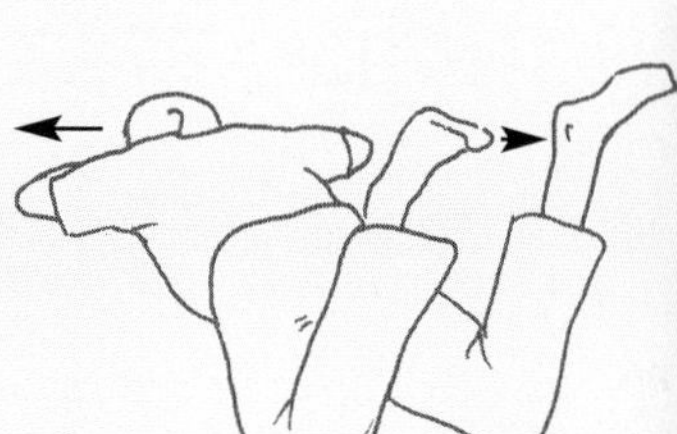

Abb. 290

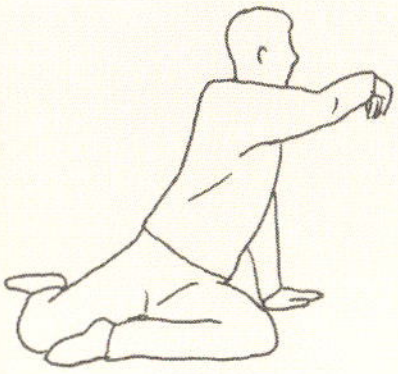
Abb. 291

Abb. 292a

Abb. 292b

Abb. 293

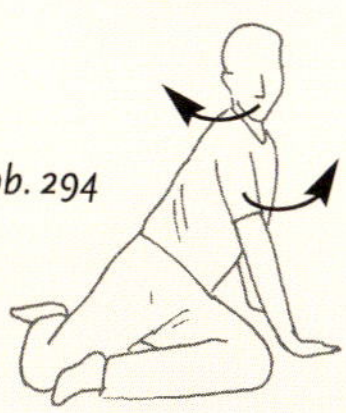
Abb. 294

113

114

115

12) Drehbewegungen des Oberkörpers mit Blick auf die Hand

(Foto 113)

Ausgangsposition: Auf dem Boden sitzen, das linke Bein so anwinkeln, dass das Knie auf dem Boden aufliegt und die Fußsohle den rechten Oberschenkel berührt. Bequem auf den linken Arm stützen, den rechten Arm in Schulterhöhe anwinkeln, das Handgelenk ist etwa 50 cm vom Gesicht entfernt. Oder auf dem Pferd sitzend.

Ausführung: Den Oberkörper nach links drehen, soweit es ohne Widerstände geht, und wieder in die Ausgangsposition zurück. Der Blick bleibt stets auf das Handgelenk gerichtet (beidseitig üben).

13) Mobilität der Wirbelsäule

(Foto 114)

Ausgangsposition: Wie in Übung 12 sitzen, nur fasst die rechte Hand auf den Kopf.

Ausführung: Die Hand drückt bzw. zieht den Kopf nach rechts und links. Der Kopf überlässt sich ganz den Bewegungen der Hand (beidseitig üben).

14) Verwringen der Schultern gegen den Kopf

Ausgangsposition: Wie in Übung 12 sitzen, nur sind beide Hände links in Schulterbreite neben dem Körper abgestützt.

Ausführung: Zunächst drehen sich Schultern und Kopf gemeinsam nach links. Danach wird die Übung so variiert, dass sich Kopf und Schultern entgegengesetzt (cross-koordinativ) bewegen (beidseitig üben) (Foto 115).

Kräftigungsübungen für den aufrechten Sitz

1) Kräftigung von Rückenstreckmuskulatur, Schultergürtel- und Gesäßmuskulatur (Abb. 295)

Ausgangsposition: Bauchlage mit gestreckten Armen und Beinen.
Ausführung: Im Wechsel linkes Bein und rechten Arm bzw. rechtes Bein und linken Arm heben.
Achtung: Nur wenige Zentimeter vom Boden lösen, weil sonst ein Hohlkreuz entsteht!

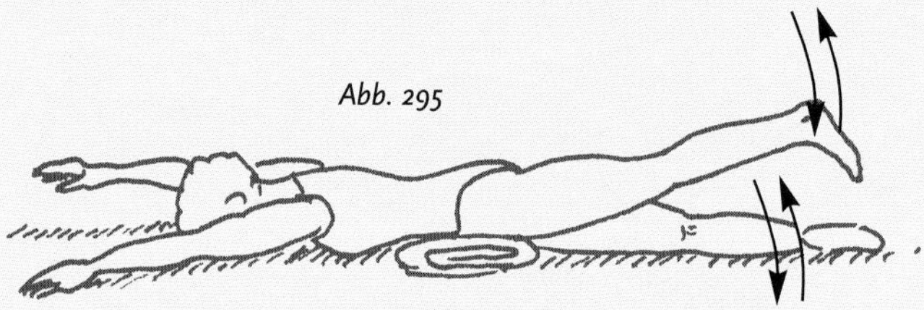

Abb. 295

2) Kräftigung der Rückenstreckmuskulatur (Abb. 296)

Ausgangsposition: Bauchlage auf einem zusammengerollten Handtuch oder einer Decke, Hände hinter dem Kopf verschränken.
Ausführung: Oberkörper leicht vom Boden heben, Kopf nicht in den Nacken nehmen, sondern Blick zum Boden richten.

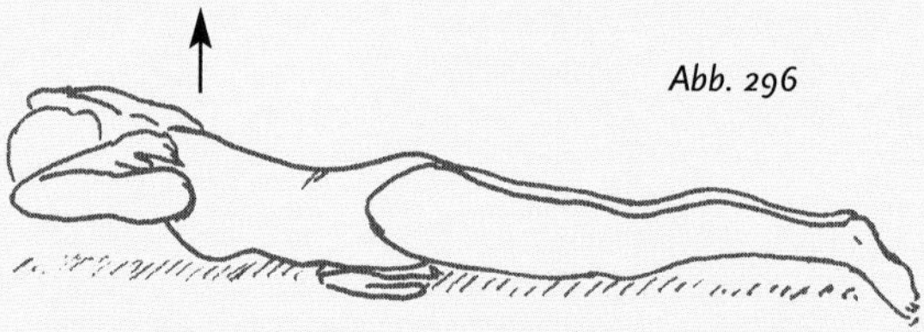

Abb. 296

3) Kräftigung der Rückenstreck- und Schultergürtelmuskulatur (Abb. 297)

Ausgangsposition: Wie in Übung 1, aber Arme nach vorn strecken.
Ausführung: Oberkörper langsam anheben, Arme dabei strecken, Kopf nicht in den Nacken nehmen.

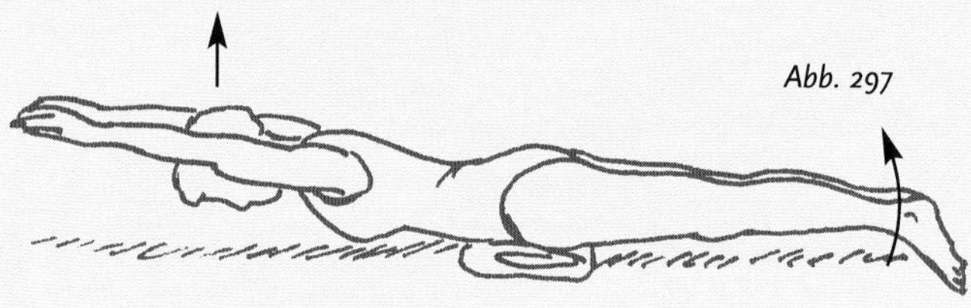

Abb. 297

4) Kräftigung von Rückenstreckmuskulatur, Gesäß- und hinterer Oberschenkelmuskulatur (Abb. 298)
Ausgangsposition: Wie in Übung 3.

Ausführung: Gesäßmuskulatur anspannen und Beine vom Boden heben.

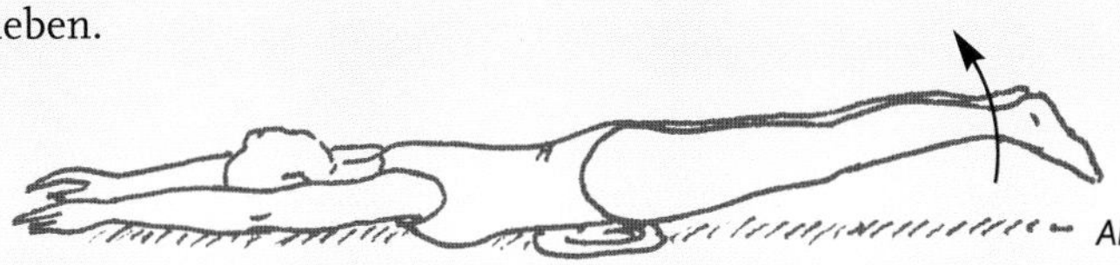

Abb. 298

5) Mobilisierung der Rückenstreckmuskulatur (Abb. 299)
Ausgangsposition: Bankstellung, Arme und Beine schulterbreit auseinander.
Ausführung: Im Wechsel in den „Katzenbuckel" heben und ins Hohlkreuz senken.

Abb. 299

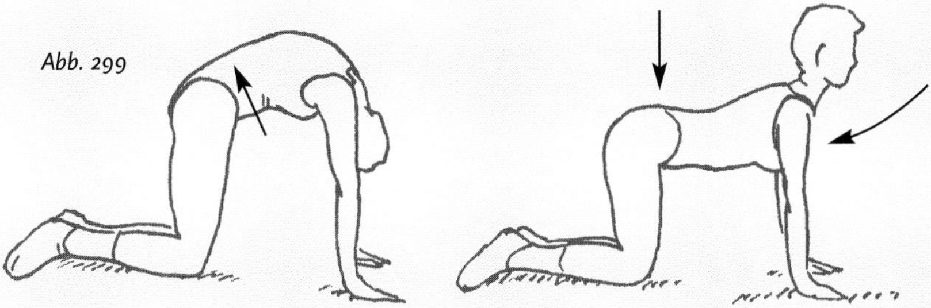

6) Kräftigung der Rückenstreckmuskulatur (Abb. 300)
Ausgangsposition: Hocksitz mit geöffneten Beinen.
Ausführung: Wirbelsäule bis zur Endposition aufrichten, Kinn anziehen und besonders die Lenden- und Halswirbelsäule aufrichten.

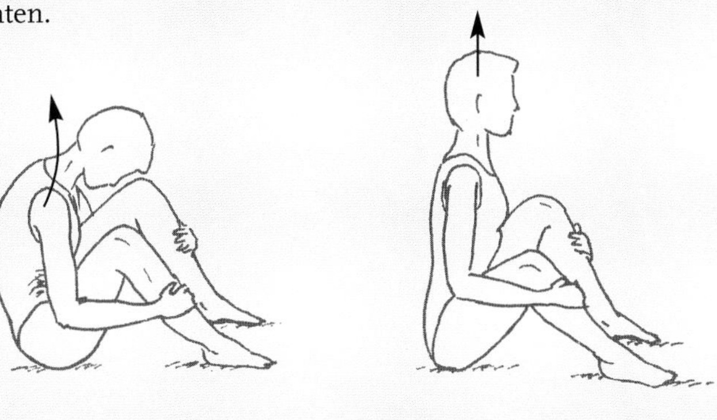

Abb. 300

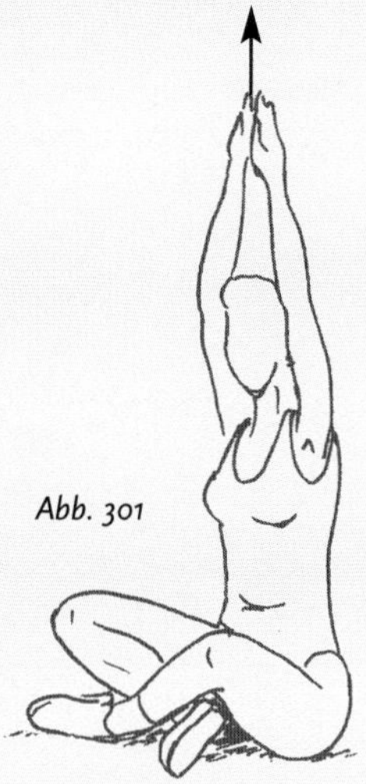

Abb. 301

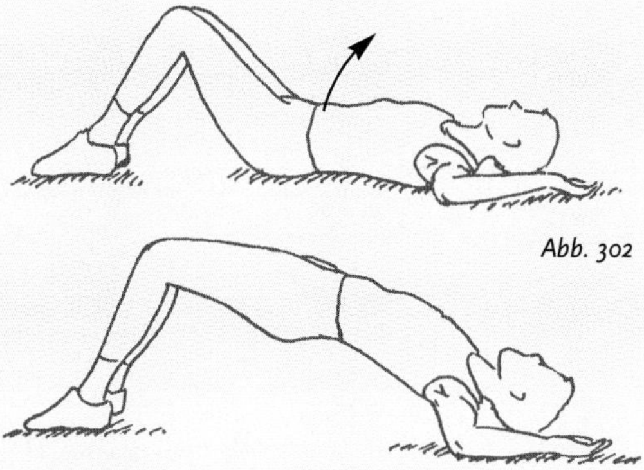

Abb. 302

7) Kräftigung der Rückenstreckmuskulatur (Abb. 301)
Ausgangsposition: Schneidersitz.
Ausführung: Arme strecken.

8) Kräftigung der gesamten Muskelkette der Rumpfrückseite (Abb. 302)
Ausgangsposition: Rückenlage, Beine anstellen.
Ausführung: Becken anheben, bis eine gerade Linie Kopf-Brust-Becken-Oberschenkel entstanden ist.

9) Kräftigung des Rumpfs und der Beine (Abb. 303)
Ausgangsposition: In Rückenlage ein Bein anziehen, das andere strecken und nur auf die Ferse stützen.
Ausführung: Becken anheben, sodass sich der Körper vom Boden entfernt und nur auf einer Ferse und dem Schulterbereich ruht. Hände drücken gegen das gebeugte Knie.

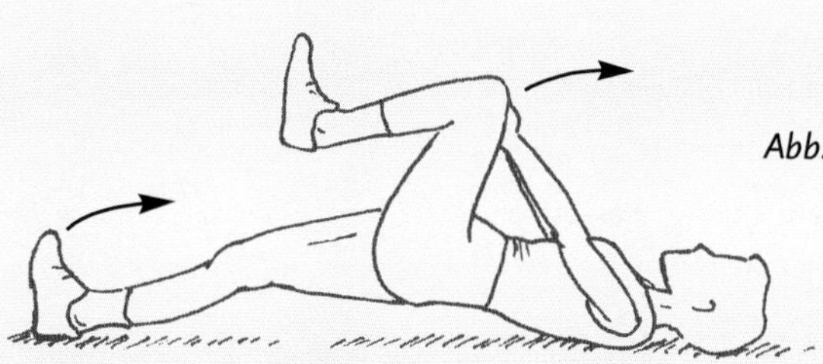

Abb. 303

10) Kräftigung der Schultergürtel- und Schultergelenkmuskulatur, Einbeziehung der gesamten Muskulatur der Rumpfvorderseite (Abb. 304)

Ausgangsposition: Liegestütz auf den Unterarmen mit leicht gebeugten Hüft- und Kniegelenken.

Ausführung: Körper durchstrecken, sodass er eine gerade Linie bildet.

Achtung: Nicht ins Hohlkreuz senken!

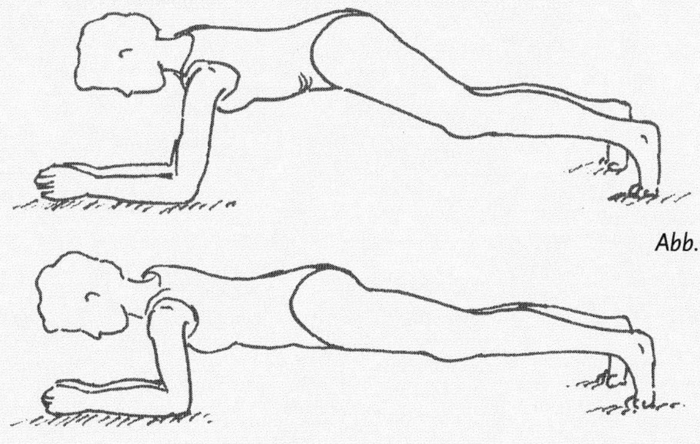

Abb. 304

11) Kräftigung der gesamten Muskelkette der Rumpfrückseite, der Gesäß- und hinteren Oberschenkelmuskulatur (Abb. 305)

Ausgangsposition: Bankstellung rücklings auf den Unterarmen.

Ausführung: Hüftgelenk strecken, sodass eine Linie Beine-Oberkörper entsteht.

Abb. 305

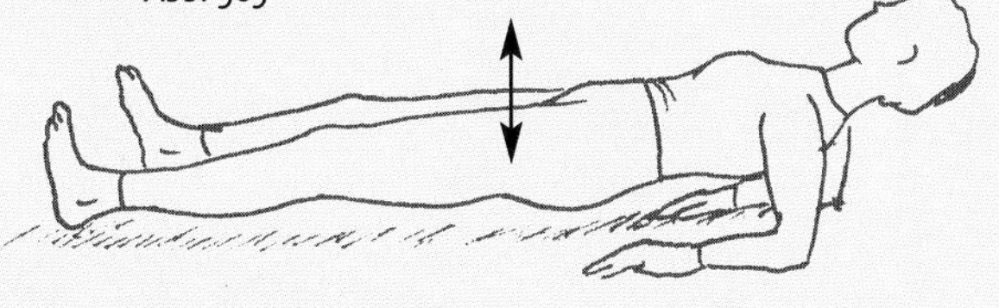

Das Kurzprogramm **für besseres Reiten**

Das folgende Programm zur Vorbereitung des Reiters auf seine Tätigkeit hat sich als pragmatische Vorgehensweise herausgeschält, die innerhalb kurzer Zeit den Reiter so grundlegend verändert, dass er fundamental besser auf dem Pferd sitzt.

Punkt 1: Mobilisieren des Kopfes (Okzipitalgelenk/Schädelknochen)
S. 53 Übung 1 bis 3, S. 54 Übung 5, S. 55 Übung 6 , S. 57 Übung 13.

Punkt 2: Mobilisieren des Brustkorbes
S. 66 Übung 1 bis 5.

Punkt 3: Reduzierung zu hoher Sehnen-/Muskelreflexe
S. 60 Übung 1, S. 105 Übung a und b.

Punkt 4: Mobilisieren des Kreuz-Darmbein-Gelenks
S. 111 Übung Ü a, S. 112 Ü b.

Punkt 5: Mobilität des Beckens über den Balimo
S. 122 Übung 8 bis 15.

Punkt 6: Richtiges Treiben
S. 143-144 Übung 1 bis 3.

Auch das Gehirn **benötigt Gymnastik**

172 WAS IST UNTER „ANGEWANDTER KINESIOLOGIE“ ZU VERSTEHEN?

172 EINE SCHLECHTE KÖRPERHALTUNG RAUBT DEM KÖRPER ENERGIE

173 GYMNASTIK FÜR DAS GEHIRN

Die folgenden Ausführungen beziehen sich auf die kinesiologischen Übungen in diesem Buch (Abb. 7 bis 11). Weitere Übungen sind bei Dennison/Dennison (1991) zu finden. Diese Übungen sind bei den heute so gestressten Menschen (auch Reitern) sehr wirkungsvoll, weshalb sich Ausbilder und Reiter mehr darum bemühen sollten, als es im Rahmen dieses Buches vermittelt werden kann.

Reiter nehmen sich selbst nicht mehr so wahr, wie sie eigentlich reiten. Sie haben ein verfälschtes Bild von sich. Von feinfühligem Bewegungsgefühl kann erst dann gesprochen werden, wenn die Außensicht des Reitlehrers dem inneren Bild des Reiters entspricht. Je kompetenter sich ein Reiter bewegt, desto besser kann er sich von innen sehen. Schwächere Reiter sehen sich meistens besser als sie in Wirklichkeit reiten.

Was ist unter „angewandter Kinesiologie“ zu verstehen?

Der Begriff „Kinesiologie“ entstammt dem griechischen „kinesis“ und heißt Bewegung. „Angewandte Kinesiologie“ bedeutet das Studium der Körperbewegung und ist ein ganzheitlicher Ansatz. Die menschliche Bewegung und die Wechselwirkung der Energiesysteme eines Menschen werden im Gesamtzusammenhang gesehen.

Die Kinesiologie beschäftigt sich mit den Muskeln: Sie zeigt auf, wie Muskeln getestet und ausbalanciert werden können, um das psychische und elektromagnetische Gleichgewicht eines Menschen wiederherzustellen.

Reitlehrer und Reiter sollten Kenntnisse zu diesem Konzept in speziellen Lehrgängen erwerben oder sich über Literatur aneignen, weil gefühlvolles Reiten mit dieser Methode unterstützt werden kann. Die Übungen schaffen optimale Lernbedingungen beim Reiter.

Eine schlechte Körperhaltung raubt dem Körper Energie

Eine schlechte Körperhaltung im Alltag und auf dem Pferd führt zu Stresszuständen. Auch willentlich erzeugte kurzfristige äußere Haltungsänderungen können das Problem nicht ausmerzen, weil

Foto 117: Reiterin sitzt zu schlaff

Foto 118: Reiterin sitzt überstreckt

künstlich eingenommene Haltungen ebenfalls Stress für den Körper bedeuten. Es werden Muskelketten benutzt, die für diese Haltung eigentlich nicht zuständig sind. (Foto 117, 118)

Gymnastik für das Gehirn

Die Brain-Gym-Übungen (Abb. 7 bis 11) sind von P. E. und G. Dennison entwickelt worden, um Lernende zu aktivieren **(Lateralitätsaspekt)**, zu entlasten **(Fokusaspekt)** und zu entspannen **(Zentrierungsaspekt)**. Mit ihrer Hilfe können Lern- und Bewegungsstörungen verhindert werden. Auch für das Bewegungslernen im Reiten sind sie von fundamentaler Bedeutung.

Lateralität meint die Fähigkeit, die Mittellinie zu kreuzen, im Mittelfeld zu arbeiten, das heißt, z. B. durch Arm- oder auch Augenbewegungen die Mitte des Gesichts oder des Körpers zu kreuzen. Ohne diese Fähigkeit kommt es zu allgemeinen Lernbehinderungen und zur Verwirrung des Gehirns („switching"). Die Bewegungen unterstützen die laterale Integration, das heißt, der Mensch wird befähigt, sich links und rechts gleich gut im Raum orientieren zu können. Diese Fähigkeit ist für Reiter aller Disziplinen von Bedeutung. Ohne sie können Reiter nicht optimal koordinieren und haben Orientierungsprobleme im Raum.

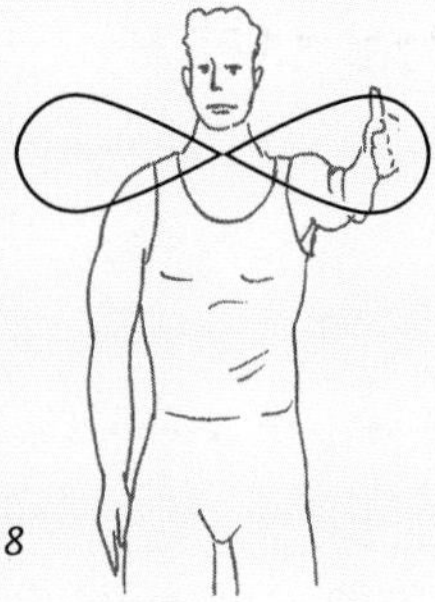

Abb. 8

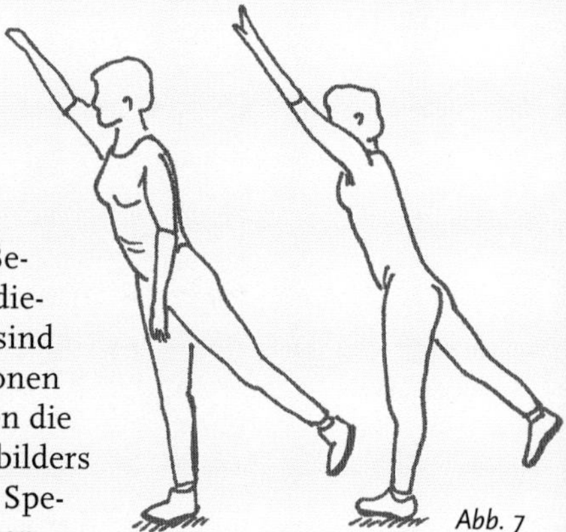

Abb. 7

Fokus bezieht sich auf die Fähigkeit des Reiters, die Mittellinie zu kreuzen, die Hinter- und Vorderhirn voneinander abgrenzt. Bestimmte Reflexe stören diese Fähigkeit. Die Reiter sind dann in den Lernsituationen unkonzentriert, begreifen die Anforderungen des Ausbilders nicht oder sind zu aktiv. Spezielle Brain-Gym-Übungen stellen sicher, dass Störungen dieser Art beim Reiten nicht vorhanden sind.

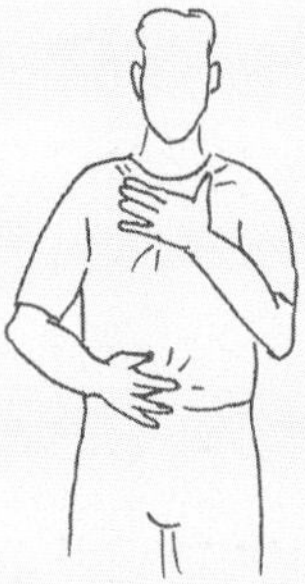

Abb. 9

Zentrierung bedeutet die Fähigkeit des Menschen, die Trennungslinie zwischen Emotionalität und Abstraktion zu kreuzen. Ohne Zusammenspiel zwischen Gefühl und Ratio kann der Reiter nur schwer lernen.

Das Gehirn des Menschen ist dreidimensional aufgebaut. Es besteht aus Teilen, die wechselseitig miteinander arbeiten und erst dadurch ein Ganzes darstellen.

„Das menschliche Gehirn ist jedoch auch zielorientiert; um Brain-Gym-Übungen besser zu verstehen, können wir es in eine linke und rechte Hemisphäre (Lateralitätsaspekt), Hinter- und Vorderhirn (Fokusaspekt) oder Hirnstamm und Kleinhirn (Zentrierungsaspekt) unterteilen“ (Dennison/Dennison 1991, 10).

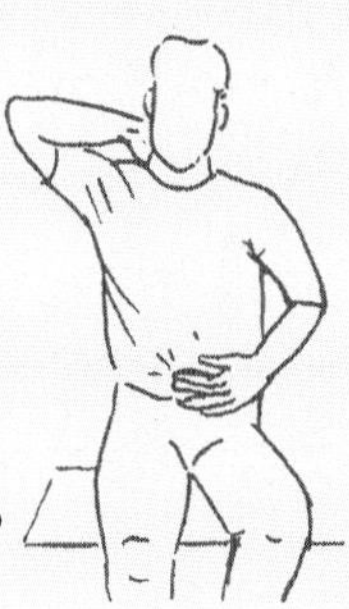

Abb. 10

Brain-Gym-Übungen erhöhen die Lernfähigkeit des Reiters. Reiten stellt hohe Ansprüche an die Koordination, weshalb diese Übungen zur Routine werden sollten, wenn sich Reiter gestresst fühlen oder Lernsituationen neue, hohe Anforderungen stellen. Auch Reiter haben, ohne es zu wissen, Probleme in den drei Bereichen (Lateralität, Fokus, Zentrierung).

Brain-Gym-Übungen führen zu einer besseren Grundeinstellung beim Reiten und liefern Grundlagen, um besser fühlen zu können.

Abb. 11

Der Reiter kann mit Hilfe der hier abgebildeten Übungen seine Fähigkeiten optimal einsetzen, sodass viele Reitprobleme erst gar nicht entstehen.

Warum dieses Buch **Reiter und Pferd gut tut**

Als Reiter sollten Sie nicht nur Ihr Pferd, sondern auch sich selbst vor jedem Reiten oder Turniereinsatz vorbereiten – auch wenn Sie das bisher nicht getan haben. Sie tun damit nicht nur sich etwas Gutes, sondern erleichtern auch dem Pferd die Arbeit, weil Sie gezielter und gefühlvoller einwirken können. In meiner jahrelangen Arbeit konnte ich bei fast jedem Pferd sofort gravierende positive Veränderungen erkennen, wenn mit dem Reiter entsprechend geübt wurde. Die Pferde gehen mit mehr Losgelassenheit, Durchlässigkeit und können teilweise Lektionen vollziehen, die sie vorher nicht zeigen konnten, weil der Reiter sie blockierte.

Somit möchte ich zum Abschluss sagen, dass mit diesem Buch nicht nur dem Reiter geholfen wird. Es dient auch dem Pferd, weil durch das verbesserte Bewegungsgefühl des Reiters ein aktiver Tierschutz erreicht werden kann. Reiter können mehr mit dem Pferd verschmelzen; beide entwickeln sich leichter zur Einheit und lassen ein harmonisches Gesamtbild entstehen.

Service

177 QUELLEN

178 ZUM WEITERLESEN

181 NÜTZLICHE ADRESSEN

182 REGISTER

186 GLOSSAR

Die in diesem Buch beschriebenen Brain-Gymn-Übungen entstammen dem Buch von P. E. und G. Dennison.

Neue Übungen mit dem Flexi-Bar entstammen dem Ansatz von Flexi-Sports-GmbH. Alle weiteren Übungen oder Lektionen sind dem Buch „Das Bewegungsgefühl des Reiters" entnommen. Dort sind die ursprünglichen Quellen entsprechend genannt. Einige Übungen wurden von mir selbst entwickelt bzw. stellen Modifizierungen anderer Übungen dar.

Quellen

Alexander, G.: Eutonie. Ein Weg zur körperlichen Selbsterfahrung. München 1976

Alexander, F. M.: Der Gebrauch des Selbst. Basel 2001

Alon, R.: Leben ohne Rückenschmerzen. Bewegen in Einklang mit der Natur. Feldenkrais-Lektionen I. Paderborn 1993

Alon, R.: Leben ohne Rückenschmerzen. Bewegen in Einklang mit der Natur. Feldenkrais-Lektionen II. Paderborn 1994

Ayres, A. J.: Bausteine der kindlichen Entwicklung. Berlin/Heidelberg/New York/Tokio 1984

Brügger, A.: Gesunde Körperhaltung im Alltag. Zürich 1990, 3. Aufl.

Christian, P.: Vom Wertbewusstsein im Tun. Ein Beitrag zur Psychophysik der Willkürbewegung. In Buytendijk, F. J. J. u. a.: Über die menschliche Bewegung als Einheit von Natur und Geist. Schorndorf 1963, S. 19–44

Dennison, P. E. u. G.: Lehrerhandbuch Brain-Gym. Freiburg (Breisgau) 1991

Diamond, J.: Der Körper lügt nicht. Kirchzarten 2001, 17. Aufl.

Feldenkrais, M.: Die Entdeckung des Selbstverständlichen. Frankfurt a. M. 1985

Feldenkrais, M.: Bewusstheit durch Bewegung: Der aufrechte Gang. Frankfurt a. M. 1996

Gallwey, W. T.: Tennis. Das innere Spiel. München 1990

Flexi-Sports-GmbH: Widenmayerstraße 7, 80538 München Manual Flexi-Bar-Intensivschulung o. J.

Hanna, T.: Beweglich sein – ein Leben lang. München 1990

Hirtz, P.: Koordinative Fähigkeiten im Schulsport: vielseitig, variationsreich, ungewohnt. Berlin 1985

Hirtz, P./Hotz, A./Ludwig, G.: Bewegungskompetenzen. Bewegungsgefühl. Schorndorf 2003

Klee, A.: Methoden und Wirkungen des Dehntrainings. Schorndorf 2003

Kirchner, T.: Die Feldenkrais- Methode. Set I und II. Eichstätt o. J.

Kirchner, T.: Geist in Bewegung. Vier Lektionen der Feldenkrais-Methode. Paderborn 1995

Kolb, M.: Methodische Prinzipien zur Entwicklung der Körperwahrnehmung. In Schierz, M./ Hummel, A./Balz, E. (Hg.): Sportpädagogik. Orientierungen – Leitideen – Konzepte. St. Augustin 1994, S. 239–260

Leist, K.-H./Loibl, J.: Vom gefühlvollen Sich-Bewegen und seiner Vermittlung. In Leist, K.-H.: Lernfeld Sport: Perspektiven einer Bewegungskultur. Reinbek 1993, S. 281–288

Mamikoshi, T.: Shiatsu. Selbstmassage und Stretching. Südergellersen 1988

Meinel, K./Schnabel, G.: Bewegungslehre – Sportmotorik. Abrisse einer Theorie der sportlichen Bewegung unter pädagogischem Aspekt. Berlin 1998, 9. Aufl.

Meyners, E.: Lehren und Lernen im Reitsport. Lüneburg 2002, 2. Aufl.

Meyners, E.: Das Bewegungsgefühl des Reiters. Stuttgart 2003

Neumaier, A.: Koordinatives Anforderungsprofil und Konditionstraining. Köln 1999

Trebels, A. H.: Wahrnehmung und Bewegung. In Sportpädagogik 17 (1993), S. 6 (???), 19–27

Walterspiel, B.: Die Feldenkrais-Methode. München 1989

Wildmann, F.: Feldenkrais. Übungen für jeden Tag.

Zemnach-Bersin, D. u. K./Gesundheit und Beweglichkeit. 10

Reese, M.: Feldenkrais-Lektionen. München 1990

Zum Weiterlesen

Aguilar, Alfonso: **Wie Pferde lernen wollen**; Bodenarbeit, Erziehung und Reiten, Kosmos 2004
Der Mexikaner Alfonso Aquilar, bekannt für seine begeisternde und einfühlsame Art Pferde zu trainieren, zeigt anhand vieler praktischer Übungen den Weg auf, wie Pferde in ihrem Wesen begriffen und gefördert werden können.

Binder, Sibylle Luise: Reiten lernen, ganz entspannt; Der Einsteigerkurs, Kosmos 2004
Alle Reitanfänger können aufatmen – mit „Reiten lernen, ganz entspannt" gelingt der Einstieg in ihr Traumhobby ganz leicht und unkompliziert.

Borelle / Braun: **Bea Borelles Pferdetraining**; bewusst – befähigt – begeistert, Kosmos 2002
Das Motivationspaket für jeden Reiter und Pferdebesitzer: Bea Borellles Pferdetraining bietet Strategien für ein neues, entspanntes und erfolgreiches Zusammensein mit dem Pferd.

GaWaNi, Pony Boy: Horse, **Follow Closely**; Indianisches Pferdetraining – Gedanken und Übungen, Kosmos 1999
Dieses „wunderbare Buch zum Träumen und Wachwerden" ist Bildband und Ratgeber zugleich.

Hinrichs, Richard: **Pferde schulen an der Hand**; Wege zum Lösen und Versammeln, Kosmos 1999
Richard Hinrichs zeigt in seinem

Buch vielfältige Möglichkeiten, wie die freiwillige Mitarbeit des Pferdes durch den Einsatz von Zügeln, Gerte, Stimme und Körpersprache gefördert werden kann.

Krämer/Schumacher: **Die Kosmos Reitlehre**; Erfolgreich im Sattel von Anfang an, Kosmos 2002
Dieses Standardwerk greift alle Aspekte der Reiterei auf. Wollen Sie mehr über andere Reitweisen erfahren oder auch nur über die klassische Reitausbildung, dann ist dies ein Buch, das keine Fragen offen lässt.

Meier, Reinhard: **Selbständig Reiten**; Ziel und Aufbau des Trainings, Lektionen, Springgymnastik, Parcoursreiten, Kosmos 2004
Will der Reiter das in der Reitstunde Gelernte alleine üben oder selbstständig trainieren, stellen sich häufig Probleme ein: Die Reiterhilfen kommen nicht durch, es fehlen Ideen für das sinnvolle Training. Reinhard Meier geht den Problemen auf den Grund, bietet Lösungswege an und schlägt pferde- und reiterfreundliche Trainingseinheiten vor.

Meyners, Eckart: **Das Bewegungsgefühl des Reiters**; Das innere Auge schulen, reiterliche Probleme lösen, mit über 300 praktischen Übungen, Kosmos 2003
Mit der Meyners-Methode entwickelt der Reiter ein Gefühl für seine Bewegungsabläufe, Rhythmus und Gleichgewicht. Mit gezielten Übungen werden anhand Hunderter von Detail-Illustrationen Schritt für Schritt die häufigsten Reitprobleme und Sitzfehler korrigiert. Denn ein locker und entspannt sitzender Reiter ist die Voraussetzung für erfolgreiches Reiten.

Neumann-Cosel, Isabelle von: **Reitersitz und Reiterhilfen**; korrekt sitzen, gefühlvoll einwirken, Kosmos 2001
Ohne den richtigen Sitz und die richtigen Hilfen geht beim Reiten gar nichts. Hier wird Schritt für Schritt erklärt, wie der Reiter zu einem ausbalancierten Sitz findet und wie Sitz und Reiterhilfen zusammenspielen.

Podhajsky, Alois: **Die Klassische Reitkunst**, Kosmos 1998
Die Ausbildung von Reiter und Pferd nach den Grundsätzen der Klassischen Reitkunst ist von zeitloser Gültigkeit. Noch immer werden die Pferde der Spanischen Reitschule in Wien nach diesen Grundsätzen ausgebildet. Diese wegweisende Reitlehre wurde von Alois Podhajsky erstmals schriftlich festgehalten.

Puls, Susanne: **Der ganz normale Reiterwahnsinn**; Überlebenstipps, die in keinem Lehrbuch stehen, Kosmos 2004
Dieser ironisch geschriebene Ratgeber beschriebt die Marotten der Reiterszene auf unterhaltsame Art und Weise und begleitet den Neueinsteiger wie den Fortgeschrittenen auf allen Stationen seiner Reitkarriere vom Erwerb seiner ersten Ausrüstung bis hin zu Kauf und Pflege des eigenen Pferdes.

Rashid, Mark: **Denn Pferde lügen nicht**; Neue Wege zu einer vertrauten Mensch-Pferd-Beziehung, Kosmos 2002
Als einer der besten und erfahrensten Pferdeausbilder Nordamerikas setzt Mark Rashid in seiner Arbeit mit Pferden auf Respekt und Vertrauen anstelle von absoluter Dominanz.

Schöning, Barbara Dr.: **Das Kosmos Erziehungsprogramm Pferde**; Pferdeverhalten verstehen, Verhaltensprobleme vermeiden und lösen, Pferde richtig motivieren, Kosmos 2004
Hier finden Sie das kleine Einmaleins des guten Benehmens für Pferde und wie Sie es auch mit Ihrem Pferd spielerisch und mit Freude erreichen.

Taylor / Tellington-Jones: **Die Persönlichkeit Ihres Pferdes**; Die Kunst, Charakter und Temperament Ihres Pferdes zu bestimmen und positiv zu beeinflussen, Kosmos 2003
Dieses einzigartige und seit Jahren erfolgreiche Buch von Linda Tellington-Jones hat weltweit viele Pferdefreunde dazu inspiriert, ihre Pferde mit ganz anderen Augen und neuem Interesse zu betrachten.

Tellington-Jones, Linda: **Die Linda Tellington-Jones Reitschule**; Mehr Spaß und Erfolg mit TTEAM und TTOUCH, Kosmos 1996
Eine Kinderreitlehre, die auch erwachsenen Reitern viel Freude und Informationen beim Reiten lernen bietet.

Tellington-Jones, Linda: **TTOUCH for you**, Gesundheit und Wohlgefühl mit dem Tellington-Touch, Kosmos 2003
Was Pferden gut tut, hilft auch Ihnen! TTouches beruhigen und entspannen, lindern Ängste, Beschwerden und Schmerzen, erzeugen Wohlgefühl und Sicherheit.

Tellington-Jones, Linda: **TTouch und TTeam für Pferde**; Der sanfte Weg zu Gesundheit, Leistung und Wohlbefinden; Das Praxisbuch Kosmos 2002
Dieses Praxisbuch ist genau das Richtige für Pferdefreunde, die das Beste für ihre Schützlinge möchten: Die detailgenauen Schritt-für-Schritt-Anleitungen machen es leicht, Linda Tellington-Jones' TTouches und die TTeam-Bodenarbeit zu erlernen und am eigenen Pferd anzuwenden.

Van Hala / Seppälä-Van Hala: **Die Pferde aus Juhola**; Der Traum vom Leben mit Pferden / Das Tagebuch unserer Pferdeherde, Kosmos 2004
Hier wird ein Traum Wirklichkeit – der Traum vom Leben mit den eigenen Pferden. Mensch und Pferd im Einklang mit der Natur.

Welz, Heinz: **Entdecke den Horseman in dir**; Elf Schritte zu Gelassenheit und Sicherheit mit dem Pferd, Kosmos 2003
Werden Sie vom Pferdeliebhaber zum Horseman. Das Übungsprogramm vom Erfolgstrainer zeigt Ihnen Schritt für Schritt wie Sie Horsemanship erlernen.

Nützliche Adressen

Bezugsquelle für den Balimo:
ADVINOVA GmbH
Advanced Innovations
Holterkamp 12, 40880 Ratingen
Tel.: 0040 -(0)2102-5659 333
Fax: 0040 -(0)2102-5659 345
postmaster@balimo.info
www.balimo.info

Deutsche Reiterliche Vereinigung (FN)
Freiherr-von-Langen-Str. 13
D – 48231 Warendorf
Tel.: 0049-(0)2581-6362-0
Fax: 0049-(0)2581-62144
www.fn-dokr.de

Vereinigung der Freizeitreiter und -fahrer in Deutschland (VFD)
Auf der Hohengrub 5
D – 56355 Hunzel
Tel.: 0049-(0)6772-9630980
Fax: 0049-(0)6772-9630985
www.vfdnet.de

Bundesfachverband für Reiten und Fahren in Österreich
Geiselbergstr. 26-32 / Top 512
A – 1110 Wien
Tel.: 0043-(0)1-7499261-13
Fax: 0043-(0)1-7499261-91
www.fena.at

Schweizerischer Verband für Pferdesport
Papiermühlestr. 40 h
Postfach 726
CH – 3000 Bern 22
Tel.: 0031-(0)335-4343
Fax: 0031-(0)335 4358
www.svps-fsse.ch

FS Reit-Zentrum Reken
Frankenstr. 37
D – 48734 Reken
Tel.: 02864-2434
Fax: 02864-5860
www.fs-reitzentrum.de

TTEAM Deutschland / Schweiz
Bibi Degn
Hassel 4
57589 Pracht
Tel.: 02682-88 86
Fax: 02682-66 83
e-mail: gilde@ tteam.de

TTEAM Österreich
Martin Lasser
Spitalgasse 7
A – 2549 Bad Vöslau / Gainfarm
Tel.: 0664-1250252
e-mail: tteam.office@aon.at
www.tteamoffice.at

T.T.E.A.M.® News International – der sehr empfehlenswerte Newsletter mit Linda Tellington-Jones und vielen aktuellen Informationen und Artikeln zu TTouch und TTeam erscheint 4x im Jahr auf Deutsch und kann über www.tteam.de bestellt und abonniert werden.

Deutsches Pferdemuseum
Holzmarkt 9
27283 Verden (Aller)
Tel.: 04231-807140 (Ausstellung)
Tel.: 04231-807150
e-mail: pferdemuseum@t-online.de

Register

Adduktoren 45
Adler 66
Adler mit schwingenden Armen 67
Aktiv-dynamisches Sitzen 114
Akupressurübungen 57, 113
Angewandte Kinesiologie 172
Anweisungsorientierter Reitunterricht 19
Aufmerksam reiten 21
Aufrechter Reitersitz 113, 147f.
Äußere Orientierungshilfen 18

Balance 46, 91
Balanceknöpfe 31, 33
Balanceübungen 36
Balancierte Muskulatur des gesamten Beines 135
Balimo 113f., 124
Bandscheibenschäden 113
Bauchmuskulatur 152f.
Becken 100f., 151
Beckenbeweglichkeit 115
Beinanzieher 45
Bewegt werden statt selbst bewegen 23
Bewegungsaufgaben 17, 19
Bewegungsdynamik 44
Bewegungserfahrungen 17, 19
Bewegungsmuster des Kopfes 55
Bewegungssinn 10
Bewegungsspielraum 34, 113
Bewegungsübertragungen 78
Bildliche Instruktionen 20
Blockaden 74, 90
Brain-Gym-Übungen 173f.
Brustmuskelreflexe 60
Brustmuskulatur 78
Bügellänge 46

Chronische Beschwerden 113
Cross-koordinative Bewegungen 22, 25, 160

Dehntechniken 24
Dehnübungen 45, 48
Dehnübungen für die Kniebeugemuskulatur 146f.
Dehnübungen für Oberschenkel und Wadenmuskulatur 135f.
Dehnung der Klemmer 108f.
Dehnung der tiefen Rückenmuskulatur 106
Dehnung der vorderen und inneren Hüftbeuger 105f.
Dehnungsübungen für die Brustmuskulatur 64
Den eigenen Körper umarmen 68
Der Arm führt den Oberkörper 69
Die Wirbelsäule als elastisches System 78
Drehbewegung des Oberkörpers 165
Drehbewegung um die Längsachse 36, 66
Drehfähigkeit 34
Drehsitz 30, 147f., 158
Drehwinkel 35
Durchlässigkeit 175
Dynamik 12
Dynamik des Körpers 15
Dynamisches Dehnen 25

Eigenständige Bewegungen des Kopfes 66
Einseitige Belastungen 149
Einseitige Gewichtshilfe 124
Einwirkung 13
Einzelne Sinne schärfen 24
Elastische Wirbelsäule 86
Elastizität 100
Energiefluss 57

Entspannungszustände 11
Equipment 8, 43
Erhöhte Beckenbeweglichkeit 113
Erhöhung des Bewegungsgefühls 20

Fehlbelastungen 149
Fehlende Flexibilität 97
Fehlendes Gleichgewicht 36
Flexi-Bar 74f., 108
Fokusaspekt 174
Fokussierung 29
Funktionelles Bewegungstraining 24
Funktionsfähigkeit der Beine 134
Funktionszusammenhänge 19

Ganzheitliche körperliche Zusammenhänge 7
Ganzkörperkoordination 25, 157
Ganzkörperliche Bewegungsabläufe 24
Gefühlvolles Reiten 7
Gehirnknöpfe 31f.
Gesamtkoordination 74
Gesäßmuskulatur 152
Gewichtshilfen 90
Gleichgewicht des Pferdes 74
Gleichgewicht fördern 23
Gleichgewichtssinn 10, 115
Gleichgewichtsstörungen 36
Größe des Pferdes 44
Größe des Reiters 44
Gymnastik für das Gehirn 8
Gymnastikband 144

Hals-Nacken-Bereich 57f.
Hals-Nacken-Muskulatur 48
Hals-Nacken-Schulter-Bereich 49f.
Halswirbelsäule 66
Haltung wechseln 22
Haltungsschäden 79
Hand vom Boden lösen 67
Harmonie 7, 11, 74
Harmonischer Dialog 12
Harmonisierungspunkte 57
Hindernisse 27f.
Hohlkreuz 100, 142
Hohlkreuz und Flachrücken 79f.
Hohlkreuzstellung 78
Hopserlauf 25, 31
Hüftmuskulatur 151

Iliosakralgelenk 111
Innere Wahrnehmung 10
Ismakogie 74

Kampf des Kopfes gegen den Bauch 29
Kinästhesie 10f.
Kinästhetische Differenzierungsfähigkeit 15f.
Kinästhetischer Analysator 10
Kinesiologie 74
Kinesiologische Übungen 31
Klemmer 45
Kontrastmethode 20 f.
Koordination 15, 75, 174
Körperbewegung 158, 172
Körperbewusstsein 11
Körperenergie 40
Körpergefühl 11, 172
Körperschwerpunkt 94
Körpersprache 39
Körperwahrnehmung 20
Krabbelbewegungen 33
Kräftigende Übungen 26
Kräftigung der Bauchmuskeln 102
Kräftigung der Gesäßmuskeln 107
Kräftigung der seitlichen Rumpfmuskulatur 108
Kräftigungsübung für die hintere Oberschenkelmuskulatur 140

Kräftigungsübung für die Treibemuskulatur 144f.
Kräftigungsübung für die vorderen Oberschenkelmuskeln 140
Kräftigungsübungen 64, 97
Kräftigungsübungen für den aufrechten Sitz 166f.
Kräftigungsübungen für die Beinmuskulatur/Beinabspreizer 138f.
Krafttraining 26
Kreisende Bewegungen 161
Kreuz-Darmbein-Gelenk 111
Kreuzmusterbewegungen 30, 149
Kriechen 68
Kugelgelenke 125

Lächeln 39
Lateralitätsaspekt 174
Leichter Gang 54
Leichtigkeit 12
Lendenwirbelbereich 66
Liegende Achten 31f.
Lob 39
Lockere Schultern 60
Lockerheit 158
Losgelassenheit 12, 141, 175

Massage 84
Methodische Prinzipien zur Entwicklung der Körperwahrnehmung 22
Mobilisierung 24
Mobilisierung der Wirbelkörperverbindungen 114
Mobilisierung der Wirbelsäule 80, 91
Mobilisierung des Beckens 121f., 163
Mobilisierung des Hüftgelenke 125f.
Mobilisierung des Kreuz-Darmbein-Gelenks 115
Mobilisierung des Oberkörpers 117f.
Mobilisierung im Oberkörper 70f.
Mobilisierungsphase 24
Mobilisierungsübungen 62
Mobilisierungsübungen für das Kreuz-Darmbein-Gelenk 111f.
Mobilität der Wirbelsäule 165
Motorische Lernfähigkeit 15
Muskuläre Balance 90
Muskuläre Ungleichgewichte 149f.

Nackenverspannungen lösen 56
Negative Gedanken 28
Neue Bewegungsmuster des Kopfes aktivieren 94

Oberschenkelmuskulatur 151
Okzipitalgelenk 49f., 54
Optische Hilfsmittel 18
Orientierung 24
Orthopädische Sitzhilfen 46

Pedalo 37
Pferdebewegungen 19
Positive Gendanken 39
Probleme der Beine 133
Probleme der Durchlässigkeit im Brustwirbelbereich 66
Psychische Zustände 12
Psychischer Stress 45

Raumknöpfe 31f.
Reitanweisungen 17
Reitbewegung 14
Reiten eines Zirkels 19
Reiterbewegungen 19
Reitlehrer 14, 18, 20, 29, 39
Reitprobleme 7
Reitunterricht 17
Reitvermögen 14
Rhythmisches Einwirken 151
Rücken aktivieren 81
Rückenmuskulatur 30, 78, 153

Rückenschulkonzepte 156
Rückenstreckmuskulatur 97
Rückgrat 78
Rumpfmuskulatur 153
Rundrücken 88

Sattel 8, 45f.
Schädelknochen 55
Schärfung der Sinne 115
Scharniergelenk 125
Schenkelhilfen 143
Schienbeinmuskeln 150
Schreckmustersyndrom 59
Schulterheberreflexe 60
Schulterprobleme 59, 97
Schüttelbewegungen 53
Schwingungen 74
Seite wechseln 23
Seitendominanz 23
Seitliche Rumpfmuskulatur 95f.
Selbstreflexion 29
Selbstständiges Reiten 20
Sicherheit 12
Sitzbeinhöcker 30, 53, 116
Sitzbein-Schambein-Äste 30
Sitzfehler 79
Sitzmuster 56
Sitzprobleme 47
Sitzübungen 10
Spannung wechseln 23
Spannungszustände 11, 12
Sprache 39
Steifer Rücken 62
Steißbein 116
Steuerungsfunktionen des Kopfes 18
Störfaktoren 7
Stressausgleich 40
Stretching 24 f.
Summen 40f.
Synchrone Ausrichtung 35

Tadel 39
Tempo wechseln 22
Thymusklopfen 41
Thymuspunkt 40
Treiben 141f.

Überbelastungen 149
Überkreuzbewegungen 31
Unterschenkelmuskulatur 150
Unterstützer eines gefühlvollen Sitzes 38

Verbissenes Reiten 28
Verfestigte Bewegungsstrukturen 23
Verkrümmung der Wirbelsäule 90
Verkürzung tonischer Muskeln 149
Verspannungen 23, 78
Verwringen der Schulter 165
Vierfüßlerstand 88
Vor der Bewegung sitzen 97

Wadenmuskulatur 150
Wahrnehmungsaspekte 10, 13
Weiche Kopfbewegungen 58
Wirbelsäule 49, 116
Wirbelsäulenprobleme 79f.

Zentrierungsaspekt 174
Zitterbewegungen 53
Zug- und Drehfähigkeit 135
Zunge 40
Zwillingsmuskel 141f.

Glossar

Alexander-Technik
Die Alexander-Technik lehrt den Schüler, Schonhaltungen bzw. Fehlhaltungen zu vermeiden, sich seines Körpers bewusst zu werden und ihn schließlich kontrollieren zu können. Sie hilft dabei, Reflexe nicht mehr zu stören und damit den Körper innerhalb seiner normalen Grenzen mit wenig Anstrengung arbeiten zu lassen. Gleichzeitig erlangen wir unsere normalen Bewegungsmuster wieder. Die Koordination, die Leistung und das Wohlbefinden des Reiters werden verbessert, was zu einem besseren Sitz führt und somit auch die Einstellung des Pferdes zur Arbeit beeinflusst.

Balimo
Hierbei handelt es sich um einen Stuhl, auf dem es unmöglich ist, sich nicht zu bewegen. Normale Stühle lassen die Beweglichkeit des Menschen und somit sein Körperbewusstsein abstumpfen. Der Balimo versetzt den Körper in natürliche Schwingungen und fördert so eine höhere Beckenbeweglichkeit. Je höher die Beweglichkeit im Becken ist, desto besser wird der gesamte Körper natürlich ausgerichtet.

Feldenkrais-Methode
Die Feldenkrais-Methode lehrt den Reiter, sich durch leichte und sanfte, nicht gewohnheitsmäßige Übungen seiner Körperhaltung bewusst zu werden und lässt ihn erfühlen, wann seine Bewegungen das Pferd stören. Sie hilft beim Ablegen schlechter Bewegungsmuster und hilft dem Reiter, sein Gleichgewicht auf dem Pferderücken zu finden.

Flexi-Bar
Der Flexi-Bar ist eine ca. 150 cm lange Stange aus einem speziellen Glasfaser verstärkten Kunststoff, mit zylinderförmigen Endgewichten aus Naturkautschuk an beiden Enden und einem Griff in der Mitte. Es handelt sich um ein Trainingsgerät zur Rumpfmuskulatur-Stärkung, das in Schwingung gebracht wird und durch seine Vibrationen Reaktionen im Körper auslöst, die als Folge die Rückenmuskulatur kräftigen.

Kinästhesie
Die Kinästhesie bezeichnet die Wahrnehmung von Bewegungen, Körperveranlagungen und das Raum-Lage-Verhältnis.

Kinesiologie
Die Kinesiologie oder „angewandte Kinesiologie“ bzw. „Muskelkinesiologie“ baut auf der Annahme auf, dass bestimmte Muskeln auf den gleichen Akupunkturmeridianen liegen wie bestimmte Organsysteme und deshalb gegenseitig beeinflussbar sind. Diese Methode dient dazu, körperliche Schwachstellen zu messen, die gegebenenfalls Probleme oder Krankheiten auslösen könnten.

Thymusklopfen
Die Thymusdrüse, eine Hormondrüse, die jene Zellen zur Körperabwehr gegen Infektionen bildet, liegt hinter dem Brustbein, auf den großen Herzgefäßen. Bei der Übung „Thymusklopfen“ klopft man mit der flachen Hand auf den Brustbereich, um die Produktion der Körperabwehrzellen anzuregen, Stress abzubauen und die eigene Lebensenergie zu stärken.

Bildnachweis

Farbfotos: Jürgen Billich (3: S. 74, 115, 125), Lothar Lenz / Kosmos (17: S. 11, 13, 14, 18, 21, 39, 44 o., 46 u., 90, 148, 173). Alle 110 weiteren Fotos sind von Horst Streitferdt / Kosmos.

Die Illustrationen stammen von Constanze Keuter.

Impressum

Umschlag von eStudio Calamar unter Verwendung von drei Farbfotos von Horst Streitferdt / Kosmos.

Mit 130 Farbfotos und 532 Illustrationen.

Bibliografische Information der Deutschen Nationalbibliothek
Die Deutsche Nationalbibliothek verzeichnet diese Publikation in der Deutschen Nationalbibliografie; detaillierte bibliografische Daten sind im Internet über http://dnb.ddb.de abrufbar.

Gedruckt auf chlorfrei gebleichtem Papier

ISBN 978-3-440-10101-8
Redaktion: Alexandra Haungs
Produktion: Kirsten Raue, Claudia Kupferer
Printed in The Czech Republic / Imprimé en République Tchèque

Alle Angaben und Methoden in diesem Buch sind sorgfältig erwogen und geprüft. Sorgfalt bei der Umsetzung ist indes doch geboten. Verlag und Autor übernehmen keinerlei Haftung für Personen-, Sach- oder Vermögensschäden, die im Zusammenhang mit der Anwendung und Umsetzung entstehen könnten.